クルアーン的世界観

近代をイスラームと共存させるために

The Qur'ānic Worldview: A Springboard for Cultural Reform

アブドゥルハミード・アブー・スライマーン
塩崎悠輝／出水麻野［訳］
塩崎悠輝［解説］

作品社

クルアーン

まことに、このクルアーンはより廉直なものへと導く……　（夜行章、17：9）

言え、「たとえもし人間と幽精《ジン》が結束して、このクルアーンのようなものをもたらそうとしたとしても、そのようなものをもたらすことはできない、たとえ彼らがお互いに協力したとしても」。　（夜行章、17：88）

……われらがおまえに下した啓典である。おまえが人々を、彼らの主の御許可によって諸々の闇から光へ、威力比類なく、称賛されるべき御方への道へと引きだすために。

（イブラーヒーム章、14：1）

そしてわれらは、知識に基づいて解明した啓典を、信仰する民への導きと慈悲として、確かに彼らにもたらした。　（高壁章、7：52）

ハディース

アリー・アビー・イブン・ターリブ（アッラーが彼にご満足されますように▽1）が伝えるところによると、アッラーの使徒（アッラーの祝福と平安が彼にありますように▽2）は言われた。「やがて誘惑があるだろう」。「アッラーの使徒よ、それに対する解決策は何でしょうか」。とアリーが尋ねると、彼は「アッラーの書である」。とお答えになった。「アッラーの書には、あなたがた以前の時代に起こった出来事や、あなたがた以降の時代に起こる出来事について記されている。その中には、あなたがたの間を裁く際に礎となる、厳粛に受け止められるべき教えがある……それは決して切れることのないアッラーの綱であり、英知に満ちた知らせであり、まっすぐな道である。この導きの源泉により、人の情熱が道を外れることはなく、人の舌は曖昧さのない真実を語るであろう。学者たちは、アッラーの書に飽き足りることも決してなければ、使い古すこともできないであろう。アッラーの書の奇跡は決してやむことなく、その言葉をジンが聞いた時、「……まことに、われらは驚くべきクルアーンを聞いた。それ（クルアーン）は正導に導く。それでわれらはそれを信じ、……」（幽精章、72：1－2）と叫ぶほどであった。誰でもアッラーの書の言葉を発する者は真実を語っているのであり、それに基づいて行動する者には報奨があり、それに基づいて判断する者は公正であり、それを他者に呼びかける者は彼らをまっすぐな道へと導いているのである▽3」。

▽1　預言者ムハンマドの従弟で第四代目の正統カリフ（ムスリム共同体の政治的首長）。

▽2　預言者ムハンマドのこと。

▽3　アッ＝ティルミーズィーのハディース集に収録されているハディース。

日本語版へのメッセージ

最も慈悲深く慈愛遍きアッラーの御名において

国際イスラーム思想研究所の学術活動の成果が日本でも知られるようになることに喜びを感じています。そして、私の本、『クルアーン的世界観』が日本語に翻訳されることもうれしく思っています。

私が喜びを感じている最大の理由は、日本の人々のよく知られた美徳と関係しています。それは、規律正しさ、真面目さ、そして完璧さを追究する姿勢です。それらの美徳はまた、かつてのイスラームの知や倫理にも見出されると考えられるものです。この本では、そのようなイスラームの知や倫理における様々な概念や原則について書かれています。そういう意味で、この本は、日本の人々に、子育てと教育のための最善のイスラーム的方法を知っていただくことにも適していると考えられます。現在世界各地で起きている人道的な危機のように、社会において美徳が実践されない場合、（アッラーがそれを成してくださるのであれば）新たな試みによって事態を改善していく必要があります。

今日の世界は多くの戦争や紛争、危機に直面しています。日本人がイスラームを正しく理解し、入信すれば、その高い技能によって、必ずやイスラームの道における価値観や目的を実践し、模範となってくれることでしょう。イスラームの教えに基づいた模範を示せれば、現代世界で人々の状況を改善していくための新しい試みを進めていくことができるでしょう。アッラーがそれらを成してくださるのであれば、経済成長と都市化、紛争の原因の解消、道義的な社会の実現、そして世界において優位にあるイスラーム文明の再興といった課題においても大きな役割を果たすに違いありません。

大規模な変革の過程はそこから始まるでしょう。変化は現在世界で起きている混乱と紛争による破壊から始まりますが、そこから復興と再建が進んでいくことでしょう。原則と価値観を堅持する共同体こそが、人類のためのより良い世界を創造できるのです。

全ての人のために、全能であられるアッラーが全ての時と場所で成功と成就をもたらしてくださることを祈ります。そしてイスラームの道のために、文明の再興に向けて働く者たちが、日本との協力の重要性を理解し、イスラーム的価値を広めていくために日本の人々と協力すること、全能なるアッラーが教えられたイスラームの普遍性を実現することを祈ります。

世界を慈しみ存在させている御方、アッラーこそ称えられてあれ。

そして預言者ムハンマドと御一門、教友たちに平安がもたらされますように。

アブドゥルハミード・アブー・スライマーン

はじめに

自分の世界観とは何か、という問いは、どんな人間にとっても、どんな社会にとっても、（意識していようと無意識であろうと）根本的な問題である。なぜならその問いは、自分たちは何者なのか、生きている意味は何か、どうしてこの世界で生きているのかといった事柄の核心だからである。自分が持っている世界観をはっきりと意識することは、自分のアイデンティティを明らかにし、活力と自らを肯定する力をもたらす。それは人間が健全な文明を作っていくうえで必要なことである。それがあってこそ、人生の本当の意味、つまり神が与えた目的が明らかになる。

歴史上、建設的かつ創造的で、明確な目的を持っていた国民は全て、自分たちと世界のための構想を持つことで活力のある発展を実現した。そして対照的に、退行的で進歩に取り残され、そのため分裂して劣等な位置に落とされた国民は全て、受け身で深慮に欠けた世界観を持っていた結果としてそうなってしまったのである。

本書は、ムスリムの共同体が過去に持っていた世界観と歴史上の様々な段階を多様な側面から顧みる。そしてイスラーム文明の最初期における飛躍の根本的な原因をつきとめる。本書はまた、ムスリムの共同体が持つようになった様々な観念に影響した重要な原因と、現在直面している危機を示す。私は、ムスリムの共同体がどうすれば当初の世界観を再び持つことができるようになるのか、個々人のムスリムが過去の前向きな活力を取り戻すことができるのかを本書で描きたい。そうすることで、イスラーム文明を、さらには人類の文明全体を救いたいと私は考えている。

アブドゥルハミード・アブー・スライマーン

クルアーン的世界観——近代をイスラームと共存させるために　目次

クルアーン的世界観——近代をイスラームと共存させるために（アブドゥルハミード・アブー・スライマーン）

凡例

一、訳文に付した側註（▽で表示）は訳者による註である。原著者による原註（▼で表示）は、翻訳の末尾に掲載した。

一、訳文中に出てくるクルアーンの引用の日本語訳は、『日亜対訳　クルアーン』中田考監修、中田香織・下村佳州紀訳、作品社（二〇一四年）に基づいている。

一、訳文中の（　）は原著者による補足、〔　〕は訳者による補足である。

クルアーン的世界観——近代をイスラームと共存させるために

アブドゥルハミード・アブー・スライマーン

アラビア語版への序文

これまで私が執筆してきた著作について知る人々の中には、なぜ私が今になってこの本のような、イスラーム的世界観についての省察を書くことにしたのか、不思議に思う人もいるであろう。一九六〇年に私は『経済学のイスラーム的理論――哲学と現代的方法論』という本を発表した。私がカイロ大学で政治学を専攻する修士課程の学生だった時である。続いて一九八七年には、『国際関係論のイスラーム的理論を目指して――方法論と思想についての新しい指針』[▼1]を発表した。この本の中で、私は最初の著作『経済学のイスラーム的理論』と同じ方法論を適用した。これらの著作で用いた理論に基づいて、私はイスラームの古典と知を理解するようになっていった。この理解は、伝統的なイスラーム学における方法論ではなされていないやり方によるものであった。私が国際関係論の理論について考察する中で用いた方法は、諸々の文献とイスラームの啓示によって示された高次の目的に基づいている。これは、預言者ムハンマドと正統カリフの時代[▽1]に啓示を現実社会に適用した際の知性に基づくということであり、同時に現代の学術、人間、社会、そして宇宙の法則についての研究に基づくということでもある。私は、客観的で、偏見にとらわれることなく、帰納的でディシプリンに基づく方法にこだわった結果、この方法に至った。

聖地マッカで学校に通っていた頃から、私の大きな関心は、ムスリム共同体の退廃と後進性によって引き起こされた危機のことであった。この現象の謎は、私の興味を捉え、想像をふくらませた。家にあっては読書に勝る楽しみはなかった。私は広大な図書館で長い時間を費やしたが、そこには膨大な蔵書があり、イスラームの歴史や伝統についての書物と共に現代の著名な思想家たちの著作もあった。

このような経験の結果、私は政治学を専攻することになった。一九八六年に私は『ムスリムの理性における危機』を出版した。これは私の数年間の思索と研究の成果であった。この本の中で、以前『知のイスラーム化――計画と成果』▼2という本で扱った多くの問題について再検討した。『知のイスラーム化』は国際イスラーム思想研究所（IIIT）が発信してきたメッセージと使命の出発点であり、イスラマバードで開催された国際会議（知のイスラーム化とムスリムの精神性、科学的研究がテーマ）の成果でもあった。『ムスリムの理性における危機』で再検討した問題の中には、育児と教育があったが、いずれもファルーキー博士（国際イスラーム思想研究所の初代代表）が興味と関心を持ってきた分野であった。

キング・サウード大学▽2に勤務していた時、私は国際シンポジウムや国際イスラーム思想研究所の活動に参加し、大学で教え、ムスリムの青少年活動に参加した。その間、イスラーム思想の諸問題に関する思索を続けた。その後マレーシア国際イスラーム大学で十年間を過ごし、国際イスラーム思想研究所が立案した思想と精神の分野における改革を現実化することに努めた。イスラーム学の多様な文献や構想、価値観、諸概念、諸集団を日常の生活に適用できるようにすることで、イスラーム思想の危機に立ち向かおうと試みた。そうすることが、ムスリムがアッラーに与えられた生まれ持った人間性と宇宙の法則に沿って生きていけるようになることの助けになると考えた。そして、この方法によってのみムスリムの意志と心に起きている危機を解決できるのだと考えた。危機は子どもの成長の過程で情操と精神において既に始まっているのであり、両親の性質や教育内容、読書に着目される必要がある。

そのような目的のために、マレーシア国際イスラーム大学は、〔学生が〕イスラーム学と社会科学の二つの専攻を修める制度、つまりダブル・メジャー制度を取り入れた。▽3 そして「家族と育児」「創造的思考と問題解決」「諸文明の興亡」という三つの科目を新しく創設した。そのため、イスラーム啓示人文学部の心理学科でこれらの科目を講義できる教員を養成するべく、教育学部で新たな二つの専攻を設けた。これらの措置は、これらの科目を、専攻を問わず全学生の必修とするためであった。このようにして、学生たちは模範的な両親となり、有害な教育や行い、認識、独善的な諸観念や慣習からは自由になった世代を育てていくことができると考えられた。

マレーシア国際イスラーム大学がとったもう一つの措置は、保育園、幼稚園、小学校、中学校、高校の創設であった。これらの教育施設は、男子、女子、両方への教育を行い、マレーシア国際イスラーム大学

▽1　預言者ムハンマドが死去（西暦六三二年）して以降、ムスリム共同体の指導者となったアブー・バクル、ウマル、ウスマーン、アリーの四名が正統カリフと呼ばれる。

▽2　一九五七年にサウディアラビアで創立された国立の総合大学。

▽3　マレーシア国際イスラーム大学は創設当初はイスラーム学部、法学部、経済学部があった。現在は人文学部や自然科学の複数の学部を擁している。

のもとで指導、運営される。その方針や教科内容、教育活動を通してマレーシア国際イスラーム大学が掲げる教育哲学が試される場でもあった。

マレーシア国際イスラーム大学の教育施設のユニークさは、教育内容やイスラーム建築に基づく設計に加え、学生たちが教育を受けるにあたって最も理想的な環境にいられるように整備されていることである。そのため男女の接近も、イスラームの社会的、倫理的、そして教育的な諸目的に沿って制限されている。小学校、中学校、高校では、バランスのとれた環境を整え、児童たちが成育の諸段階で優れた社会的、心理的な成長を実現できるようにした。保育園、幼稚園から小学校三年生までは男子も女子も共に学ぶ。教室が分かれてからも、休み時間や教室外での活動では場を共有するようにする。こうすることで、男子も女子も分離と協同を経験することができる。生徒の人数が少ない場合は、小学校三年生を過ぎても男女が教室を共有することもあるであろう。しかしその場合でも、教室内で、男女はひかれあわないように分離されていなければならない。なぜなら、児童たちは成長のこの段階になると、性の違いについて気づき始めるからである。同時に、この段階では、児童たちは自分と同じ性に属する集団の一員になろうと志向する。

中学生になると、男子と女子は教室の中でひかれあうことがないように分離される。それは、性的な接触が起こることがないようにするためである。このような措置は、青少年の自然な性向に鑑みて必要なことである。青少年の性向は、無知なまま、好奇心と欲求のままに異性のことを知ろうとし、責任の自覚が身についていないにもかかわらず、性的な欲求を満たそうとする。性的な関係には責任を果たすことが伴っていなければならず、無責任に関係することには危険が生じる。そのような危険は特に「自由な」社会で見られ、とりわけ若い年代の成長の過程で起きている。この危険性が正しく理解されなければ、十代での妊娠を含め、極めて望ましくない結果が生じる可能性がある。全ての当事者たちに悲劇的な事態が起きることになる。

〔マレーシア国際イスラーム大学に付属する〕高校においても引き続き男女は分離される。この時期は男女いずれにとっても全ての成長の段階で最も重要な時期であり、十代に増大する自立心や反抗心からもたらされる焦りや性急さによって、危険に陥りがちである。目に見える身体の成長や性的、心理的な緊張も〔重要であることは〕いうまでもない。

大学生になると、男女は再びクラス内で一緒になる。授業中、男女は室内のそれぞれ別の側に座らなければならない。男女の学生たちは、休み時間中、ランチタイムに会う機会がなければならない。一方で、女子学生には、（希望者が）女子学生だけで過ごせる施設がなければならない。マレーシア国際イスラーム大学は、男子学生が女子学生と結婚することを奨励している。そのため、結婚を希望する学生たちに財政的な支援を行っており、学生たちの父兄にも子女の結婚を支援するように勧めている。その結果、マレーシア国際イスラーム大学では男子学生と女子学生の結婚が増加している。▽4 このように男女の学生間の交流を進めても、同時に「家族と育児」のような科目で意識を向上させる教育を行うことで、男子学生と女子学生が共に参加する社会活動、文化活動においても、スポーツのような男女が分離している活動でも性的な「問題」を引き起こすことは非常に少ない。また、そのような過ちが起こった際も、たいていは両者が

▽4 現在のマレーシア国際イスラーム大学では、学生の結婚に対する支援は行われていない。

結婚することで収束する。

一九九九年にマレーシア国際イスラーム大学での職務を終えた後、私は完全にボランティアの活動に専念した。〔全米〕ムスリム学生会議や国際イスラーム思想研究所での仲間たちと連携しての活動である。この期間に私は『ムスリムの意志と精神における危機』の執筆に集中した。この書が中心的に扱った問題は、情操と精神の教育であった。私は長年の考察と経験の結果、何をすることが正しいのかという知識があっても、人がそれを実行するとは限らないという考えを持つに至った。何をすることが悪いのかという知識があっても、人がそれを避けるとは限らないのと同様である。それらは各人の情操と精神の状態にかかっており、理性と理性からもたらされる適切な価値観の有無にかかっている。

クルアーンの中にあるユダヤ人たちについての章句は、この見解の正しさを示している。たとえば、全能なる神はファラオによって抑圧され奴隷にされていたユダヤ人たちに預言者モーセを遣わした。ユダヤ人たちを救おうとする神のご意志に従い、神の祝福を彼らにもたらそうとして、シナイ半島に連れだし、そこで神は聖なる法の石板を啓示した。「訓告とあらゆることに対する解説」（高壁章、7：145）である。しかし、ユダヤ人たちの考え方は時とともに退廃し没落していった。その結果、神は奴隷としての年月でねじまがってしまった彼らの考え方を正すためにシナイの砂漠を四十年間さまよわせた。それは、有能で、自由で、強い男女の世代を育むためでもあった。こうすることで初めて、ダヴィデはゴリアテを打ち破ることができた（雌牛章、2：251）。「少ない衆がアッラーの御許可のもと、多くの衆に打ち勝った」（雌牛章、2：249）のである。

私の精神と心の旅路において、私が疑問や混乱する事柄、不思議なこと、不確かなことに行き当たった時に、最も役に立つのは、学術的、社会科学的な観点から慎重に検討するやり方であることに気がついた。このやり方は、神から啓示された言葉を包括的な方法で、つまり全体的な背景やメッセージ〔の意図〕をも踏まえて検討することも含んでいる。私が行き当たったどんな場合でも、私は啓示の言葉に内包された高次の意図、概念、価値観、そして具体的かつ現実的で科学的な観点を示す原則、理解、導き、あるいは知恵を適用することができた。これらは人類の様々な現状の知的水準、各時代の特有の可能性や必要性、課題に完璧に適している。

このような方法に沿って〔アッラーからの啓示を諸問題に〕適用していった成果はいくつかの学術的著作の出版に結実した。主なものに、『イスラーム思想における暴力と政治的紛争の抑止——原則と選択の間で』、『二つの法の間に置かれた人類』、会議での発表原稿である『婚姻における不和——イスラーム法のより高次な目的に基づく人間の尊厳の回復』、論文『イスラームにおける法定刑——不可変事項と変更可能事項』、そしてもう一つの論文『イスラーム政治思想史における害悪の諸問題』がある。最後の論文は、私が政治の改革とイスラーム的統治について新たな指針を示そうとしたものである。私が試みたのは、イスラームが公正さを基礎としているならば、なぜアラブ人ムスリム諸国の政府やその他のムスリム社会でこれほどまでの腐敗と〔イスラームからの〕逸脱をいまだに目の当たりにしているのか、ということであった。

私が目的としてきたのは、若い頃以来、これまで述べてきたような事柄について詳細に論じ、個人的な経験により知った様々な側面から明らかにし、これまで取り組んできた諸問題についてより深くつきつめることであった。やがて、このような経験は、私の最初の著書『イスラーム経済論』▼3というかたちで結実した。その後五十年にわたって私は執筆を続けてきた。

そして今、私の現世での時は終わりに近づいており、執筆する能力は減退しているが、私は困難な諸問題に取り組むことを続けている。しかし、私は、「思想と方法論の危機」がより良い思考へとつながる契機であったことに気づいた。同時に、「ムスリムの意志と情操に起こった危機」は、現在の教育の方法と実践がムスリム共同体の心理と情操に対して及ぼしている問題を明らかにすることにつながるであろうことにも気づいた。つまり、若いムスリムたちの精神と情操が誤った実践と方法によって育成されている状態を終わらせ、正すことのできる道筋が見えてきたのかもしれないのである。

しかし、ただ単に育児や教育についての思想や方法論の正しい道筋を見いだしただけでは、ムスリム共同体が陥っている後進性を克服するのには不十分であろう。より進んで、この正しい道筋が現在社会の片隅でしか影響を持ってない、非主流的な思想である状態から脱出させ、活力のある先駆的な行動、運動へと発展させていかねばならない。そうすることで、改革と進歩というこの道筋の目的を達成することができるようになる。人々が、道具をその手に持たされるだけでは十分でなく、何のためにこの道具を持っているのか自覚せねばならない。ただ道具を持たされるだけでムスリムたちが行動を起こすのだとしたら、彼らは既に行動に移っているはずである。資源も、競争するために必要なあらゆる手段も、創造的な能力や優越性を示す手段も、既に持たされていたにもかかわらず、活用されずにきたのである。

イスラーム世界は、ヨーロッパの大いなる進歩の結果突きつけられた、彼らにいかにして追いつくか、という課題において、多くの国々——日本、中国、ロシアを含む——に後れをとった。多くの国々は、ただ西洋に追いついただけではなく、創造性やイノヴェーション、物質的繁栄といった分野で西洋よりも優位に立った。ムスリムたちについていえば、西洋を熱心に称賛し、生活のあらゆる面——行政、軍事、政治を含む——で西洋を模倣してきたにもかかわらず、非現実的な計画を立てるだけに終わり、さらなる後退と無智へ落ちていくことが続いたのである。

〔西洋の〕模倣を試みては失敗することが何世紀も続いた。そして明らかになったのは、どんなことをどれだけ苦心して模倣しようとも、ムスリムが世界観を発展させない限りは何も変わらないということであった。世界観こそが、ムスリムが元来持っていた生存する目的や意義をもたらすことができるのであり、世界観こそが、前進する、建設的な改革へと邁進する力を呼び起こすことができるのである。いい換えれば、目的意識と動機づけを与えることができる、前進するための世界観がなければ、ムスリム共同体は停滞したままであろう。機械や道具は、それだけではいかによく整備されていようと、共同体の向上には無益である。ムスリム共同体を、バラバラの部品へと解体された機械に喩えることもできるであろう。それぞれの部品がいかに貴重で良好な状態にあろうと、全体に組み込まれないバラバラのままでは、その役割を果たし生産性の向上をもたらすことはできない。

このことと関連して、次の事実を意識しておくべきであろう。既に何万人ものムスリムが様々な学術研究や教育の分野で高等教育の学位を得ているが、彼らの知識、技能、技術は、ムスリム共同体をより良く、より建設的な行動へ前進させるという目的には、何も役に立っていないのである。これは、進歩も行動も、構想と目的、動機があってこそ初めて実現できるものだからである。構想も目的も持たない者は、どれだけ情報や技能や機械を蓄えていようと、決してどこにも到達することはない。

ここで問題にするべきなのは、私がムスリムの危機について教育の方法や考え方と関連づけながら論じてきたことは、時間の無駄なのか、である。思想や考え方、意志や感情、それらの実例について論じることから始めるよりも、クルアーン的世界観そのものとその様々な実例の研究から始める方がよかったであろうか？　この質問に対して、私はこう答える。私はこれまでも日常生活や文明について探求する中で、無意識的にしろ、不完全なかたちにしろ、クルアーン的世界観から恩恵を与えられ影響を受け続けているではないか。私は、思想、方法論、意志、感情の問題から論じ始めるしかなかった。そうしなければ、イスラーム的世界観の見失われた側面を示し、どこで道からそれてしまったのか、そしてこの逸脱がムスリムの考え方や感性にどのように影響したのかを示すこともできなかったであろう。最初に思想や方法論、教育の問題がどのように変遷してきたのかを研究し、分析し、過程をたどらなければならなかったのである。つまり、我々が直面しているのは作用と反作用の繰り返しであり、我々が明確に理解し、適切な応用ができるようになるためには、それらを全て把握しなければならないのである。[5]

　クルアーン的世界観とこの世界観において人類の文化と文明へ寄与するという課題に取り組むことで、私の心を長年にわたって捉え悩ませてきた根本的な諸問題に対して説得力のある回答を見いだすことができた。それらの諸問題は、私が私自身をどのように理解するか、つまり、私の存在の意味、私の神との関係、他者との関係といったことと結びついている。また、イスラーム的世界観の諸原則、諸概念、価値観、機能、技能、システムを現代の現実にどのように具体的に適用するのか、といった問題とも結びついている。さらに、我々人類は、この世界観を具体化することによって、幸福や充足感、心の平安に到達することができるのである。全能なるアッラーが御心にかなった者たちについて述べられたように、「安らいだ（信仰者の）魂よ、おまえの主の許に、満足し、御満悦に与って戻れ。それでわが僕たちの（集団の）中に入れ。そして（彼らとともに）わが楽園に入れ」（暁章、89：27－30）。これこそが、明らかにクルアーンが我々

郵便はがき

料金受取人払郵便

102-8790

麹町支店承認

8043

差出有効期間
平成30年12月
9日まで

切手を貼らずに
お出しください

102

［受取人］
東京都千代田区
飯田橋2－7－4
株式会社 作品社
営業部読者係　行

【書籍ご購入お申し込み欄】

お問い合わせ　作品社営業部
TEL 03 (3262) 9753／FAX 03 (3262) 9757

小社へ直接ご注文の場合は、このはがきでお申し込み下さい。宅急便でご自宅までお届けいたします。送料は冊数に関係なく300円（ただしご購入の金額が1500円以上の場合は無料）、手数料は一律230円です。お申し込みから一週間前後で宅配いたします。書籍代金（税込）、送料、手数料は、お届け時にお支払い下さい。

書名	定価　　円	冊
書名	定価　　円	冊
書名	定価　　円	冊
お名前　　TEL　（　　）		
ご住所　〒		

フリガナ
お名前

男・女　　　　歳

ご住所
〒

Eメール
アドレス

ご職業

ご購入図書名

●本書をお求めになった書店名

●ご購読の新聞・雑誌名

●本書を何でお知りになりましたか。

イ　店頭で

ロ　友人・知人の推薦

ハ　広告をみて（　　　　　　　）

ニ　書評・紹介記事をみて（　　　　　）

ホ　その他（　　　　　　　　　）

●本書についてのご感想をお聞かせください。

ご購入ありがとうございました。このカードによる皆様のご意見は、今後の出版の貴重な資料として生かしていきたいと存じます。また、ご記入いただいたご住所、Eメールアドレスに、小社の出版物のご案内をさしあげることがあります。上記以外の目的で、お客様の個人情報を使用することはありません。

に示した、現世と来世においてより良く正しく導かれて生きることを望み求める人々のための指針である。
最後に、私が望むのは、改革を志向する思想家や指導者たちが、育児、教育、専門家育成といった分野で、クルアーン的世界観がムスリム共同体の子弟の心と精神にもたらす美点を研究し、実践することで、相互に実り多い影響を与えあうことである。そうすることによってのみ、ムスリム共同体を再興させ、――成功と繁栄と公正さに基づく文明、同胞意識、連帯、共感、そして平和をもたらす――イスラームのメッセージを世界に広めることができるような個人が、教育機関が生みだされるのであると、私は確信している。「そしてその日、信仰者たちは喜ぶ。アッラーの授けに。彼は御望みの者を授け給う。そして彼は威力比類なく、慈悲深き御方」（ローマ章、30：4－5）。

全ての真の成功は、アッラーによってのみもたらされる。
私たちはアッラーを信じ、我々の望みを聞き届け応えられるお方こそアッラーである。
全ての世界の主であり創造者であられるアッラーこそ讃えられますように。

アブドゥルハミード・アブー・スライマーン

ヒジュラ暦一四二九年八月八日（西暦二〇〇八年八月十日）、リヤードにて

▽5　ここでいわれている「作用と反作用」とは、イスラームに基づいてムスリム共同体を改革しようとする試み（作用）と西洋などからの非イスラーム的影響およびムスリム自身の問題に起因するイスラームからの逸脱（反作用）のことであると考えられる。

第一章　クルアーン的世界観と人類の文化

改革の基礎としてのクルアーン的世界観

あらゆる文化体系には内在された世界観があり、その文化体系特有の思考法を経て行動として表現される。同様に、あらゆる思考法には原則があり、その思考法から生じる行動を決定する。ここでいう「思考法」がより明確に、包括的に、柔軟になればなるほど、そして文化体系と世界観とを忠実に反映するものであればあるほど、その「思考法」は効果的かつ力強いものとなる。学術研究において、「思考法」への注目が高まっているのはこのためである――つまり、既述の通り、ある文化体系から得られる恩恵がその統治下にある国家や人々にもたらす作用（それが有益なものであれ有害なものであれ）と人類全体の発展（あるいは退行）にもたらす貢献は、その文化体系に内在された「思考法」によって決定づけられるからである。

文化体系や、文化体系に結びついた世界観の研究に携わる者が直面する困難の一つが、文化体系や世界観にしばしば見受けられる曖昧さや矛盾である。その結果、文化体系や世界観の基礎となっている理論と、文化体系や世界観が形成に寄与したはずの社会で実際に行われていることとの間の矛盾に遭遇することになる。世界観と世界観から導きだされた「思考法」は、相互に肯定しあい、調和しており、整合性があるべきなのである。したがって、研究に携わる者は、ある世界観とその思考体系に存在するあらゆる不均衡や矛盾に対して注意を払う必要がある。なぜならば、そういった欠陥はすべて、世界観や「思考法」に導かれる社会や国民の現実対応力、活力を減退させ、究極的には後進性や文化的分裂をもたらすからである。

ある「思考法」が具体化した原則、価値、概念は、その「思考法」の元となった世界観と互いに影響しあう。そのような「思考法」は、ある国家の世界観が文化の中にはっきりと表現されるようはたらきかける。したがって、文化——原則、価値、概念といった要素を含む——の基礎と目的が明確に定義され、社会の構成員の意識にしっかりと刻み込まれた世界観が着実に構成されない限り、そして、文化と世界観が相互に肯定しあい、整合性のあるものでない限り、それらを基礎とするいかなる「思考法」も力を持たない。このようにして世界観と「思考法」は、個人と共同体双方における力強さと健全性の源泉となりうるのである。

本書において、イスラーム的世界観とクルアーン的世界観とは同義語として使用する。イスラーム的世界観とその文化について論じる前に、「思考法」の根本について論じておかなければならない。そのためにまず、文化を作りだすイスラーム的世界観を定義することから始めたい。イスラーム的世界観こそがイスラーム的な思考法の根本となるからである。イスラーム的世界観こそが、「思考法」や関連する原則、概念、価値——ならびに目標と達成すべきより高次の目的——を決定づけ、統制するのである。この世界観はイスラーム社会の思考法の構造、応用方法、導きだされる結果において、説得力と整合性のある、科学的な作法で反映されるべきである。

イスラーム的世界観――関連する思考法を通して表出される原則、価値、概念を含む――の構造と内容について認識が欠如してしまうと、「思考法」の活力や弾力性がなくなっていき、その中心性、妥当性、知的生産性も失われてしまう。いい換えれば、この認識の欠如により、イスラームの遺産である豊富な書物とそれを理解するための方法論があったにもかかわらず、人々の日常レベルでの思考に対するイスラーム的原則、概念、価値の影響力が失われた。

ムスリムの「思考法」と概念、それらから導きだされた価値観は、間違いなくムスリム共同体のクルアーン的世界観から生まれたものである。なぜならば、この世界観こそが人々――個人であれ、国家であれ、民族であれ――の自己に対する理解、自己の存在する意味、目的、最終到達地に対する理解、さらには自己、他者、世界、宇宙との関わりをあらゆる面において決定するからである。したがって、この世界観は社会とその構成員を動かす感情的・心理的エネルギー――すなわち、人々の態度、行動、人生のコース、また各々がどれだけ文化の発展に貢献し、歴史の中で役割を担うのかを決定するもの――の性質を決定する原動力となるのである。

そのため、この世界観が明瞭で、整合性があり、確信的で、理解しやすく、現実的で、地に足がついたものであるならば、人々の心理的、精神的、知的な生活を形成する教義面での力となることができる。人々に個人レベルでも共同体レベルでも有益で節度ある行動をとるようにさせることも可能となる。しかしながら、世界観が曖昧で、抽象的で、奇抜で、現実から乖離したものであるならば、国民の持つ豊かな原則、概念、価値観を無に帰すばかりか、市井や信仰の場で語られる言葉は空虚なものとなり、また長大で神聖な書物の数々は埃を被ったまま本棚に並ぶことになるであろう。そのような状況では、思想や社会交流のレベルにおいて、世界観が個人の生活や社会状況に与える影響はほとんどないであろう。ムスリム共同体には、イスラーム的世界観についての正しい認識や、徹底した考察をしようとする関心が欠如している。この認識と関心の欠如こそが、ムスリムが、共同体としても個人としても過去数世紀にわたって益々ひどく苦しんでいる混乱、消極性、衰退、分裂、後進性の背景にある根本原因なのである。

科学的、物質的成果を実現した優秀で成功した西洋モデルに憧れるムスリム知識人は、――西洋で教育を受けたムスリム思想家たちが自身の伝統への信頼よりも受容と模倣の精神に屈服する傾向に見られるように――意識的にせよ無意識的にせよ、西洋的精神を、その精神に内在している世界観とともに取り入れた。結果として、彼らは自らの伝統を――その中でも最も根源的な、人類史に深く刻み込まれ、かつて文明の基礎を一新したイスラーム的世界観も――批評する研究・考察を通してムスリムの思考様式を再構築するためのきちんとした取り組みをしてこなかったのである。しかしながら、もしそのような研究を行っていたとしたら、イスラーム的世界観を固守し、応用することでもたらされた低落――ならびにイスラームの思想、社会構造、文化的地位の低落――の原因を究明することができたであろう。

したがって、肩書きや人種にかかわらず全てのムスリム知識人がこの西洋的あり方に対する無知な心酔を乗り越えない限り、またムスリム教育者と改革者が真剣にかつ客観精神と建設的な批判精神とをもって自らの歴史と文化を紐解かない限り、ムスリム共同体を悩ませ、その存在をはっきり認めてこなかった弱さや後進性、衰退に対して効果的に対処することは決してできないであろう。思想家にとって最も重要な課題は、イスラーム的世界観が〔ムスリム共同体において〕全ての〔認識や価値の〕根源であるべきであるということであり、またイスラーム的世界観のそのような地位を固守することに失敗したということを認識することである。というのも、イスラーム的世界観にこそムスリム共同体が失ったものを取り戻すために必要となる教義的な基盤や知的・心理的・感情的刺激があるからである。

我々が問いかけるべきことは、第一に、ムスリム共同体がどのような世界観を持つべきかということである。第二に、ムスリム自身がこの世界観を歪曲し過小評価のするようになってしまったのはなぜなのか、ということである。

イスラーム的世界観はどのように歪められたか?

はじめに指摘しておくべきことであるが、我々ムスリムである者は、預言者の時代からイスラーム初期の数世紀にわたる輝かしい過去を、ムスリムの優れた文化的偉業とともに知っている。同様に、我々はその後に続く時代において主流となった、そして現在もなお主流である、痛ましい状況についても認識している。結果として、預言者の時代と正統カリフ[▽1]（高潔なアブー・バクルと英邁なウマル）の時代に目撃された業績——すなわち指導者たちによる非の打ちどころのない完璧さと功績、集団の統一と編成、人類の文明史という名の動脈に流れる新しい血による素晴らしい業績——は、ただそのような指導者たちがもっていた力強く有効な世界観や文化によってのみ説明できる。この世界観が、指導者たちに当時の人々を圧倒するような功績を実現させた進取の精神、活力、知力、感情を吹き込んだのである。さらに、指導者たちの歴史的業績の遺産は現在もムスリム共同体に意識的にしろ、無意識的にしろ、生きている。イスラームの統治下に置かれた国家や人々に影響を与えた変化の数々は、教義、文化、形式、服装のレベルにとどまらず、それらを超えて類を見ない様相をもたらした——つまり、言語そのものの変容である。様々な言語がクライシュ方言アラビア語〔クライシュ族はマッカを支配していた部族であり、預言者の属する部族であった〕に取って代わられ、比類なく精力的なその世代の人々が足を踏み入れたいずれの土地においても、その土地の言語となった。▽2

したがって、我々が最も答えを必要とする疑問は、初期の世代に知識を与え、導いた世界観の特徴とは何なのか、どのようにしてこの世界観は成立したのか、である。同様に重要なのは、数世紀の間にこの世界観がその影響力、効力、活力を失い、今日のムスリム共同体が弱く、消極的で、虐げられさえするまでに至ったのはなぜなのか、どのようにそうなったのかを我々が知ることである。

しかしながら、この疑問に答え、イスラーム的、すなわちクルアーン的世界観の特徴を明らかにする前に、我々にとって重要なことは、――現在の状況に見られる急進的な変化▽3を考慮すると――初期の世代のムスリムを導いた理念と、後世の祖先たちによって残された厄介な遺産とを切り分けて考えることである。

▽1　預言者ムハンマドの死後、預言者の代理人（カリフ）としてムスリム共同体の政治的首長となったアブー・バクル、ウマル、ウスマーン、アリーの四名のこと。彼らの統治時代を正統カリフ時代（西暦六三二～六六一年）と呼ぶ。彼ら以降にもムスリム共同体の首長としてカリフを名乗った者は多数いるが、正統カリフとは呼ばれない。

▽2　正統カリフ時代とそれに続く時代にムスリム共同体は急速に拡大され、シリア、エジプト、マグリブ地域をはじめとして、それまでアラビア語が普及してはいなかった地域も統治下に置かれた。これらの地域では長い年月をかけて、アラビア語が主要な共通語となっていった。

▽3　ムスリム共同体の衰退、ムスリム社会の大部分が植民地化されたこと、その後も欧米諸国等の先進国に比べると圧倒的に劣勢にあり、価値観や文化面でも大きな影響を受けている状況のこと。

目に見える効果から判断する限りでは、この現代の世界観の大部分は対症療法的な論理の産物であり、その言説のほとんどは、脅迫、回想、根拠のない申し立て、夢、幻想に他ならず、恣意的かつ独裁的なやり方でムスリムの重荷を増やしている。さらには、そのような脅しの言説は、ムスリムたちにある種の「自己否定」（自己肯定の反対）をすることを要求し、威圧的で横暴な世界観を至上のものとして独裁的な地位を与えようとしている。

このような性質の世界観と言説は、抑圧と敗北、消極性と疎外化につながり、さらには地球資源の管理責任や人類文化と文明の向上のために宇宙の基本法則に基づき知識と発見を探求しようとする意欲や熱意を喪失することへとつながる。そのような精神は、消極的で、依存的で、疎外され、抑圧された、無力な国家や共同体以外に何物も生みだすことはできない。そのような国家や共同体は目的、意欲、情熱が欠如しており、その構成員は自己中心的で、団結心や協調性、共同体意識に欠ける傾向がある。そのため、自己否定の言説が否定的な反応をもたらし、自己中心主義、享楽主義、個人主義、消極的内向性――つまり、クルアーンの中で **al-nafs al-ammārah bi al-sūʾ**（「……魂というものは悪を唆す……」ユースフ章、2：53）と述べられている精神的、心理的な状態――への引きこもりによって無意識に自己防衛に訴える傾向をもたらすのも驚くに値しない。そのような状況では、他者のために善を行いたい、優れた功績を成し遂げたいという欲求は時折生じたとしても、潜在的に人間が神から授かった良心の精神的衝動、あるいはクルアーンにおいて言及される **al-nafs al-lawwāmah**（「……自責する魂……」復活章、75：2）のかたちばかりのものにしかならない。

クルアーン的世界観が過去の時代になしえたこと、そのなしえた理由とは、ひとえにそれが様々な個人の、あるいは共同体の局面において、自己実現と自己肯定を助長する前向きで力強い展望を有していたからである。愛、有益な欲求、信念によって生じる意欲（「……信仰する者たちは一層激しくアッラーを愛する……」雌牛章、2：165）は、恐怖、脅迫、消極性の効果に勝る。このように、人間は自らの属する文化の文脈における建設的行動を通して自己実現を達成し、人生の意味を理解することができる。そうすることで、個人においても共同体においても、物質的レベルでも精神的レベルでも、人生を生きることに熱中できる。イスラームの初期に優勢であった建設的なクルアーン的世界観の影響下で生きていた時、人々はまるで肉体的衝動や欲求に応えるかのように、神から与えられた精神的な命令に応えた。さらに、肉体的衝動や欲求に応える際、人々は他者に打ち勝ち、他者を犠牲にして生き残りたいという欲求——すなわち「力は正義なり」、適者生存の世界——に基づいた世俗的、利己的、攻撃的、動物的本能（「悪を唆す」自己）に基づいて応えるのではない。むしろ、神から授かった広義の意味での公正、慈善、同胞愛、平和といった価値観に基づいた精神的本質——すなわち神に触発された良心の方向性と一致する「正義のための力」——と調和するように応えるのである。全能なる神は言われた。

それ故、おまえの顔を、ひたむきにこの宗教に直面せしめよ。彼（アッラー）が人々に造り給うたアッラーの本性を（遵守せよ）。アッラーの創造に変更はない。それこそ正しい宗教である。だが、人々の大半は知らない。

（（東）ローマ章、30：30）

それ（クルアーン）は諸世界への訓戒にほかならず、（つまり）おまえたちのうち真っすぐ立ちたいと望んだ者への（訓戒にほかならない）。

（巻き上げ章、81：27－28）

アッラーは誰にもその器量以上のものは負わせ給わない。己が稼いだものは己のためとなり、己が稼ぎ取ったものは己に課される。「われらが主よ、われらが忘れた、あるいは過ちを犯したとしてもわれらを咎め給うな。われらが主よ、われら以前の者たちにあなたが負わせ給うたように、われらに重荷を負わせ給うな。われらが主よ、われらの力が及ばないものをわれらに負わせ給うな。……」

（雌牛章、2：286）

復活（審判）の日に誓おうではないか。そして自責する魂に誓おうではないか。

（復活章、75：1－2）

一方、己の主の立ち処を恐れ、自我に欲望を禁じた者については、楽園、それが住み処である。

（引き抜く者たち章、79：40－41）

……まことにアッラーは、民が己の事柄を変えるまで、彼らの事柄を変え給うことはない。……

（雷章、13：11）

アブー・フライラが述べたことをサイード・イブン・アル＝ムサイヤブが伝え、それをアッ＝ズフリーが伝え、それをアッ＝ズバイディーが伝え、それをムハンマド・イブン・ハルブが伝え、それをハージブ・イブン・アル＝ワリードが伝えたところによると、「アッラーの使徒は言った、「およそ子どもは全て本然の姿を持って生まれてこない者はない。しかしその両親がユダヤ教徒にしたり、キリスト教徒にしたり、マニ教徒にするのである。……」」。▼1

ワービサ・イブン・マバドが伝えるハディースによれば、彼がアッラーの使徒のもとへ行くと、使徒は言われた。「ワービサ、あなたが私に何を尋ねに来たか言おうか」。「神の使徒よ」、彼は答えた「言ってください！」そして彼は言われた。「あなたは義と不義とは何であるかを私に訊きにきた」。「その通りです」。ワービサは答えた。するとアッラーの使徒は両手の指の三本でワービサの胸を引っかきながら言った。「ワービサ、義と不義とは何であるか、自分自身に問いなさい。義とはあなたの心と魂の安らぐことであり、不義とはあなたの心と魂の安らがないことだ。たとえ他の誰かが正しいと言ったことであっても▼2」。

預言者の時代と正統カリフの時代が終了すると、イスラーム的世界観は無数の曖昧さに徐々に覆われていった。それは、イスラームの信託▽4を伝える使者とその理想的な擁護者（預言者および後継者であった正統カ

▽4　イスラームでは、最初に創造された人間、アーダムにこの世界に在る他の被造物を統治する能力が与えられたとされる。それ以来人間はアッラーの代理者としてこの世界を統治する役割が与えられており、このことがアッラーからの「信託」であるとされる。

リフたち）の後見のもと、聖クルアーンの言葉を教えられた預言者の教友[5]たちが徐々に不在になるにつれ顕著になった。預言者がクルアーンの視座、原則、価値観を当時の人々が直面した具体的状況に対して適用した模範や英知を目の当たりにし、習得したのは、まさにこのような人々であった。時が過ぎて、教友たちは死去し、その数は減っていった。自然死を迎えた者もいたが、かなりの者が、預言者の死後、イスラームの統治に反抗する砂漠のアラブ人を討伐するための戦場[6]で命を落とした。さらにその後、当時の侵略者である堕落した帝国――すなわち、北と東に広がるペルシア帝国と、北と西に広がるビザンティン帝国――との対決に突入した。アラブの部族を召集しムスリム軍を結成する必要があったのは後者との対決のためであったが、当時、まだ人々はイスラームの信託と精神について十分には教育されていなかった。その結果、反抗する砂漠のアラブ部族はムスリム国家の軍事力を打ち負かし、その政治生命を弱体化させた。事実、砂漠のアラブ人はイスラームに明るくはなく、いまだに原始的で人種差別的な部族の価値観と排他的な風習の影響下にあった。そのような部族精神を完全に消し去ることは――特に成立間もないイスラーム国家に課されたビザンティン帝国とペルシア帝国との非道な紛争、さらにいうまでもなく砂漠の生活の過酷さと希少な天然資源をめぐる長年の部族間対立を考慮すると――不可能であっただろう。こういった全ての要因が、家族、同じ女性に育てられた者同士の同胞愛、通行保護・保障条約、市民権（マディーナ憲章[7]で明記された原則）、国家や国民の概念といったイスラーム社会諸制度の根底にある連帯感や超部族的思考の普及を妨げた。成立間もないムスリム国家の政治生命を、砂漠のアラブ人が弱体化させることができたという事実、加えて政治の領域が宗教への支配力を持ち、自らの目的に利用した結果、必然的な成り行きとして専制と堕落をもたらした事実の重大さを認識することは重要である。預言者ムハンマドによる未来を憂慮した警告の多くは、歪曲と反乱が発生し、それがムスリム国家の経済、社会、政治生命の将来に危険を及ぼすことを教えたものであった。さらに重要なことは、そのような出来事が、国家の知的生活とイスラーム的世界観に致命的な影響を与えるであろうことであった。

砂漠のアラブ部族は、乾燥した不毛の環境に居住し、アラビア半島の広大で山の多い砂漠で孤立した暮らしをしていた。そのため、イスラームの伝来以前、砂漠のアラブ部族は一種の不完全で未熟な文化的様相を呈していた。このような状況を踏まえ、イスラームの共同体と国家は、砂漠のアラブ部族の福祉のためにあらゆる実現可能で適切な手段を講じ、彼らを人種差別から解放された文明的、集合的、人道的なシ

▽5 アラビア語では「サハーバ」で、預言者ムハンマドに直接会って教えを受けたムスリムのことを指す。教友は、預言者の言行を記録したハディースを伝承するという役割を持っていた。

▽6 預言者ムハンマドによってアラビア半島が統一された後、正統カリフたちはアラビア半島外への外征を続けたが、アラビア半島で起きた反乱にも対処しなければならなかった。反乱は教友たちの間からも起きたが、ここで「反抗する砂漠のアラブ人」と述べられているのは、義務の喜捨（ザカート）の支払いを拒否し独自の偽預言者を立てた反乱であるリッダ戦争（西暦六三二〜六三三年）等を指していると考えられる。

▽7 預言者ムハンマドは聖地マッカでイスラームの宣教を開始したものの、迫害を受け、西暦六二二年にマディーナに移住し、そこで自分自身を首長とする政治体制を確立した。マディーナに居住する諸部族の間での紛争を防止し、それぞれの権利を定めるために起草した協約がマディーナ憲章である。マディーナの居住者には従来から居住していた八部族（宗教的背景はムスリム、多神教徒、ユダヤ教徒等）の他にムハンマドと共にマッカ移住してきた新参の移住者らがおり、ムハンマドには諸勢力の調停者としての役割が求められた。マディーナ憲章は現在に至るまで、従来の部族主義を超えてムスリム共同体が形成された際のモデルとなる理念であるとともに、ムスリムと非ムスリムが共存する際のモデルであるとも見なされている。

ステムに統合する義務があった。文化的、社会的な教育上の施策の最初の段階において、成立間もないムスリム国家は、新興イスラーム社会にベドウィンを引き込むことでこれを実行しようとした。そのうえでアッラーの使徒と後継者のアブー・バクル[▽8]が「イスラームか、さもなければ戦争か」の方針を忠実に守ったにもかかわらず、実際には砂漠のアラブ部族はイスラームの教義の受け入れるを強制されることはなかった。むしろ、この方針はいわば野生の馬を手懐け飼いならす方法、あるいは手に負えない子どもへの上手い対処法のようなものであった。「ベドウィンたちは、「信仰した」と言った。言え、おまえたちは未だ信仰してはいない。そうではなく、「帰依した」と言え。信仰はおまえたちの心にまだ入っていないので。……」（部屋章、49：14）。

ベドウィン部族が同胞愛、協力、連帯のイスラーム共同体から後退し、代わりに部族への狭小な忠誠、紛争、侵略、強盗、略奪を繰り返す、砂漠の狼の生活に戻ろうとした時にも、そして信念をもったカリフ、アブー・バクルが「アッラーにかけて誓う。礼拝とザカート[▽9]を区別する者全てに闘いを挑むことを」。と宣言した時にも、そこには理由があった。つまり、焦点があてられたのは教義や信仰ではなく、礼拝とザカートの支払いという、共同体がより大きな成熟、能力、社会的連帯、また神の代理人として地球を管理する責任感を手に入れるための精神的・物質的基礎を形成することであったのだ。たとえば礼拝は、その構成員に帰属意識を与えるような、精神的、教義的、感情的、知的な共同体の形成を助ける。そのような共同体の秩序と構造は、協調的かつ協和的な共同行為、そして所属部族、人種、肌の色、言語、社会的地位によって差別しない平等と同胞愛の精神を育む宗教儀礼によって特徴づけられる。同様に、ザカートは同胞愛と連帯の精神の表れであり、真に文化的な共同体の設立には欠かせないものである。

預言者ムハンマドを通して全能なる神からもたらされた唯一神への信仰、そして平和、公正、慈悲、同胞愛、目的ある倫理的な管理責任といった信託――つまり、公正かつ慈悲深い神への様々なかたちの崇拝行為を伴う信託であり、断食や巡礼の規律、またあらゆる行為において善良、公正、優秀、誠実であろうとする内なる信念に基づいた快い忘我を含むもの――への信仰を人々の心に植え付けるには知識、合理的な説得、時間があれば事足りるであろう。

以下の聖クルアーンの節は、ベドウィン部族の野蛮で原始的な思考法の特徴を表している。これらの言葉を通して、我々は彼らの未熟さと社会的、文化的、倫理的な教育の必要性を認識することができる。ベドウィン部族を憂慮して、全能なる神は言われた。

> いかにして。そして彼らは、おまえたちに対し優勢とみれば、おまえたちについては血縁も協定も顧みないというのに。口ではおまえたちを満足させるが、彼らの心は拒否している。彼らの大半は邪な者である。彼らはアッラーの諸々の徴とひきかえにわずかな代価を得て、彼の道を妨げた。まことに、彼らのなすことのなんと悪いことよ。彼らは信仰者には血縁も協定も顧みない。そしてそれらの者、彼らこそは矩を越えた者である。だが、彼らが悔いて戻り、礼拝を遵守し、浄財を払うなら、宗教に

▽8　預言者ムハンマドの没後に就任した第一代正統カリフ。

▽9　ムスリムの義務とされる行いとしての喜捨のこと。アブー・バクルは喜捨の義務を否定した諸部族を背教者と見なして討伐した（リッダ戦争）。

おけるおまえたちの兄弟である。そしてわれらは知る者たちのために諸々の徴を解明する。だが、彼らが約定の後で彼らの誓約を破り、おまえたちの宗教を誹謗するなら、不信仰者の頭目たちと戦え。そうすれば、まことに彼らには誓約がない。きっと彼らも止めるであろう。（悔悟章、9：8－12）

ベドウィンは不信仰と偽信仰が一層はなはだしく、アッラーが彼の使徒に下し給うたものの諸法度を知らないことが一層似つかわしい。そしてアッラーはよく知り給う英明な御方。またベドウィンの中には、費やすものを負担と捉え、おまえたちに運の転換を待ち望む者がいる。彼らにこそ悪運はある。そしてアッラーはよく聞きよく知り給う御方。（悔悟章、9：97－98）

彼こそは、文盲の者たち（アラブ人たち）に彼らのうちから使徒（ムハンマド）を遣わし給うた御方で、彼（使徒）は彼らに彼の諸々の徴（節）を読み聞かせ、彼らを清め、彼らに啓典と英知を教える、彼らは以前には明白な迷誤のうちにあったのではあるが。（金曜集合礼拝章、62：2）

イスラームの政治的生命力にベドウィン部族がもたらした悪影響は、正統カリフ体制の崩壊と冷酷なウマイヤ朝[10]の成立とともに始まった。原始的な思考法と人種差別的な人間関係の悪影響は長引き、クルアーン的世界観——すなわち預言者ならびに移住者や支援者[11]を含む預言者の教友たちの人生に見事に具現化された世界観——の輝きをさらに奪い、徐々に砂漠のアラブの世界観に置き換えた。このクルアーン的世界観の視点は第一に、人々の特定の環境や精神的状況、理解のレベルに応じてアッラーの信託を届けることのできるアッラーの使徒によってもたらされた、いわゆる「混合的な説教」〔イスラームの教義とともに当時のアラブ人の社会状況への解決策を混じえながら語られた説教〕に由来する。聖クルアーンならびに未来の混乱を警告する預言者の言葉――加えてアラビア半島を取り囲む敵対的で堕落した帝国とイスラーム国家との間の激しい紛争の結果、イスラーム統治下に入った砂漠のアラブ人とその他の人々の影響によるムスリム共同体の将来の姿を憂慮する預言者の警鐘――で描写されたイスラーム以前の伝統や部族への狭小な忠誠の名残を通して見てとれるのは、同情すべき要因の数々である。

　預言者が生前に様々な警告の中で言及した後の時代がやってくると、砂漠のアラブ部族とウマイヤ朝は正統カリフを排除した。この時期、クルアーンの精神は著しく弱められ、最初の四人のカリフたちの良識的で教義に則った手法は、権力が世襲によってのみ移行する極悪非道の体制へと変容した。マディーナの都市は占拠された。カアバ▽[12]は破壊され、フサイン・イブン・アリー▽[13]とアブドゥッラー・イブン・アッ＝ズバイル▽[14]が殺害された。その間に、教友たちの継承者や正統カリフ体制の土台として貢献してきた学者たち

▽10　第四代正統カリフのアリーが西暦六六一年に暗殺された後、マッカの有力な家系であったウマイヤ家のムアーウィヤがカリフに就き、以後世襲でカリフ位が継承されるようになった。シリアのダマスカスを首都としたウマイヤ朝は七五〇年にアッバース家によって打倒され、アッバース朝がカリフ位を占めることとなった。

▽11　西暦六二二年に預言者ムハンマドらがマッカからマディーナに移住した際、彼らを支援したマディーナの従来からの住民たちのこと。

▽12　マッカにあるモスク。従来は多神教徒の神殿であったが、ムハンマドが西暦六三〇年にマッカを征服した際、多神教の偶像は破壊された。ムスリムが礼拝をする際はカアバの方角を向いて行う。

は徹底的に排除され、モスクは政治の問題から切り離された。教友たちの継承者は空論家に等しくなり、その役割はほとんど狭義の崇拝行為、個人・家族に関する問題、売買契約や商取引に関する法規定の領域に限定された。この結果、公共、政治の分野に宗教が関与するにあたって体制に依存する態度しかとれないようになり、イスラーム的世界観の様々な側面をぼやけさせ、歪めた。こうして、宗教は徐々に政治指導者とその信奉者に仕える立場へと成り下がり、公共システムは低迷に苦しみ、独裁が支配し、汚職とそれに付随する不正が政治、経済、社会の諸分野において警戒すべき水準に達した。

　多神崇拝の部族の遺産、ならびにイスラーム社会に新しく加わった人々と彼らの有する文化、世界観、そして人類の文明史で役目を果たし終わり破綻あるいは消滅した過去の文明――特にギリシア文明とその形式論理学ならびに神話に由来する教義――から引き継いだ有害な伝統や思想による遺産[15]のせいで、知的・教義的混乱は悪化していくばかりであった。このことがさらに大きなイスラーム的世界観の歪みを作りだし、それがムスリム共同体において、より深刻な精神性の弱体化を引き起こしたことは当然のことである。前述の出来事は、イスラーム国家の政治システムの分裂と人類文明の刷新のためにもたらされた聖クルアーンの原則からの後退というかたちで、ウマイヤ朝の時代の終わりまで明確に見られた。クルアーンの原理が内包していたのは、神から授かった管理責任のビジョン、はっきりとした創造の目的、規律のもとにある人間の本性、倫理的品行、そして公正、同胞愛、神の唯一性、協議、自由、責任、建設的行動への献身であった。

　重要なのは、イスラームの征服と領土拡大に伴う熟練工やその他の職業人たちの出現が大きな後押しとなり長い時間を経て築かれた物質的繁栄[16]をもってしても、前述の、正しいイスラーム的理念（神から授かった地球における人類の目的）から後退していくことを軌道修正はできなかったということである。イスラーム文化と社会を堕落、制度的硬直、解体というかたちで襲った精神性の低迷は、表面的な物質的繁栄をもってしても隠すことはできなかった。文化、知性、教義における歪曲のプロセスは危機的な水準に達し、――宿命論や迷信、いかさまの普及、偽りの文言で現状を正当化しようとする試み、ユダヤの民間伝承信仰[17]やグノーシス主義信仰[18]あるいは神秘主義信仰[19]の拡大する影響を考慮すると――今やイスラーム的世界観

▽13　フサイン（西暦六二六～六八〇年）は、第四代正統カリフであったアリーの次男。預言者ムハンマドの孫にあたる。ウマイヤ朝の成立後、カリフ位の継承権を主張してウマイヤ朝と対立、カルバラー（イラクの地名、現在はシーア派の聖地）の戦いで敗死した。

▽14　アブドゥッラー・アッ＝ズバイル（西暦六二四～六九二年）はマディーナ生まれの教友。フサインを支持してウマイヤ朝と対立し、フサインの敗死後はマッカを拠点に自らカリフを名乗った（西暦六八〇～六九二年）。ウマイヤ朝と戦い敗死した。

▽15　イスラームの神学が発展し精緻化されていく過程で、西暦九世紀以降アリストテレスのようなギリシア由来の論理学、哲学が応用された。十二世紀になると非イスラーム的な要素を混入することになるとして批判が激しくなり、イスラームにおける哲学研究は衰退していった。現在サウディアラビアで主流となっている法学派、ハンバル派の創始者であったアフマド・イブン・ハンバルもギリシア哲学の導入には否定的であり、現代のサラフィー主義者、とりわけワッハーブ派も哲学を応用したイスラーム思想を激しく否定している。

▽16　西暦七五〇年に成立したアッバース朝がイラクとその周辺地域で実現した経済的繁栄を指している。

▽17　ユダヤ教からイスラームへの改宗者が学術活動に参加したこともあり、イスラームの神学や法学では、イスラーイーリーヤートと呼ばれるユダヤ教の教説に由来する要素がごく一部で取り入れられた。

▽18　古代オリエントで発生し一世紀から四世紀の初期キリスト教会の一部で発展した二元論的思想。中世キリスト教の一部やマニ教に継承された。

は、全てを有していたにもかかわらず、全てを失うまでに至った。かつては国家を動かし、それと同時に進歩、創造性、建設的行動を推進した目的意識や意欲はなくなった。結果として生じた空虚さは、人々の間に無関心と無気力の意識をさらに強める服従と脅迫の妄言によって満たされた。対立、分裂、後進性、制度的機能不全はすっかり時代の風潮となり、イスラーム帝国の始めから終わりまでを支配した、陳腐で、硬直的で、堕落した、非道な体制は——わずかばかりの例外はあるにせよ——臣民を搾取、服従、敗北から守ることはもはやできなかった。

イスラーム思想が歴史的にたどった過程を注意深く観察すれば、前述の要因——特にギリシア思想・論理の形式主義とその神秘主義的教義、哲学（有益な側面から恩恵を受けるだけでなく、その落とし穴を避けるために注意するべきであった諸性質）——は教義、知性、文化の次元で一様に、著しく有害な影響をもたらしたことが分かるであろう。教義上、形而上、神学上の詭弁に執着したことは、ムスリムの学者や哲学者たち——ムウタズィラ派[20]、アシュアリー派[21]、シーア派[22]、スンナ派[23]、スーフィーその他何であろうと——のエネルギーを消耗させ、同時にムスリム共同体をその本来の使命、つまり創造力と人間の精神や物質的資源の賢明な活用により人類文明を発展させる使命から目をそらさせた。クルアーンの創造、運命対自由意志といった問題をめぐる堅苦しい哲学的な論争[24]は、詭弁による脱線の一例である。これらはいずれも人間の諸問題への対処とは一切関係のないものであった。

啓示と理性の対立——現実かそれとも空想か？

啓示と理性との間に対立があるかどうかという疑問は、人間性や客観的現実に由来しない詭弁の哲学論争にムスリム共同体を巻き込んだ空想に基づいている。実際、啓示と人間の理性との間にどのようなものであれ矛盾や対立があるというのは空想である。なぜなら、ここでいう理性の機能というのは、本質的に

▽19　タサウウフと呼ばれる、形式的な法学のみならず道徳面・精神面の向上を重視する思想およびそのための修養のことを指す。タサウウフの実践のための組織がスーフィーと呼ばれる人々の教団である。欧米や日本のイスラーム研究では、スーフィー教団の思想や活動はスーフィズムと呼ばれる。サラフィー主義、特にワッハーブ派にとっては、スーフィー教団の活動や、ワリー（聖者）と呼ばれる教団指導者たち、彼らの墓廟への崇敬は、偶像崇拝につながると見なされており、破壊するべき攻撃対象である。

▽20　西暦九世紀、十世紀頃に勢力をもっていたイスラーム神学の学派。その抽象的なアッラーについての理解、自由意志についての議論等から、大多数のムスリムから否定され、勢力を失うに至った。

▽21　イスラーム神学において、特にスンナ派においてマートゥリーディー派と並ぶ主流の学派。ただし、サウディアラビアを拠点とするワッハーブ派からは否定されている。

▽22　最後の正統カリフ、アリーの後継をめぐり、アリーの子息たちやその子孫を支持したことで独自の勢力を形成し、教義のうえでもスンナ派とは対立するに至った集団。イスラーム世界において少数派ではあるが、イランとイラクでは多数派を占めており、他地域にも分布している。ワッハーブ派はシーア派を主要敵としてきた。

▽23　スンナとは預言者ムハンマドの言行であり、それを記録したのがハディースである。全ての真正なハディースを肯定して教義の典拠とするのがスンナ派であり、イスラーム世界の多数派である。シーア派は、アリーやその後継者たちと敵対した教友が伝えた一部のハディースを否定するとともに、自分たちの指導者（イマーム）の言行をも教義の典拠としている。

▽24　ムウタズィラ派、アシュアリー派、マートゥリーディー派などによって展開されてきたアッラーの属性や運命、クルアーンは創造物であるのかといった議論について、ワッハーブ派をはじめとするハディースの徒は多くの場合、論争を行うこと自体に否定的であり、ギリシア哲学のような異教的影響を受けていると見なした。神学派や神学論争については、松山洋平（二〇一六）『イスラーム神学』を参照。

は、二つの物を釣りあわせるために比較する秤のようなものだからである。

この二つの天秤とは、理性と啓示そのもののことではなく、一方が啓示の原典（アラビア語ではal-naql、文字通り、「伝えられたもの」）であり、他方が人間の本質と宇宙の法則（al-fiṭrah wa al-sunan）である。理性の役割は、人類に伝えられた啓示と人間的・非人間的領域における神から授かった物事の本質との間の一致と調和がどれだけ存在するかを究明することである。いい換えれば、理性の仕事とは、啓示（書かれたもの、al-masṭūr）による、人間の本質と広範な宇宙の本質の実在（観察されるもの、al-manẓūr）の描写を検証することである。

このように、対立は、もしそのようなものが存在するとするならば、啓示と、重さを量る秤に類似した人間の理性の間にはありえないことが明確になるだろう。しかしながら、そのような対立が――少なくとも理論上は啓示と自然との間に――存在し、理性の機能は両者の関係を調査し、その関係性が釣りあいのとれた相互支援的なものなのか、あるいは不和、不一致なのかを突き詰めることだと思う人もいるかもしれない。

不和、不一致の場合、我々に求められることは、科学的調査、研究、実験を行って、なぜそのような測定値を秤が示すのかを発見することである。このようにして、不均衡の理由、真実の所在、人々を最も利するのが何であるのかを究明しようと願うのである。創造者によって下された啓示の意味についての不適切な理解があるだろうか？　あるいは人間性や宇宙の法則について誤解はあっただろうか？[3]

啓示と宇宙の法則の起源は同じであるため、神から授かった啓示により伝えられた本来の意味や導きと、人間性や宇宙の法則とその目的の本来の特性との間に、本物の対立が存在することはありえない。科学的な調査では、啓示は完全に公正かつ公平と見られている――人間の本質と宇宙の法則を正確に反映したものであり、人間の充足感や自己実現のための最も正当な導きの源泉である。このため、全能なる神は我々に命じて言われる。

それ故、おまえの顔を、ひたむきにこの宗教に直面せしめよ。彼（アッラー）が人々に造り給うたアッラーの本性を（遵守せよ）。アッラーの創造に変更はない。それこそ正しい宗教である。だが、人々の大半は知らない。

（（東）ローマ章、30：30）

この視点から見ると、婚姻による結合で経験される喜び、真面目に生きるための努力、有益な知識の探求、人々の生命、富、名誉を、それらを侵害する者から守るための殉教は、全て等しく神の愛を確約するものであり、神の祝福と承認を得るための手段と考えられる。

ギリシアの形式論理学の影響下において、ムスリムは無意識のうちに、理性と啓示の間に対立があるという虚偽の観念の犠牲になった。この結果は、イスラーム思想と文明の経過において危険な岐路をもたらした。さらにいえば、我々がこの虚偽がイスラーム思想と文明に破壊的な影響をもたらすことを認識しない限り、ムスリム共同体は決して統一、理念、意欲、開拓精神、科学・文化の優位性を取り戻すことはできないであろう。そして、これらの恵みを回復しない限り、人類文明を公正、同胞愛、協力、進歩、平和の道へと再び導く方法を見つけることはできないであろう。

ギリシアの詭弁的・神話的な哲学と形式論理学に基づいた方法論は、本質的には、権力の座にあった

「自由人」による学問の贅沢であった。そのため、それは現実、人間性、宇宙の法則を理解することとは全く関係のないものであり、地球の発展とその資源の有効活用のために宇宙の秩序を研究したり、熟考したり、客観的かつ科学的に調査したりすることとも無関係であった。むしろ、それは虚構と大雑把な論法に浸った自己陶酔の思想体系であり、現実から乖離した無意味な懸念により人々の精神的エネルギーを消耗するのみであった。そのような支配階級による主観的思考法、不品行、思い込みから生じた思想体系は、真実でないにもかかわらず、社会の指導的思想家たちによる様々な思いつきと空想によって、多数の観念と視点を出現させてしまった。このことが原因となり、無用かつ事実無根で不和と意見の相違につながる、気まぐれな性向や計画、主観的視点、観念が大量に生みだされた。そのような論争に巻き込まれた者が、確かで完全な啓示の原典、人間性と宇宙の法則の真実に解決策を求めていたなら、意見の相違のほとんどは徐々に解消され、真実のもとに統一されて結集することができたであろう。

このように、理性というものはそれ自体が真理を保証するものではなく、むしろ人間が把握、判断、比較するために必要不可欠な道具あるいは手段なのである。結局いかなる対立も、主張されていることを自ら把握している事実に基づいた調査によって評価する、というように、理性を用いることで解消されるのである。このやり方でのみ、その主張が客観的な事実に一致するかどうかを究明することができる。もし何らかの理由で結論に達することができなければ、それはこの問題がさらなる調査とより多くの事実の蓄積を必要としていることを示している。

これと関連して我々が見失うべきでないのは、クルアーンのどこにも「理性」や「知性」自体への言及は見受けられないという点である。実際、理性あるいは知性（al-ʻaql）を表すアラビア語はクルアーンのどこにも見られない（クルアーンの中でaqlという言葉は、「理性をはたらかせる」を意味するその動詞形ya'qilūnとして出現し、「判断力」を意味する名詞形では出現しない）。その理由は、al-'aqlが自立した存在ではなく、むしろそれを用いて人間が考えたり、比較したり、事実や傾向、秩序と法則の関連性を捉えたりするための手段あるいは道具だからである。結果として、知性あるいは理性に関連した人間の諸問題は、理性そのものとその諸性質によって解決されるのではなく――なぜなら理性そのものとその諸性質は人間の変わることのない特性にすぎないので――、むしろ理性とその能力の使用によって解決される。我々が理性をはたらかせる時、現実を把握し、主張や仮説を事実や客観的かつ科学的な法則と関係づけながら考慮し、結論に達することができる。議論の中の主張や仮説が事実と一致することが自明となれば、それらは「正しい」といえる。そうでなければ、我々の理解に何らかの欠陥があり、さらなる研究、思索、調査がなされなければならないことが分かる。クルアーンが理性（al-'aql/al-ta'aqqul）、省察（al-tafakkur）、観察（al-ibṣār）を通して、物事を理解（al-tadabbur）しようと試みる行為について頻繁に言及するのはこのためである。

初期のムスリム学者たちは、人々の最大利益のために求められていることと、クルアーンの原典の論理的、言語学的理解との間の不一致にしばしば遭遇した。こうしたことは、未知の事態が起きた時に最もよく見られ、（ムスリム共同体）初期に発生した同様の状況を取り扱った原典を参照して、類推を用いて比較された。学者たちは、自らが引用した類推の間違いを見つけるための十分な知識や情報を自身が有していないことが分かると、イスラーム法全体の精神に沿い、人類の安泰のための要求を満たす解釈を適用した。いい換えれば、法判断上の選好（istiḥsān）を実行するようにしていた。

この方法は、人間がある特定の状況に置かれた際に、イスラーム法の精神を実現するために、一般的な例を踏まえて個別の状況について考察する、マカーシド・アル＝シャリーア（イスラーム法の高次の目的）として知られる方法論に発展した。このようにして学者たちは人々の精神的・物質的利益を守り、発展させることが可能となり、イスラームの信託の究極的な目的を具体的に示した。「信仰する者たちよ、アッラーと彼の使徒に応えよ。彼がおまえたちを生かすものへと呼びかけた時には。……」（戦利品章、8：24）。

新しく起きた状況と、イスラーム初期の状況に当初適用された原典とを対比して確かな類推を用いることが難しい第一の理由は、時と場所の要素が十分に理解あるいは考慮されないことである。このことは類推を部分的なものとしてしまう。結果として、そのような部分的な類推は実際には何の利益ももたらさず、社会状況を常に不安定な状態にする▽25。

書かれたもの（al-masṭūr）としての啓示と、実際に存在するもの、あるいは観察されるもの（al-manẓūr）との間に対立があることはありえない。それにもかかわらず、啓示あるいは実際に存在するもののどちらかについてでも不十分な理解しかなければ、対立が発生してしまう可能性もある。したがって、この誤解の原因が特定できるまでは、最も公正かつ慈悲深い御方から逸脱し、人々と人々の利益に害が及ばないよう、普遍的価値と高次の目的が優先されなければならない。

人間の理性のはたらきは、アウトプットがインプットに依存しているという点ではコンピュータに等しい。受け取るインプットが確かなものであれば、アウトプットも確かなものとなる。同様に、ある人が物事に対する正しい理解や概念を持ち、この理解に沿った主張をするならば、その人の行動は現実に即したものとなる。反対に、ある人が受け取るインプットが詭弁や気まぐれ、妄言を含んだものであれば、アウトプットはインプット以上に詭弁的で気まぐれなものとなるだろう。そして人間の文化活動は成り行き任せになるだろう。そうするとムスリムの知性は、無益な迷信、些末なことをめぐる部族的思想、そして、人は運命づけられているのか自由なのか、あるいはクルアーンは創造されたのかどうかといった的外れな哲学論争によって支配されることになる。

啓示（al-masṭūr）としてのクルアーンは、神から授かった人間の本性の表現である。この人間の本性とは、目的を持ち、建設的で、倫理的である。そしてまたクルアーンは、我々が生きる世界（al-manẓūr）の法と原則の表現でもある。したがって啓示の正しい理解のために、強制、脅迫することや、あるいは人間性や法則、自然法を否定しなければならないということは決してありえない。また、人間の存在する意味とは無縁な負担や義務の押しつけも必要としない。反対に、神の啓示は、人間の本質と被造物全体の本質について我々に理解させるために授けられた。このようにして、クルアーンは我々が本当の自己実現――神から授かった人間性と調和して暮らし、神から授かったものを生産的に管理する責任に正しく対処すること――を達成できるように導いている。この本当の自己実現の達成によってのみ、公正で、健全で、創造的な社会を築くことができるのである。

したがって、たとえば、クルアーンが我々に、人間は地球における代理人（神から任命された受託者としての管理人）、代行者（雌牛章、2：30）として創られたと伝える時、この役割は、人間に本来必要ではない追加の重荷として課されるわけではない。それはただ、我々の本質である先天的特性について注意を呼びか

▽25　問題が起きた時と場所についてよく理解したうえで、イスラームの教義（シャリーア）の目的（maqāṣid al-sharī'ah）が達成されるためにはどうすればよいのか類推したうえで教義を適用しなければならない、という主張。

けているのだ。というのも、実際我々はこの役割を担うための先天的能力としての権能があり、啓示はこのことをきちんと我々に気づかせることによって、達成へと導いているのである。このようにして啓示は、我々の自己実現を達成させ、現世と来世における本当の幸福を達成させるのである。

また、クルアーンは人間が神から信託を託されていると証言する（部族連合章、33：72）。その際、人々はもともと創造された特質に属さないものを託されることはない。結局、人はそれぞれ自らの善と悪、双方の精神的性向を自覚している——改革と啓発を推し進める者もいれば、堕落や肉体的、物質的にすぎないものへの愛着に誘惑される者もいる。公正を求めて奮起する者もいれば、不正に惹かれる者もいる。至高の善へと奮い立つ者もいれば、悪の奈落に引きずり落とされる者もいる。さらにいえば、誰しも限度はあるが、二つの経路の内どちらを歩んでいくかを自由に選択する能力を持っているという自覚がある。神の啓示は、人間が自らの意思が善を行うようにさせ、〔神に〕従うよう促し、〔人間の〕目的を達成するための導きを提供する。さらに、神の啓示を読む者は誰でも、啓示が促していることが正しいことを知るようになる。同時に、啓示は神の公正さを我々に再確認させる。我々の責任は、我々に許された能力、知識、理解力と等しいため、神は我々に、我々の能力以上のことを求めることはない。「アッラーは誰にもその器量以上のものは負わせ給わない。己が稼いだものは己のためとなり、己が稼ぎ取ったものは己に課される……」（雌牛章、2：286）。また、「……そしてわれらは、使徒を遣わすまで懲罰を下す者ではない」（夜行章、17：15）。

たとえば、クルアーンが人間に読むことを呼びかける時（凝血章、96：1）[26]、それは我々の本質と全く異質な仕事に我々を従事させるわけではない。結局のところ、人々はクルアーンが下される以前の時代から読むことをしており、人類が存在する限り、単にそれが本性であるが故に読むことを続けるであろう。様々な形態で読むことと書くことをしてこなければ、人間は代理人、受託管理人としての仕事へも備えられなかったであろうし、高度な文明を発展させることもできなかったであろう。読むことは、常に記録することと書くことに伴われなければならないものであり、人類の文化をある世代から次の世代へと確立し、育み、守っていくための根源的かつ本能的な手段である。クルアーンは人間に「読め！」と命じることで、人間が「読む」生き物であることを証言する。その際、この人間の本性への注意を呼びかけ、それを意識の中心へともってこさせた。同時に、この命令のかたちをとった証言は、人間の能力が善のために用いられ、そして信仰、英知、倫理的目的意識による動機づけに用いられるよう導くためのものである。

……われらの主は、あらゆるものにその創造を付与し、導き給うた御方であらせられる。

（ター・ハー章、20：50）

読め、おまえの主の御名において、（森羅万象を）創造し給うた（主の御名において）、（つまり）彼は人間を凝血から創造し給うた。読め。そしておまえの主は最も気前よき御方であり、筆によって（書くことを）教え給うた御方であり、（つまり）人間に彼（人間）の知らなかったことを教え給うた（御方である）。まったく、まことに人間は無法に振る舞う、自らを自足したものと見た（考えた）ことで。おま

▽26　預言者ムハンマドに対して最初に啓示されたクルアーンの章句。「読め！」という言葉から始まる。

えの主の御許にこそ（復活の日の）再帰（と清算）はある。（凝血章、96：1－8）

そしておまえの主が天使たちに、われは地に代行者をなす、と仰せられた時のこと、彼らは言った。「あなたは悪をなし、血を流す者をそこに創り給うのですか。われらはあなたへの称賛をもって賛美し、あなたに対して崇めまつるというのに」。彼は仰せられた。「まことにわれは、おまえたちの知らないことを知っている」。そして彼はアーダムに諸々の名前をそっくり教え、それからそれらを天使たちに示し、言い給うた。「これらの名前をわれに告げよ、もしおまえたちが正しければ」。彼らは言った。「称えあれ、あなたこそ超越者。あなたがわれらに教え給うたこと以外にわれらに知識はありません。まことにあなた、あなたこそはよく知り給う英明なる御方」。彼は仰せられた。「アーダムよ、彼らにそれらの名を告げてやるがよい」。彼が彼らにそれらの名を告げると、仰せられた。「われは諸天と地の見えないことを知っており、おまえたちが明かすものも隠したものも知っているとおまえたちに言ったではないか」。（雌牛章、2：30－33）

これらの啓示から、クルアーン的世界観においては、啓示と人間および宇宙についての自然界の事実との間で本当に対立が起きることはありえないことが明確である。したがって真実を探求する者に必要なことは、観測と比較を忠実に行うことである。合理的基準と知覚情報こそが、真実に到達するために観測や比較をする際の道具となり手段となる。もし、啓示の理解が人間の利益と対立すると信じるに足る理由があるのであれば、啓示についてのより深い理解、あるいは直面する問題と関連する科学的事実について探求しなければならない。このようにして、仮に原典に基づいた古典的な法的判断と異なる結論に至ることがあるとしても、イスラーム法の精神に最もかなった行動が何であるかを判断できる。しかしながら、この手法は真実が二つ以上存在するといっているのではなく、時や場所が変われば、異なる状況、視点、環境が存在することを指摘しているにすぎない。正しく理解されるならば、このような洞察には分裂を生みだすのではなく、むしろ多様性の中に統一性があり、統一性の中に多様性があることが確信される。

預言者の教友たちと砂漠のアラブ人たちの間にあったイスラーム的世界観についての理解の相違

預言者の教友たちの死後、もしムスリム共同体がクルアーン的世界観を——啓示と自然との間に存在する客観的、総合的な結合を認識しつつ——固守し続けていたとしたら、我々は一つの民としての統一を守り、イスラーム的社会科学の発展を促進し、相反する党派に分裂するようなことはなかったであろう。この出来事の中で、「ファラオ」と「聖職者」が結託し——世俗的、リベラルで民主的なスローガン、あるいは真実と公正を求めるかのように装った宗教的な陳腐、嘘、独善的目標を用いて——人々を誤った方向に導き、社会の統一を破壊するということも起きなかったであろう。現実にはこれらの誤りと犯罪は、個々のムスリムあるいは共同体の純粋な利益に反して行われてきた。虚偽の個人的主張や、証明されていない公理や仮説が、まるで既成事実であるかのように扱われ、その過程で、真実や人々の純粋な利益が失われ、共同体は分断され、その構成員はバラバラになった。

イスラーム思想がクルアーン的な概念と理解に基づくことを続けていたら、預言者がアラブ諸部族（すなわちベドウィン諸部族）に語った言葉は、彼ら特有の必要性や能力、彼らが直面していた文化的・歴史的局面に合わせたものであったという認識がなされたであろう。預言者自ら「人々に話す時は、彼らが理解できるように話しなさい」とかつて警告された。[4] アブドゥッラー・イブン・マスードが述べたとムスリムに伝わっているところによれば、「もしあなたが人々に理解できないように話すなら、彼らのうち何人かにとって、あなたの言葉は誘惑と試練のもととなるであろう」。しかしながら、この英知はムスリム思想家たちに重く受け止められることはなく、彼らには預言者が砂漠のアラブ人たちに対してした説教は特定の時と場所に限定されるという本質的に重要な認識が欠如していた。やがてこの認識の欠如のせいで、部族的、ユダヤ的[27]、グノーシス主義的[28]、迷信的観念や伝統に基づいてイスラーム典籍が書き換えられ――数えきれない理由と動機のために――、それがムスリムたちに喜んで受け入れられるということが起きてしまった。このことはクルアーン的世界観を曇らせ、イスラーム文明の精神、活力、創造的な思考を妨げ、その向上を遅らせた。やがて、クルアーンはその朗読と暗誦を通して祝福と天国の報奨を手にするための手段にすぎないものと思われるようになり、同時にイジュティハード（新しい創造的な手法によって意味の解釈に取り組む試み）がなされることはほとんどなくなった。クルアーンの原典を字義通りに解釈し、その解釈を現実に適用する事例を示した書物の重要性が誇張されるようになり[29]、ムスリム共同体は旧来にも増して無気力、停滞、消極性、迷信、詭弁に陥るようになった。結果として、ムスリム共同体を築いた源泉である知識と強さの基盤は崩壊し始め、熟考や調査、創造力、意識的な管理責任を導く灯は着実に消滅していった。

ベドウィン・アラブの思考法――つまり、排他的、強権的、狂信的な部族の伝統と思考法といった特徴を持つもの――はこうしてムスリム共同体において支配的な力を持つに至った。この現象は、さらにベドウィン以外の他の人々も自文化が持つ強権的な伝統と価値観をもったままムスリム共同体に参加したことでさらに悪化した。もう一つの重要な現象は、これまで見てきたように、時と場所に限定されないクルアーンの言葉と、アラビア半島の多神崇拝のアラブ人たち▽30の特定の状況を踏まえたうえで彼らに限定して向けられた預言者の実践的な説論とを注意深く区別するのに失敗したことである。預言者の説論は、宗教の原則ならびに礼拝と喜捨の宗教的義務による共同体と社会の建設を目指していた。預言者が砂漠のアラブ部族に対して「イスラームに服従するか、さもなければ、戦いに備えよ」という言葉を投げかけた時、彼の目的は、アラブ部族を原始的な社会、文化から抜けださせ、クルアーンとその教えに基づいたグローバルな文明を創設する基礎を理解させることであった。しかしながら、この警告の言葉は、時と場合に限定されたその性質にもかかわらず、クルアーンの教えに影をもたらすことを許し、いかなる時、場所、状況にも限定されず、あらゆる国家と時代の人間に対して語られるようになった。

▽27 イスラームの教義解釈の典拠としてユダヤ教の教学や伝承が参照された例（イスラーイーリーヤートと呼ばれる）が少数ではあるが存在する。特にユダヤ教からイスラームに改宗した学者によってなされたイスラーイーリーヤートの教義解釈としての正当性については賛否があるが、ワッハーブ派からはほぼ否定されている。

▽28 主に古代のキリスト教徒の一部によって発展させられてきた二元論的世界観を基礎とする秘教的な思想潮流であるが、ネオ・プラトニズムを経由してイスラームの一部思想家にも影響を及ぼしたと見られる。ワッハーブ派はイスラームを歪曲する異教的影響と見て排撃することを主張している。

▽29 いわゆるスンナ派の四大法学派のような伝統的法学派の古典のことを指す。ワッハーブ派は、法学派で継承されてきた古典的法学書に追従するのではなく、クルアーンとハディースを直接参照して教義解釈することを主張している。

▽30 預言者ムハンマドの主要な対立者であった、マッカを拠点としたアラブ人たちのこと。

これらの全ての現象が、預言者の教友たちを導いたイスラーム的・クルアーン的理念が歪曲されることにつながった。さらに、この歪曲によって、（イスラームに）敵対する真実の否定者による脅迫的なレトリックがより多くの影響力を持つようになってしまった。このような現象により、試練に直面して道を誤った信仰者と反逆者を——つまり、迷える魂と（イスラームに）敵対する頑固な不信仰者を——見分け損なった結果として、ムスリム共同体の思想と文化的成果の双方がさらに衰退していくこととなった。

つまり、重要なのは、教友たちが世界を圧倒する基となったクルアーン的世界観と、「社会の権力者としての務めにより預言者が砂漠のアラブ人に伝えた必要最小限の言説」とでもいうべきものに反映された砂漠の未開なアラブ人の世界観とを区別することである。実際、預言者は砂漠のアラブ人に対して「イスラームに服従するか、さもなければ、戦いに備えよ」と言うことで、最も簡潔で易しいやり方で、またイスラームの中心的柱となるもの、特に礼拝と（その結束力と併せて）喜捨《ザカート》を（社会の連帯と協調を支え、強化するその機能と併せて）強調することによって、原始的な多神崇拝の部族の中に、文明化した社会の基本構造を築くことを意図したのである。いうまでもなく、預言者の教友たちとともに実現され文明化したクルアーン的世界観と、砂漠のアラブ人の原始的世界観ならびに彼らが理解しえた粗雑な言説とは全くかけ離れたものであった。

教友たちは、クルアーンとその文明化した普遍的な世界観を学ぶためにアッラーの使徒のもとに集った。この世界観は、神の代理人、受託者として人間が創造された時から——「……われは地に代行者をなす……」（雌牛章、2：30）——そこに住まう者たちが創造的かつ有益な地球資源の活用によって目的を実現する時まで——「……大地がその装いをまとい、飾られると、その所有者たちは彼らがそれに全権を持つものと思いこんだ。ある夜、あるいはある日中、そこにわれらの命が訪れ……」（ユーヌス章、10：24）――全人類史に普遍的なものである。そして教友たちは、聖クルアーンの学び手であった。その人となりがクルアーンを反映する御方、すなわち教師であり、模範であり、導きである神の選んだ御方[▽31]の教導のもと、教友たちはクルアーンを十節を聞くごとに中断し、それらを記憶することに努力し、そして行動にうつした。

また、まことにおまえは偉大な徳性の上にある。（筆章、68：4）

そしてわれらがおまえを遣わしたのは、諸世界への慈悲としてにほかならない。（預言者たち章、21：107）

ある例外的な状況において、何者かが預言者の行動と発言を書き留めたものを、預言者が削除するように指示したという故事も、何ら驚くべきことではない。預言者と正統カリフの時代において、ハディース――すなわち、アッラーの使徒が言ったこと、行ったこと、承認したことに関する記録――が、クルアーンが記録されたのと同じ正確さ、明確さで記録されていないのはこのためである。これは単純に、クルアーンがハディースと違ってイスラーム的世界観の永久不変な源泉であるためである。また同時に、このことはアッラーの使徒が地球上の権威者また国家の元首として、その命令と指示に人々を従わせた事実と何

▽31　預言者ムハンマドのこと。

ら矛盾しない。実際、（ハディースの中にある）預言者の命令に見られるような明確で詳細な指示はクルアーンの役割ではなかったのであるから、クルアーンにないからという口実で預言者の命令に従わない者はいなかった。むしろクルアーンはその効力があらゆる時と場所を超越する憲法であり、永久不滅の信託であり、召命であり、法であり、世界観である。

ター・スィーン・ミーム。それは明白な啓典の諸々の徴である。（詩人たち章、26：1－2）

……われらは書の中でなにものも疎かにはしなかった。……（家畜章、6：38）

アリフ・ラーム・ラー。その諸々の徴（節）が完成されそれから解明された、英名にして知悉し給う御方の御許からの啓典である。（フード章、11：1）

アリフ・ラーム・ラー。われらがおまえに下した啓典である。おまえが人々を、彼らの主の御許可によって諸々の闇から光へ、威力比類なく、称賛されるべき御方への道へと引きだすために。（イブラーヒーム章、14：1）

これ（クルアーン）は、人々への洞察であり、確信する民への導きであり、慈悲である。（蹲った群れ章、45：20）

クルアーンの役割は、特定の時と場所における社会問題を扱うための指示を出したり、法を発布したりすることではなく、むしろ、神に触発された不朽の世界観を説明することである。預言者はこの世界観を特定の状況において非常に賢明なやり方で適用し、後に続いた歴史においてもその概念と原則を踏まえて社会運営が行われた。「われらが主よ、彼らの間に彼らのうちより使徒を遣わし給え。彼らにあなたの諸々の徴を読み（聞かせ）、啓典と英知を教え、彼らを清める（使徒を遣わし給え）。まことにあなたは威力比類なき英知ある御方」（雌牛章、2：129）。この事実こそ、数人の教友たちが様々な都市へと赴き、人々に預言者の言葉と行動に関するハディースを教え始めた後、なぜ、正統カリフであったウマル・イブン・アル＝ハッターブが彼らにマディーナへと戻るよう指示したのかを示すものである。▽32 というのも、他の都市に居住する人々は、マディーナの人々とは異なり、ハディースの意味するところや、預言者の行動や発言の背後にある意図、あるいはそれらが発生した状況について理解することは不可能であったからである。

イスラーム学史に関する浩瀚な研究によれば、部族的な思考法と非アラブ人のムスリム共同体への流入に伴う不安定化は、アラブ人国民国家の進路に多大な影響をもたらし、さらにマディーナ学派の継承者はムスリム共同体の公務から疎外され、代わりに個人的な崇拝行為や個人的問題の領域に押しやられるという敗北を喫した。マディーナ学派ならびに「意見学派」（madrasat al-ra'y）の創始者であるイマーム・アブー・ハニーファ・アル＝ヌーマーン（ヒジュラ暦一五〇年／西暦七六七年没）の方法論は、推論に基づく見解、

▽32　正統カリフたちはマディーナを拠点として統治を行った。

クルアーンへの考察に基づいており、そして預言者がクルアーンの教えは特定の状況に適用されていたことを踏まえていた。意見や裁定について様々に議論する際、イマーム・アブー・ハニーファ[▽33]は、預言者のスンナからの最小限の引用で満足した。しかしながら、このことは、スンナの原典とクルアーンの教えが適用されていた際に見られた配慮が、イマーム・アブー・ハニーファと彼の学派の支持者たちが考察し書き記した際に意識されていなかったということではない。アブー・ハニーファ同様、イマーム・マーリク・イブン・アナス[▽34]（ヒジュラ暦一七九年／西暦七九五年没）も比較的少ない数（五百）の預言者のハディースをそのハディース集『ムワッタ（Muwatta）』の中に採録した。さらに、スンナに見られる記述とマディーナ学派の思想家たちによって採用された見解との間の対立に遭遇した際には、前者ではなく後者を採用した――イマーム・マーリクに特有の見解によれば、マディーナ学派の思想家たちが到達した結論が、預言者の生きた時代に普及していた思想や慣習を最も反映したものとされる[▽35]。

　しかしながら、スンナ派四大法学派の最後の創始者であり、イラクにおいて――つまり、マディーナとは多くの点で異なる環境において――その思想を発展させたイマーム・アフマド・イブン・ハンバル[▽36]は対照的である。数多くの過去の文明の誕生の地であったイラクには、アッバース朝カリフの台頭とそれに続くバルマク家[▽37]の敗北[▼5]、アル＝アミーン[▽38]とアル＝マアムーン[▽39]の間の権力争い[▼6]、そしてアル＝ムウタスィム治世下のトルコ人に依存した権力構造への変質[▽40]といった出来事の結果、危機的な事態が起きた。いうまでもなく、これらの出来事によりイマーム・アフマドが生きた時代は、預言者の時代に存在していた社会、預言者によってクルアーンの教えが適用されていた社会からかけ離れたものとなっていた。その結果台頭した思想的危機に対処するため、イマーム・アフマドは彼のハディース集『ムスナド（Musnad）』に約四万のハディースの説話を収録した。しかしそのハディースの多くは〔伝承の根拠が〕弱く[7]、彼が精通していた膨大なハディースや他の口承の中から選ばれたものであった。イマーム・アフマドによる業績は、ハディース集や事典の発展に貢献した。そういった書物の意義は、読者がアッラーの使徒がクルアーンの教えをどのように〔現実に〕適用したのかという方法〔の事例〕を参照できる資料であるというだけではなかった。〔そういった書物のもう一つの意義は〕これら書物の正統性が確立されたうえで、――独立した推論や解釈を行うにあたって、また新たな状況に対してクルアーン的概念を創造的に適用しなければならないのに、まがい物の代用物が益々定着する状況の中で――影響を広げようとするムスリム哲学者や神秘主義者の思想、

▽33 スンナ派の四大法学派の一つ、ハナフィー派の創始者（西暦七〇二～七六七年）。

▽34 スンナ派の四大法学派の一つ、マーリク派の創始者（西暦七一一～七九五年）。

▽35 マーリク派は、教義解釈の典拠として、クルアーンとハディースに加えて正統カリフ時代のマディーナの住人たちの言行の記録を用いる。

▽36 スンナ派の四大法学派の一つ、ハンバル派の創始者（西暦七八〇～八五五年）。その著作はワッハーブ派をはじめとするサラフィー主義者の間で広く学ばれている。

▽37 初期のアッバース朝において宰相をはじめとする重臣を輩出した名家。

▽38 アッバース朝の第六代カリフ（西暦七八七～八一三年）。

▽39 アル＝アミーンの異母兄。アル＝アミーンとの間に起きた内戦で勝利し、アッバース朝の第七代カリフに即位した（西暦七八六～八三三年）。

▽40 ムウタスィムはアッバース朝の第八代カリフ、アミーンとマアムーンの弟（西暦七九四～八四二年）。相次ぐ反乱に対処するためマムルークと呼ばれる奴隷身分の軍人集団に依存し、マムルークによる政治的実権の専横を招いた。マムルークはテュルク系遊牧民族の出身者が多数を占めていた。

スコラ哲学運動、政治的な動機を持つシーア派思想、グノーシス主義の思想体系などの流入を阻止するということであった。

前述の出来事の結果、ほとんどのムスリム学者は個人的信仰あるいは信仰行為（イバーダ）と呼ばれるもの——善意のあるムスリムにとっては、公的なものであれ私的なものであれ全ての行動が信仰行為となるが——に関する事柄へ注力するばかりとなった。同様に、学者たちはその専門分野を婚姻や相続に関する法や売買契約のような日常的な取引に影響を与える法へと限定した。その結果、統治や公共益といった公的領域を扱う書物を執筆するだけの時間もエネルギーも残らなかった。それらを扱ったわずかな書物も、公正さについて曖昧な忠告をするに留まった。さらに悪いことには、それらの書物は、そのような忠告をそもそも気にかけもしない独裁的な権力者に献上された。公と私の両領域をバランスよく強調するイスラーム的世界観はほとんど実現されず、大多数のムスリムは無知で信仰は弱く、不正と不信仰の傾向の強い統治者に支配される運命にあるという根拠のない言説を信じ込まされて服従させられてしまった。この種の言説は、権力者が偽りの神聖さというローブを身にまとうことを可能にし、ムスリム共同体において横暴な管理者が君臨することとなった。こういった言説の典型的なものは、アッバース朝のカリフ、アル＝マンスール（ヒジュラ暦一五九年／西暦七七五年没）が、自らを「神の地上における代理人」であるとした主張であった。[▽41] このようにしてイスラームに関する言説は、頑迷な暴君に対する卑屈な従属によって自己や知性を否定するものばかりになった。統治者の役割は、臣民の利益を保護し、統治者と臣民の間で不和がある時は臣民からの妥協をとりつけることである。しかし、ムスリム共同体が統治者を監視するという保障された権利は不当に軽視されてしまった。

この状態が、――自己否定の言説、ムスリム共同体が現在も直面している痛々しい知性の状態、イスラーム的世界観の崩壊といった状況への対応として――自己中心主義、個人主義、人種差別、うぬぼれ、不健全な消極性といったかたちの反発をもたらすことは当然であった。それは本来あるべき個人と国家の関係からはかけ離れた状態であった。そのため、断固たる行動、熟考、創造力、改革、自己犠牲、努力といった倫理は、優柔不断、恐れ、屈従、奴隷根性に取って代わられた。

したがって、アッラーの使徒による教友たちへの接し方が一貫して、愛、尊重、尊敬、そして彼らの高潔な人柄、業績、貢献への評価に基づいたものであったことを述べておくことは重要である。それは、軽蔑、侮辱、威嚇の言説からはかけ離れたものであった。他者や世界に関するクルアーン的な視座を反映したコミュニケーションとは、まさにこのような性質のものである。全能なる神が言われるように、「だがアッラーにこそ威力は属し、また、彼の使徒と信仰者たちにも。ところが偽信者たちは知らないのである」（偽信者たち章、63：8）、つまり、ムスリムの間では常に尊重と尊敬をもってコミュニケーションが行われるべきなのである。

クルアーン的世界観とは何か

クルアーン的世界観とは、この世界と、この世界に在る神の創造物に対する倫理的で、一神教信仰に基

▽41　カリフとは本来預言者ムハンマドの後継者・代理人であり、なおかつ預言者としての権威ではなくあくまで統治における首長という面の後継者・代理人であった。

づく、明確な目的のある、確信的な視座のことである。この視座は神が創造した健全でバランスのとれた人間性に根ざしている。そして、クルアーン的世界観は、地球とその富を、責任をもって管理するための科学的かつ法治的な観点に基づいている。この世界観の目的は、健全な人間性を補う諸要素とは何であるかについて意識を高めることにある。この諸要素を意識することを通してしか、個人と共同体双方における真の自己実現を達成するために必要な導きを得ることはできないからである。このような真の自己実現は、我々の様々な欲求や衝動に適度に応えるための能力をもたらし、創造的で精神的な段階においても人間が活動する領域を広げることができる。

善行をなした者は男も女も、信仰者であれば、われらは必ずやその者に良い生活を送らせよう。そして、彼らには彼らのなしてきたことの最善によって彼らの報酬を報いよう。（蜜蜂章、16：97）

人が神から授かった人間性に従って生きる時、攻撃的になることなく、真理を守り、人間の品位を保つために自己犠牲を払い、そして正しいかたちで人生の楽しみを探求することを望み、喜びを見いだすようになる（預言者によれば「配偶者との間の愛の営みは、慈善行為と同様に神からの報奨に値する」）。イスラーム的世界観では、いずれの行いにおいても〔神からの〕報奨を受け取ることができる。同様に、自分自身や自分が金銭的に支援する者たちのために真面目に働いて暮らすこと、責任をもって資源を活用すること、精神的なものであれ世俗的なものであれ理解と知識のための努力は報奨に値する。つまり、これらの行いは全て、誰に対しても何に対しても害を及ぼす意図はないし、反対に、人生や神から授かった目的の意味を満たすための前向きな努力である。

クルアーン的世界観を身につけたムスリムは、神から授かった本質的に善なる人間性と調和して生きる。そしてそのような人は――完全で、至上の清浄さ、真実、公正、慈悲、平安とともにある――神を愛する。逆にいえば、そのような人は、危害、不正、堕落、残虐、攻撃性と同義である悪を嫌うようになる。これらは神にとって忌み嫌う対象であり、神は我々にこれら〔の悪〕について警告している。したがって、神を信仰するムスリムが同時にこれらを忌み嫌うのは当然のことである。

我々がムスリムとして子どもたちの頭脳と心に教え込むことが求められているクルアーン的世界観は、愛、尊厳、平和の構想である。その縦糸は神の唯一性への信仰で、その横糸は知識の探求と知性ならびに感情の浄化である。クルアーン的世界観に浸った者は、神への愛によって祝福され、また神からの愛によって祝福される。そのような者は、自由に神に献身する。なぜなら、真正で、公正で、慈悲深い神を愛することは（人間の）本性であり、そのような愛に値するもの、そして承認を求めるに値するものは他にないからである。両親や子ども、自分自身でさえも、神の愛から切り離されると、実在や意味を持たないからである。健全な精神性・教義理解を有した者は、不正や悪への欲望に直面した場合、それらから遠ざからない限り安息はないであろう。神を愛するとはまさにこういうことである。完全さ、清浄さ、善を愛し、もし道を踏み外した何らかの悪行や不正があったら、それを容認しないことである。

これこそが預言者の言葉の意味である。「あなた方の誰も、あなた方自身やあなた方の子ども、両親、全人類よりも私を愛するようにならない限り、本当に信仰したことにはならない」▼8。同じメッセージがウマル・イブン・アル＝ハッターブとアッラーの使徒の間で交わされた次の会話によって伝えられている。

ある時、預言者の手をとってウマルが言った、「アッラーの使徒よ、あなたを私の魂以外の何ものよりも愛していることを誓います！」　彼は答えて言った、「私の魂をその御手で持たれる御方にかけて、あなたに言う、あなたの魂よりも私を愛するまでは（あなたは完全な信仰を得ることはない）」。「それ故」ウマルは答えた「あなたは今、私の魂よりも愛おしい御方です」。「ウマルよ、今（あなたの信仰は完成した）！」[9]

このことが我々に教えるのは、アッラーへの愛、純粋で情熱的な世界の善と真のための愛、に完全に誠実になる時初めて、我々の信仰が完成するということである。また同時に覚えておかなければならないことは、預言者への愛は、アッラーへの愛の一部であるということである——なぜなら、預言者はその道徳、性格、振る舞いを通して、アッラーの愛が何を意味するかを表現した究極の人間だからである。全能なるアッラーがかつて彼に言われたように、「また、まことにおまえは偉大な徳性の上にある」（筆章、68：4）。同様に神は初期のムスリム共同体に宣言された。

おまえたちの許におまえたち自身の中から使徒が確かにやってきたのである。おまえたちが悩むことは彼にとって辛く、彼はおまえたちに心を砕き、信仰者たちに対して憐れみ深く、慈悲深い。

（悔悟章、9：128）

使徒に従う者はアッラーに従ったのである。……

（女性章、４：80）

サード・イブン・ヒシャームが伝えるところによると、かつて彼はアーイシャに言った。「アッラーの使徒の人格について教えてください」。彼女は答えた。「彼の人格はクルアーンです」[▼10]。つまり、アッラーとその属性への愛に誠実な者は、アッラーの使徒とその属性に表れるものをもまた愛するのである。また自分自身についても、これらの属性に一致する場合は愛し、これらの属性に反する場合は嫌うのである。

アッラーの使徒と、彼と親密な間柄であった家族——彼の召命を信じ、彼に従い、彼から学び、信仰と真実のための闘いにおいて誠実であった彼の妻たち、娘たち、孫たち、その他親戚、教友たちを含む——を愛することは、決して個人崇拝ではない。むしろ、それは彼が具現化した高潔な人格、価値観、原則への愛である。これら以外は全て正しい道からの逸脱であり、人種差別、頑迷、血統への執着といった、後にムスリム共同体のクルアーン的世界観を傷つけた罠へと陥らせるものである。つまり社会や制度の構造を硬直させ、独裁と汚職を促進し、国家の連帯感を弱体化させ、イスラーム文明を分裂させるものである[▽42]。

特に、現代の唯物論的文化において有害な知的・文化的影響がはたらいている状況下で、アッラーに対

▽42　預言者の教友の言行を肯定し、彼らが伝えたハディースを（それが真正である限り）肯定することはスンナ派の原則である。一方、シーア派では、教友であっても第四代カリフ、アリーと対立した者については肯定されず、そのような者が継承していたハディースも肯定されない。また、シーア派ではアリーの後継者であるイマームたちの言行も教義の根拠となる。ここでは、明示されていないが特にシーア派による教義の形成のあり方が批判されている。

するムスリムの心情の重要性を考慮すると、クルアーン的世界観ならびにアッラー——すなわち、最も情け深く、慈愛に満ちて、寛大で、全ての称賛に値する御方であり、悔い改める者に慈悲をもって応えて下さる御方——への愛の重要性を踏まえた社会心理学的研究を行うことが肝要である。そのような研究（の成果）は、家庭や学校ではムスリムの子どもたちにアッラーからの愛を強調するような文学のかたちをとるかもしれない。大人の聴衆への呼びかけでは、アッラーの祝福や叡知、そしていかに人間が栄誉を与えられているか（「というのも、あなたは彼を見ないが、彼はあなたを見る」とハディース集『サヒーフ・ムスリム』に伝わっている）について意識的に考察することへの関心を喚起するべきである。アナス・イブン・マーリクが伝えるところによると、アッラーの使徒はかつて言われた。

アッラーが悔悟する下僕にお悦びになることは、ある旅人が無人の荒野を旅していた時に、突然ラクダが食料と水を背中にくくりつけたまま逃げてしまった時のようなものである。ラクダが戻ってくる希望を失い、旅人は近くの木影に身を横たえて眠ってしまった。彼が眠りから覚めると、目の前にはラクダがいた。男は端綱をつかみ、歓喜と安堵から叫んだ。「ああアッラーよ、あなたこそ私の下僕で、私はあなたの主です！」彼は余りの喜びで、言い間違えたのであった。▼11

アッラーを愛すること、心に留めること、崇拝することは、それが個人の生活において、たとえば、根気強く創造的なやり方で、地球の管理責任に関わるといった仕事が実を結んで初めて本物になりうるという事実を、ムスリムは認識している必要がある。そうでなければ、我々は動物、植物、無生物に劣ることになる。これらは全てアッラーが与えた権能に基づいたそれぞれの振る舞い方によってアッラーを称えているのである。

……まことに、どんなものでも、彼への称賛とともに彼の超越を称え奉らないものはない。だが、おまえたちは、彼らの賛美を理解しない。まことに、彼は寛容にしてよく赦す御方。（夜行章、17：44）

おまえは、アッラーに諸天と地の者、そして鳥が羽を広げて讃美を捧げるのを見なかったか。それぞれ、その礼拝と賛美を彼（アッラー）は確かに知り給うた。そしてアッラーは彼らのなすことについてよく知り給う御方。（御光章、24：41）

……礼拝を遵守せよ。まことに、礼拝は醜行と忌み事を禁じる。そして、アッラーの想念・唱名こそはさらに大きい。そしてアッラーはおまえたちのなすことを知り給う。（蜘蛛章、29：45）

アブー・フライラの報告によれば、アッラーの使徒はかつて言われた、「断食をする者の多くが空腹以外に何も得ることがなく、また夜間に礼拝する者の多くが睡眠時間の損失以外に何の結果も得られない」[12]。これに関連してアナス・イブン・マーリクは次のように伝えている。

かつて三人の男が預言者の妻たちの家に来て、預言者の祈りの習慣について尋ねた。彼らは質問の答えに対して――預言者が自らに対してそこまで厳格でないことを知り驚いたように――返答した。「しかし、その過去と未来の罪が全て許されている預言者と我々を比べられることなどありましょうか」（勝利章、48：2）。すると彼らのうち一人が言った。「私は毎晩を礼拝に費やしています」。別の者が言った。「私は一年中斎戒▽[43]しています」。そして最後の者も言った。「私は女性とのいかなる接触も避け、決して結婚しませんでした」。するとアッラーの使徒が来て言われた。「あなた方がしかじかと言った方ですか。私があなた方の中で最もアッラーを畏れ、最もアッラーを意識する者であることは、アッラーが証人としてご存知です。それでも私は（時々）断食し、（別の時には）断食をとき、（時々）義務の礼拝をし、（別の時は）休息し、女性と結婚します。誰でも私の慣行（スンナ）を拒否する者は、私とは関係のない者です▼[13]」。

類似の例として、アブドゥッラー・イブン・アムル・イブン・アル＝アースは、預言者との出会いについて次のように言う。「アッラーの使徒がかつて私におっしゃいました。「アブドゥッラー、あなたが一日中断食し、一晩中礼拝していると私が聞いたことは本当ですか」。「それは本当です。アッラーの使徒よ」。私は答えた。「もうそのようにしてはいけません」。彼は私に言った。「そうではなく、いくつかの日に断食し、その他の日にしてはなりません。夜間の一部に礼拝をし、一晩中してはなりません。なぜなら、あなたの体はあなたに対して権利があり、あなたの目はあなたに対して権利があり、あなたの妻もあなたに対して権利があるからです▼[14]」」。

ここまで述べてきたことを考慮すれば、我々は、クルアーン的概念を生活の様々な分野に適用することで、クルアーン的世界観によってもたらされるであろう社会制度への影響を推測することができる。我々はまず、協議、公正、慈善、善行、清浄さといった概念から取り掛かることができる——また反対の概念である不正、悪行、侵害、その他理性と人類の利益に反するあらゆるものについても同様である。その際、クルアーンが個人的な祝福と報奨を得るための暗誦以外には役立たない本にすぎないという表層的な思考法に挑まなければならない。▽44 この思考法の代わりに、クルアーンが生活や社会の基盤となる導きの源泉であり、建設的、精神的な世界観であるという正しい理解を築いていく必要がある。クルアーンは、我々に課されたあらゆる目標や目的のための物差しであり、また、伝承やその他の書物、解釈書の内容を評価する基準となり、クルアーン的基準に合致するものは正当と判断され、それに反するものは修正されるか、排除されるための判断基準として機能する。

現在、数多くの知的、文化的な闘争が発生している。それは、ムスリムのアイデンティティと文化を抹殺あるいは矮小化しようとする試み、そして逸脱や歪曲によって人間の社会と存在を脅かす現代の唯物主義的文化によって起こされている闘争である。一方、ムスリムの文化の側は、創造的で卓越した諸特性によって、そのような現代的文化を改革する力がある。そういった闘争の現象面での例としては、女性の権

▽43 日の出から日没まで飲食や性交をしないこと。イスラームにおいては善行とされ、ラマダーン月には義務となる。

▽44 多くのムスリム社会、特にアラビア語が母語ではない場合は、まずクルアーンの読誦から学習し、発音は知っていてもその意味するところは知らない場合が多い。クルアーンの読誦が義務の礼拝を行ううえで必要であること、読誦することが善行であり、アッラーからの報酬を得られるという教義上の背景もある。

利とその家庭や社会における役割がある。家族制度は、歴史的にイスラーム法との極めて重要な関係があり、ムスリム学者によって特別の関心を寄せられてきた。結果的に、イスラーム思想をかつて衰退させてきた破滅的な退化や停滞にもかかわらず、ムスリムの家庭はその意義と道徳性を守ってきた。したがって、ムスリムの家庭は、ムスリムの政治的生命に打撃を与え、ムスリム社会における公的制度の分裂をもたらしたひどい堕落に直面しても、強固な姿勢を貫いた。▽45

家族構造における男性と女性それぞれの相互補完的な役割や責任を示した創造主の英知を反映したうえで家庭と仕事の関係を変革するのでなければ、ムスリム共同体や人々のさらなる破壊と分裂を推し進めることにしかならない。そのような事態が起きてしまえば、ムスリム社会が現代の人類文明の進歩と幸福に貢献するための基盤や希望を再構築することはさらに難しくなるであろう。

クルアーン的世界観の視点に立った時、男性と女性の関係は相互補完的なものであり、全く同じになるべきものではない。男女の結束による相互補完性は、両者が一緒になって、完全な、協調した関係を形成することによって、人間存在と男女双方にとっての肉体的、精神的、社会的な補完に調和をもたらす。聖クルアーンがその言葉で我々に思いださせるように。

> 彼こそはおまえたちを一人の命（アーダム）から創造し、それ（命）からその妻を、彼が彼女の許に安住するために成し給うた御方。……　（高壁章、7：189）

また、彼の諸々の徴の一つに、彼がおまえたちに、おまえたち自身から伴侶を、彼女の許に安住するようにと創り給うたことがある。また、彼はおまえたちの間に愛情と慈悲をなし給うた。まことに、その中には熟考する民への徴がある。

（〔東〕ローマ章、30：21）

したがって、現代の唯物論的な社会に普及した男女の同質性という見解は、客観的・科学的世界観に基づいたものであると主張しているが、実際には現実を無視したものであり、神から授かった我々の人間性と矛盾するのである。男女の本質に関する現代の見解は、動物の域を出ない思いつきと勢いに動かされたもので、本来の人間性や、男女間の精神的・肉体的側面を支配する秩序や法則を恣意的に無視している。したがって、我々ムスリムは、男女が本質的に同質なものであるという仮説に基づいて考え、行動するのではなく、男女はある部分では似ているかもしれないが、互いに相互補完的でありながらも異なっているという仮説を採るべきなのである。

現代の唯物主義的文明を特徴づけている女性と家庭についての混乱は、この文明が根ざしている粗野で異常な性質を持つ世界観の明白な一例である。唯物主義的な世界観は、男女間の精神性と社会における本質的な違いを無視あるいは軽視している。我々は、西欧社会において、この思考法が破壊的な効果をもたらしている様を目撃している。そこでは、虚無的で根拠のない非科学的な思考法が、女性と女性の尊厳、

▽45　ほとんどのムスリム諸国では近代欧米式の法制度が導入された結果、家族制度に関わる民法もその中に組み込まれた。一夫多妻を含めイスラームの規定が配慮され盛り込まれた国もあったが、本来的なムスリム社会で想定されていた婚姻や家族のあり方が影響を受けることを余儀なくされた。

ならびに子どもの権利に対する不正をもたらし、そのことが家族制度をその建設的で倫理的な基盤とともに破壊している。

結果として、西欧社会における家庭とその道徳の崩壊が混乱と倒錯を生みだしたことは驚くに値しない。人間社会の建設と発展に関わる男女の関係性について、歪んだ思考法が普及したことによって、女性はその母性本能を満たすことができないようになってしまった――あるいは、女性が母性本能を満たすことを選択した際に、その選択に伴い物質的・精神的な犠牲を一人で負わされるようになった。一方、男性は責任を免除され、その利己的な性向を野放しにすることが許されてきた。中には、自由な時間をナイトクラブや売春宿で過ごす恥知らずの愚か者もでてきた。その間、子どもたちは父親からの養育を受けることはできず、女性は事実上、母、妻、娘として見られる代わりに、男性の気まぐれと欲望を一時的に満たすための所有物あるいは商品として扱われてきた。

残念ながら、クルアーン的世界観とその社会・文化における体系的な適用について（ムスリムの多くが）無知であることが、ムスリム共同体の文化を破壊することに従事する者たちを益してきた。彼らの仕事は、広く普及している現代西欧文明のもたらした科学的・物質的な成果への心酔と、衛星チャンネルやインターネット・サイトで放送される巧妙に練られた娯楽番組のような文化的な侵略に用いられる武器と戦略によってさらに促進されてきた。これに加えて、ムスリム共同体には正しく導かれた教義、知性、教育といった抵抗のための道具が欠如していたこと、ムスリムの知的活動や教育活動が弱く表面的なものであったこと、そしてムスリムの文明・文化がどのようなものであるのかについて、またムスリムが居住する多様な土地における有益・有害な事柄についての地に足の着いた研究が死に絶えていたということもあった。

唯一神への信仰という概念と、それがもたらす明確な目的をもった倫理的な思考法は、相互補完という概念をもたらす。相互補完の概念は男女の間に存在する類似や差異を肯定的に説明する。神から授かった人間性や、愛（al-mawaddah）、思いやり（al-raḥmah）、善行（al-maʿrūf）、慈善（al-iḥsān）といったクルアーン的概念を踏まえた男女の権利と責任、それらを実現する男女間の社会関係を秩序づける方法もまた神への信仰によってもたらされる。結果として、このような関係を築いた人々こそが、文字通りの最も肯定的なかたちで自己実現を達成し、公正な待遇を受け、人生がもたらす様々な状況、分野、領域においてそれぞれの役割を全うすることができる。

我々のクルアーン的世界観への理解は、現代におけるイスラーム思想がそうであるように、今なお曖昧なままである。現代のイスラーム思想は――伝統的な規範、特にイスラームの初期に、我々とは異なる場所で築かれた家族のあり方と法にのみ基づいたもので――役に立たず、融通が利かない。したがって、クルアーン的世界観と関連する諸概念について、より完全な理解が必要とされている。さらに、この世界観によって、男女間の婚姻に関してだけでなく、経済、政治、社会、教育の分野における男女の権利を保障する本質的な関係の構築についても、深いレベルで説明される必要がある。そのような関係性の構築は、クルアーンに基づく概念や原則との調和を各分野において実現する。クルアーンに基づく概念や原則をサブ・システムとしての社会全体のさらに上位に位置づけたうえで、（クルアーンに基づく概念や原則と社会全体が）統合されたシステムを形成する。これが実現する時、夫婦はそれぞれの役割や仕事をより上手く果たすことができるようになり、女性はより公正な待遇を、特にその最も脆弱な時期である、妊娠期、授乳期、育児期において受けることができるようになる。これらの母性による仕事は、女性にのみ属するものであり、女性のみが果たすことのできるものである。

これは、イスラーム的世界観とクルアーンに基づく概念ならびに価値観を踏まえたうえで、現代のイスラーム思想が進んで、強力に取り組む必要のある現象の一例である。また、我々にとって重要なのは、クルアーン的世界観において共同体あるいは国民は、人間存在の切り離せない一部であり、個人の生活が共同体の生活によって補完されて初めて完成するものであると考えられるということである。というのも、実際、共同体が構成員である個人なくしては存在しえないように、個人は自らの属する集団なくして本当の存在はないのである。同様に、共同体の強さと繁栄が、その構成員がいかに仕事や、誠実さ、献身、参画、自発的な貢献などを極められるかに依存しているように、個人の幸福と繁栄は、共同体の強さとその構造の健全さに依存している。したがって、クルアーンの言葉は、個人から共同体、そして人類全体に対して向けられている。

アッラーは、おまえたちのうち、信仰し、善行をなした者たちに、必ずや彼らにこの地で後を継がせると約束し給うた。……　（御光章、24：55）

そして言え、「行え。アッラーはいずれおまえの行いを見給うであろうし、彼の使徒と信仰者たちもまた。……」　（悔悟章、9：105）

人々よ、おまえたちの主に仕えよ。おまえたちを創り給うた御方であるおまえたちの主に。そしてお

まえたち以前の者たちをも（創り給うた御方）。きっとおまえたちは身を守るであろう。（雌牛章、２：21）

これらの章は、クルアーン的世界観に基づいた人間がなぜ成功したのか、三つの理由を示している。それは①確信と信仰の強さ、②行為が生産的であること、③行為が正しいが故に効果的であること、である。行為の生産性と効果は、人が物事を成す際の科学的客観性、あるいは伝統的に正当性（al-salāḥ）と呼ばれてきた価値に則っているかどうかに左右される。したがって、この世界の事実と法則を理解することができない者は、その行為によって来世でただ一つの報奨、すなわち信仰とよき意図に対する報奨のみ受け取る。一方で、事実と法則を正しく理解した者は、二つの報奨、すなわち信仰とよき意図に対する報奨に加え、他者に対して行った正しいことあるいは有益なこと（al-ṣalāḥ）に対する報奨を受け取ることができる。たとえば、もし井戸を掘りたいと思った者が、どこでどのように掘るべきかについて客観的事実を理解せずに〔失敗した〕場合、その者は来世においてそのよき意図に対する報奨を得るであろう。一方、井戸を掘りたいと思った者が、どこでどのように掘るべきかについても理解していた場合、その者は来世においてよき意図に対する報奨と、現世において冷たい水を得るという報奨の両方を得ることができる。

ムスリム共同体が、集団としても個人としても、眠っている精神的・霊的エネルギーを解き放つことを望むのであれば、クルアーン的世界観について考察し、クルアーン的世界観から導きだされた信条、感情、環境や存在意義についての価値観と諸概念を回復するために努力する以外、選択肢はない。ウマル・イブン・アル＝ハッターブ▽46は、彼と他の預言者の教友たちがそうであったような、クルアーンに基づき、洞察力と責任感を併せ持った現実主義的な生き方について論じた中で、彼は「私はアッラーの命令（アッラーの法律と規定）からアッラーの法（神の法律と法規）へと逃れる」。と述べている。[15]

クルアーン的世界観における自己と他者

もしクルアーン的世界観がムスリム共同体にもたらすものが、ある種の活力を導きだとすると、それが他者に対してもたらさなければならないものは何であろうか。そしてその「他者」とは誰なのだろうか。クルアーン的な世界の捉え方において、自己と他者との関係を支配するものは何であろうか。我々の未来の進路を定めるためには、我々は、クルアーン的世界観において、世界と人間の生の関係はどのように理解されるのかを明確にしなければならない。クルアーンの持つ唯一神への信仰という理念の普遍性、唯一の正当性という内容を踏まえると、「私」が「他者」から切り離せないものであると考えられるように、「他者」は「私」から切り離せないものであると捉えられる。クルアーン的世界観の視点からは、自己と他者との関係性は、互いに重なりあった二つの円として捉えられる――それぞれが互いに貢献しうる何らかの利益を有しており、目的意識、融合、協調、建設的交流といった美しいタペストリーを共に形成する。この種の関係性――つまり、公正、寛容、同胞愛、平和という価値が主流となる関係性――こそ、個人と集団の人間存在の意味を満たすものである。

クルアーン的世界観における自己と他者――男性あるいは女性、黒人あるいは白人、信仰者あるいは非信仰者――は全て等しく人類の構成員であり、人類の全体性への所属という事実のもとに集められ、結ばれる。クルアーンの視点によれば、全人類は単一の存在であり、兄弟姉妹として、また大きな人類家族の構成員として、平等に創造された。

人々よ、おまえたちの主を畏れ身を守れ。一人からおまえたちを創り、また、そこからその配偶者を創り、両者から多くの男と女を撒き散らし給うた御方。アッラーを畏れ身を守れ。おまえたちが彼に誓って頼みごとをしあう御方。また、血縁を。まことにアッラーはおまえたちを監視し給う御方。

（女性章、４：１）

クルアーンの言葉における自己と他者――男と女は一つの魂から生じた――は多様で別個の特性を与えられ、愛、親切、思いやりの絆で集められたそれぞれの存在が、友として、民族として、国民として完成された。

自己と他者とは、多様な人類の社会システムにおける「民族と部族」に属する人々のことであり、彼らはその潜在的な単一性にもかかわらず、多様性を保っている。この多様性によって、交流、知識の交換、融合が可能となる。全てが同一であれば、交流や相互補完性は存在しえない。たとえば、陽極同士、陰極同士は惹かれあうことがなく、陽極と陰極のみが惹かれあう。交流は、魅力と同様に、協力と相互補完性を必要とする。――男女が、様々な能力と素質を持ち、それ故に交流し、互いを知るようになり、互いを完成させようとするように――人類が多様な民族と部族に分かれて創造されたのはこのためである。

▽46　第二代正統カリフ。

……彼はおまえたちを大地から創りだし、おまえたちをそこに住み着かせ給うた。……

（フード章、11：61）

そして彼こそはおまえたちを地の継承者となし、おまえたちのある者をある者よりも位階を高め給うた御方。彼がおまえたちに与え給うたものにおいておまえたちを試み給うために。……

（家畜章、6：165）

したがって、クルアーン的世界観における差異や多様性というものは、人種差別あるいは特定のグループや個人が他よりも優れているという考えとは全く関係のないものである。むしろ、個人と共同体の存在にとって不可欠な統一性や、支えとなる人間の相互補完性と関係したものである。

自己と他者は「言語と肌の色」が異なり、それ故に、個人から部族、民族、人種に至るレベルの創造には独創性と美が表出している。しかしながら、人類の本資のレベルにおいては、「アラブ人が非アラブ人に優ることはなく、非アラブ人がアラブ人に優ることもない。同様に白人が黒人に、黒人が白人に優ることはない。アッラーを畏れる心によって以外には」（預言者の別れの説教[47]）。

また、彼の諸々の徴の一つに、諸天と地の創造、おまえたちの舌（言語）と色の相違がある。まことに、その中には、知識ある者たちへの徴がある。

（（東）ローマ章、30：22）

クルアーン的にいえば、自己と他者は全てのレベル、つまり、個人、共同体、グローバルにおいて存在する。それぞれが婚姻によって、あるいは血縁によって関係しているかもしれないし、隣人であるかもしれない、あるいは世界中から集まった世界市民という同胞かもしれない。そして、いずれの場合もそのような関係性は、公正、平和、善意、思いやり、寛容、協調、助けあいを共有する互いに重なりあった二つの同心円に喩えることができる。

また、彼の諸々の徴の一つには、彼がおまえたちに、おまえたち自身から伴侶を、彼女の許に安住するようにと創り給うたことがある。また、彼はおまえたちの間に愛情と慈悲をなし給うた。まことに、その中には熟考する民への徴がある。 （（東）ローマ章、30：21）

また、近親には彼の権利（当然与えられるべきもの）を与えよ、そして貧困者と旅路にある者にも。だが、無駄に浪費してはならない。 （夜行章、17：26）

……おまえたちはアッラー以外のものに仕えない（こと）。そして、両親には至善を。そして血縁がある者、孤児たち、貧しい者たちにも。そして人々には善を語れ。また、礼拝を遵守し、浄財を払え。 （雌牛章、2：83）

▽47　預言者ムハンマドが死去した年にマッカへの大巡礼を行い、その際に為された説教。

自己と他者は能力や潜在性において異なっている。「……ある者を別のある者の上に位階を高めた……」（金の装飾章、43：32）。そのような差異は、特定の人やグループを他者に対して威張らせ、他者よりも勝っていると思わせるために存在するのではなく、地球の資源を、責任をもって活用し、自己と他者の必要を満たし、そして文明と文化を作り上げる一致団結した努力をするために人々が協力し、互いに補完しあうために存在している。したがって、人類の共同体における差異は、実に恵みであり、それなしには誰も——人種、肌の色、言語、能力にかかわらず——生き残ることのできない必要不可欠なものなのである。

……そして互いに善行と畏怖のために助けあい、罪と無法のために助けあってはならない。そしてアッラーを畏れ身を守れ。まことにアッラーは応報に厳しい御方。（食卓章、5：2）

信仰する者たちよ、ある民がある民を嘲弄してはならない。おそらく、彼らは彼らよりも優れているであろう。また女たちが女たちをも。おそらく、彼女らは彼女らよりも優れているであろう。またおまえたち自身を（お互いを）悪く言ってはならず、あだ名で悪し様に呼びあってもならない。信仰後のその（様な）名、不道徳の、なんと酷いことか。そして悔いて戻らなかった者があれば、それらの者、彼らこそ不正な者である。（部屋章、49：11）

クルアーンの中で我々は、他者に対して優しさ、真面目さ、思いやりの精神で善い行いをするよう求められている。「正義と篤信のために助けあって」（食卓章、5：2）。我々は常に、英知の言葉によって互いを導きあい、他者に善行を奨励し、理性や慎ましさを害すること、あるいはそれらに反することを思い留まらせるよう努力しなければならない。

おまえの主の道へと英知と良い訓告をもって呼び招け。そして、彼らとはより良いものをもって議論せよ。……（蜜蜂章、16：125）

そしておまえの主が望み給うたならば、地上にいる全ての者がそっくり信じたであろう。それなのにおまえは信仰者となるように人々を強いるのか。（ユーヌス章、10：99）

おまえたちは人々のために引きだされた最良の共同体であった。おまえたちは良識を命じ、悪行を禁じ、アッラーを信仰する。……（イムラーン家章、3：110）

アッラーの使徒は言われた。「もしある者が盲目的な忠誠によって、あるいは盲目的な敵意によって何らかの集団に戦いを仕掛け、戦場で殺されたなら、その者は無知によって死んだのである」。▼16
自己と他者は、態度と視点において異なり、統一性の中の多様性、多様性の中の統一性によって特徴づけられる創造物の性質を単に反映したものである。したがって、他者は、ムスリムとどのように違おうとも、精神的、物質的なレベルで尊重されて然るべきであり、彼らとの関係性は寛容、親切、公平、公正なものでなければならない。

アッラーはおまえたちに、おまえたちと宗教において戦うことなく、おまえたちをおまえたちの家から追いださなかった者たちについて、おまえたちが彼らに親切にし、彼らに対し公正に振る舞うことを禁じ給わない。まことに、アッラーは公正な者たちを愛し給う。（試問される女章、60：8）

たとえ憎しみや疎外感があろうとも、人類としての結束とそれによって生じる共同体への帰属故に、自己と他者の間の関係性は公正によってのみ統治されなければならない。というのも、公正なくして人類の絆や創造物への管理責任は意味をなさないからである。

信仰する者たちよ、アッラー（の命令と禁止）の履行者、公正な証人となれ。民に対する憎しみがおまえたちを公平でなくなるよう仕向けさせることがあってはならない。公平にせよ。それが畏怖により近い。そしてアッラーを畏れ身を守れ。まことにアッラーはおまえたちのなすことに通暁し給う御方。（食卓章、5：8）

同様に、共通の人間性から生じる兄弟姉妹の絆は、自己と他者との間のいかなる不正や（権利への）侵害も避けるよう要求する。侵害に反撃する時や、不当な扱いを受け抑圧された者を保護する時でさえも、他者から侵害を阻止するために必要とされる以上の戦闘行為や、いかなる不正も正当化することはできない。むしろ、いつでも可能な時に赦免することが（アッラーに）好まれるのである。

そしてアッラーの道において、おまえたちと戦う者と戦え。だが、法を越えてはならない。まことにアッラーは法を越える者たちを愛し給わない。（雌牛章、2：190）

……そして互いに善行と畏怖のために助けあい、罪と無法のために助けあってはならない。……（食卓章、5：2）

そして信仰者を故意に殺す者、彼の応報は火獄で、彼はそこに永遠に。またアッラーは彼に対し怒り、呪い給い、彼に大いなる懲罰を用意し給う。（女性章、4：93）

クルアーンが侵害への反撃それ自体をも侵害として言及するのは理由があってのことである。「したがって、もし何者かがあなた方を侵害したなら、彼があなた方を攻撃したように、彼を攻撃しなさい」[17]。クルアーンがこのように呼びかけるのは、人類の兄弟姉妹の間で起こる闘争や武力衝突が、いつも、そして必然的に、ある種の越えてはならない一線を越えるからである。したがって、他者からの侵害に対する合法的な反撃であっても、程度によってはその反撃もまた侵害であると〔クルアーンでは〕言及されているのである。このようにしてクルアーンは我々に、そのような行為の深刻さとともに、人間の命の尊厳と価値について警鐘を鳴らすのである。この信託と調和するかたちで、我々はあらゆる行為において神を意識し、神を畏れることの必要性について勧告されているのである。アベルがかつてカインに以下のように返答した。「おまえが私を殺そうと手を伸ばしても、私はおまえを殺すために手を伸ばしはしない。私は諸世界の主アッラーを恐れる」（食卓章、5：28）。

ムスリムは常に公正かつ穏健で、あらゆる行為において公平で、自身や他者に対して公正さと穏健さと調和した価値観や目的によって振る舞うよう努力しなければならない。穏健さなくして公正さはない。実に公正さは――穏やかさや怒り、また与えることや受け取ることといった――あらゆる事象における穏健さの恩恵である。平和な時には、穏健さは同胞愛と調和を生みだし、侵害に対して反撃する時には、精神の強さと高潔さをもたらす。

信仰する者たちよ、アッラーのために証人として公正さを堅持する者となれ、たとえ自分たち自身、両親、近親たちに不利であっても、……（女性章、4：135）

……民に対する憎しみがおまえたちを公平でなくなるよう仕向けさせることがあってはならない。公平にせよ。それが畏怖により近い。そしてアッラーを畏れ身を守れ。まことにアッラーはおまえたちのなすことに通暁し給う御方。（食卓章、5：8）

……そして彼は宗教においておまえたちに苦行（困難）を定め給わなかった。……（大巡礼章、22：78）

アッラーは誰にもその器量以上のものは負わせ給わない。己が稼いだものは己のためとなり、己が稼ぎ取ったものは己に課される。「われらが主よ、われらが忘れた、あるいは過ちを犯したとしてもわれらを咎め給うな。……」
（雌牛章、２：286）

また、近親には彼の権利（当然与えられるべきもの）を与えよ、そして貧困者と旅路にある者にも。だが、無駄に浪費してはならない。まことに、浪費する者は悪魔たちの兄弟である。そして、悪魔は彼の主に対し忘恩の徒であった。
（夜行章、17：26－27）

そしてこのようにわれらはおまえたちを中正の民となした。おまえたちを人々に対する証言者とし、使徒をおまえたちに対する証言者とするために。……
（雌牛章、２：143）

預言者によってアブー・ダハルに伝えられたハディース・クドゥスィー[18]において、アッラーは言われる、「おお、我が僕よ、我は我自身に対して不正を禁じ、あなた方のうちにおいても同様に禁じた。したがって、互いに不正をはたらいてはならない」[19]。預言者の最後のメッカ巡礼に際して行われた別れの説教について、アブドゥッラー・イブン・ウマルは次のように伝えている。

私たちはある時、アッラーの使徒を取り囲んで最後の巡礼について話しあっていた。その時、私たちは最後の巡礼が何であるか知らなかった。するとアッラーの使徒がアッラーを賛美して言われた、「アッラーはあなた方の命と財産を、あなた方の土地において、あなた方のこのひと月において、あなた方のこの一日において、神聖なものとされた。私の言っていることが分かりますか」。「分かります」。聴衆は答えた。すると彼は続けて言った、「アッラーよ、証人となってください！」[20]

同じように、フダイファが伝えるところによれば、アッラーの使徒は言われた。「「他者が私たちに良く接するのであれば、私たちも彼らに良く接し、他者が私たちを不当に扱うのであれば、私たちも彼らを不当に扱うであろう」と言うような二心のある者になってはならない。むしろ彼らがあなた方に良く接してもそうでなくても、あなた方は彼らに対して良く接するようにしなさい」[21]。預言者の妻アーイシャが聞き伝えたところによると、アッラーの使徒は言われた、「親切が伴うものは何であれ美しく飾り立てられ、親切さに欠けるものは何であれ品位を落とす」[22]。

人間の人格というのは単純さからはほど遠く、むしろ高度に複合的である。個人の人格は自己と他者の関係性から構築される。自己の人格にはたとえば、「悪を唆す」自我（ユースフ章、12：53）や「自らを責める」自我（復活章、75：2）を含む。このように、人格とは複数のつながり、信頼、外的関係から構成される総体である。そして、人格とは人類であるというのも「私」は人間であり、人間性は「私」から切り離せない部分だからである。氏族、部族、国民、近隣コミュニティ、血縁関係者にとって不可欠なものであるとともに、それらから切り離すことができないものでもある。

他者の求めるところに応えるために、複雑な存在である我々の人格の内部には、「力は正義なり」（悪に傾きやすい自己）と表現されるところの「ジャングルの法」によって支配される卑劣かつ攻撃的な傾向だけでなく、公平、思いやり、平和に向けた努力に向かわせる精神的、利他的な志向性もあることを心に留めておくべきである。そのような志向性は、人間を真実と公正の価値観へと向かわせ、快楽主義的で、攻撃的で、人種差別的な傾向を拒否する。この志向性は「正義は力なり」――いわば、真実から生じる力と強さ――と表現されるところの公正の法によって支配されている。

自己と他者とが共にムスリムである時、彼らは人間性の主要な要素である、（イスラームの）教義、信条、構想に基づいた共通のアイデンティティによって結ばれる。結局、人間という存在の本質は、姿、外見、あるいは肉体といったものではない。それらが、我々が様々な仕事に従事し、我々の構想、価値観、原則を表現するための、重要な資源や道具であるにしても、である。そして、いかに人間が物質的実在と本質的・創造的・美的表現なしでは存在しえないという事実があるにしても、である。したがって、ムスリムの間に存在する同胞愛は、単に共通の人間性の中に存在する同胞意識よりも尊いものである。というのは、共有された信条は地球上で最も力強い精神的な絆を形成することを助けるからである。

信仰者たちは兄弟にほかならない。……　（部屋章、49：10）

信仰する者たちよ、まことの畏怖をもってアッラーを畏れ身を守れ。そして帰依者としてでなければ死んではならない。そしてアッラーの絆に皆でしっかりと縋り、分裂してはならない。そしておまえたちへのアッラーの恩寵を思い起こせ。その時、おまえたちは敵であったが、彼がおまえたちの心を結び付け給い、おまえたちは彼の恩寵によって兄弟にかわった。……　（イムラーン章、3：102－103）

男の信仰者たち、女の信仰者たちは互いに後見である。良識を命じ、悪行を禁じ、礼拝を遵守し、浄財を払い、アッラーと彼の使徒に従う。それらの者、彼らをいずれアッラーは慈しみ給う。まことにアッラーは威力比類なく、英名なる御方。

（悔悟章、９：71）

アブドゥッラー・イブン・ウマルが伝えるところによれば、預言者は言われた。「ムスリムは、仲間のムスリムにとって兄弟である。したがって、ムスリムは決してムスリムを不当に扱ったり、見捨てたりしてはならない」[23]。またアブドゥッラー・イブン・ウマルが伝えるところによれば、預言者は言われた、「真のムスリムとは、その言葉と行いが、他のムスリムにとって安心できる者であり、真の移住者とは、アッラーが禁じた全てのことから遠ざかる者である」[24]。アブー・ムーサー・アル＝アシャリーが伝えるところによればアッラーの使徒はかつて言われた。「信仰者にとっての一人の信仰者は、強大な建物にとっての一つの石のようなもので、互いに支えあい、持ち場を守るのである」[25]。また、彼は言われた、「互いに好意を抱きあい、慈しみあい、思いやる関係にいる信仰者は一つの体のようなものである。もしその一部の器官が不調を訴えれば、その他の部分は不眠や高熱を引き起こして応えるようなものである」[26]。同様に、彼は命令された。「あなた方が自身に望むのと同じものを、あなた方の兄弟にも望みなさい」[27]。そして、別れの説教において、ムスリムたちの神聖な絆を思い起こさせるため、彼はこう言われた、「人々よ！　あなた方の生命と財産は、あなた方があなた方の主の御前に出る日まで、この日、この月、この町と同じように神聖なものとして扱われる。私の言っていることが分かりますか」。「私たちはあなたのおっしゃっていることが分かります」。彼は返答した。続けて彼は言われた、「アッラーよ、私は信託を伝えることができましたでしょうか」[28]。預言者の妻アーイシャによれば、彼はこう言われた。「隣人が空腹であることを知りながら、満腹で眠りの床につこうとする者は信仰者ではない」[29]。アブー・フライラによれば、神の使徒は言われた、「アッラーは兄弟に援助の手を差し伸べる僕に対して援助の手を差し伸べられる」[30]。そして、「ムスリムと関係するもの全て――その生命、名誉、所有物――は同胞のムスリムにとって神聖なものと見なされる」[31]。アブー・サイード・アル＝クドゥリーによれば、アッラーの使徒は言われた。「あなた方は一人の主と一人の父を持つ。したがって、アラブ人が非アラブ人に優ることはなく、非アラブ人がアラブ人に優ることもない。同様に白人が黒人に、黒人が白人に優ることはない。アッラーを畏れる心によって以外には」[32]。アナスによれば、アッラーの使徒は言われた。「害された者であろうと、他者を害した者であろうと、あなた方の兄弟に対して援助の手を差し伸べよ」。預言者がおっしゃったことを聞いて、ある男が言った。「アッラーの使徒よ、私は害された兄弟に喜んで援助の手を差し伸べるでしょう。しかし、どうして他者を害した者に同じことができるでしょうか」。預言者は答えられた。「あなたは、彼がさらなる害悪を行うことを防ぐことによって、彼に援助の手を差し伸べることになります」[33]。フダイファによれば、アッラーの使徒は言われた。「誰でも共同体としてのムスリムを気遣わない者は、共同体の一員ではない」[34]。

イスラームの同胞愛は、このように善、真実、公正、義、親切、思いやりに基づいた同胞愛である。それは、善行や敬神へ向かって団結し、協力する同胞愛である。結果として、それは、人間の帰属意識がとりうる最も崇高で、力強い表現である。もしムスリムが、今日の世界のために、この種の帰属意識と同胞愛の意味を認識し、そしてクルアーン的世界観を真に取り入れていたなら、実にムスリムは一つの国民、絆のある家族、導きの手本、建設的かつ創造的な力となっていたであろう。

クルアーン的世界観において、自己と他者は全て「私」である多様なつながりや結びつきを代表している。というのも、人のアイデンティティは血縁、婚姻、人種、人間性、教義、思想といったものに基づく他者との結びつきを含んでいるからである。同時に自己と他者とは、「私」が「彼ら」になり、「彼ら」が「私」にもなりうるのであり、これら全てのつながりによって構成される別個の存在でもある。

管理責任の義務というかたちで具体化される〔アッラーから人間への〕信託は、ムスリムが建設的で改革主義的な傾向と価値観を持つことを求める。もし正直なムスリムが自身や他者に対する義務に少しでも怠慢であるならば、自身の行いを悔い、正すであろう。神からの贈り物を上手く管理する仕事に忠実であるためには、振る舞いや周囲との関係において、神から与えられた責任を実現可能とするような人格を獲得し、育むことが求められる。クルアーンはそのような人格の特性を詳述している。したがって、もしムスリムがこれらの性質を欠いており、結果としてそれらの性質が行動や他者（人間であれ、動物であれ、あるいは環境であれ）との関係に反映されていないことが明らかになったならば、自身を省み、責任を負い、人生の意味を構築する神から与えられた信頼――すなわち、それへの対応が運命を決定するような信頼――に値できるような徳を得るために努力し、それを育むことが必要である。

神から与えられた義務の遂行に求められるのは、第一に、自身の言葉に正直かつ誠実であること、公平の精神、悪行や侵害の拒絶、他者に対する謙虚さ、思いやり、気前の良さ、そして誠実な行動に献身し、堕落を避けることである。もしあるムスリムが、自身のトゲトゲしく無慈悲あるいは暴力的な性向、無駄遣いや浪費する性向、嘘をつく性向、約束を破り責任や義務を果たさない性向に気づいたなら、自身の信仰と崇拝が欠如していることを自覚するべきである。この自覚に応じて自身を省み、自身の過ちを認識し、その日——すなわち、クルアーンが「財産も子孫も役立たない日に。ただし、アッラーの御許に健全な心で来る者は別である」（詩人たち章、26：88−89）と説明する日▽48——が来るまでに、その過ちから遠ざからなければならない。クルアーンとアッラーの使徒の人生の双方から明確なのは、もしある者が上述したような徳性を欠いている場合、その人の信仰は本物ではなく、また彼は信仰行為——それが礼拝であれ、アッラーの御名を心に留めることであれ、断食であれ、夜間を礼拝と崇拝行為に使うことであれ——から何の利益も得ていないということである。

……また、約定を果たせ、まことに約定は尋問されるものである。（夜行章、17：34）

そして、人々よ、升と秤は正確に量り、人々に彼らのものを減量してはならない。また、害悪を為す者となって地上で罪を犯してはならない。（フード章、11：85）

またおまえは手を自分の首にくくりつけてはならない。また完全に開ききってもならない。さもなければ、おまえは非難され没落してしまうだろう。（夜行章、17：29）

一方、（善に）出し惜しみし、自ら足れりとした者、そして至善を嘘だと言った（者については）、彼に

▽48　世界の終末である最後の審判の日。

はいずれわれらが（火獄の）苦難（に至る道）を易しくしよう。そして彼の財産は、彼が（火獄に）に落ちた時には何も役立たない。（夜章、92：8－11）

忠義とは、おまえたちの顔を東や西に向けることではない。そうではなく忠義とは、アッラーと最後の日、諸天使、啓典、諸預言者を信じ、その愛着にもかかわらず財産を近親たち、孤児たち、貧者たち、旅路にある者、求める者たちに与え、奴隷たち（の解放）に費やし、礼拝を遵守し、浄財を払い、約定を交わした時にはその約定を果たし、困窮と苦難と危機の時にあって忍耐する者である。そしてそうした者が真実の者であり、そうした者たち、彼らこそが畏れ身を守る者である。（雌牛章、2：177）

また、地上を意気揚々として歩いてはならない。おまえが大地を貫くことはないし、背丈が山に達することもないのである。（夜章、17：37）

そして慈悲あまねき御方の僕たちは大地を謙って歩く者たちで、無知な者たち（不信仰者）が彼らに（嘲って）話しかけても、「平安を」と言った。（識別章、25：63）

おまえの主の道へと英知と良い訓告をもって呼び招け。そして、彼らとはより良いものをもって議論せよ。……（蜂蜜章、16：125）

吾子よ、礼拝を遵守し、良識を命じ、悪行を禁じよ。そして（勧善懲悪に際して）おまえに降りかかったもの（迫害）に対して忍耐せよ。まことに、それは（聖法の定める）物事の定めである。

（ルクマーン章、31：17）

また良きことと悪しきことは同じではない。より良いものによって（悪を）追い払え。すると、おまえと彼の間に敵意がある者も、親密な後見のようになる。

（解説された章、41：34）

だが、忍耐し、赦した者、まことに、それは、（聖法の定める）物事の定めである。

（協議章、42：43）

……信仰し、忍耐を勧めあい、慈愛を勧めあう者たち……

（国章、90：17）

そして、アッラーを口実にしてはならない。善をなし、畏れ身を守り、人々の間を取り持つ（ことをしない）というおまえたちの誓約のための。そしてアッラーはよく聞きよく知り給う御方。

（雌牛章、2：224）▼[35]

信仰する者たちよ、アッラーがおまえたちに許した良いものを禁じ、法を越えてはならない。まことにアッラーは度を越す者を愛し給わない。……

（食卓章、5：87）

言え、「アッラーが彼の僕たちに与え給うた彼の装飾や糧のうち良いものを禁じた者はだれか」。……
（高壁章、7：32）

信仰する者たちよ、完全に服従に入り、悪魔の歩みに従ってはならない。まことに彼はおまえたちにとって明白な敵である。
（雌牛章、2：208）

信仰する者たちよ、どうしておまえたちは己の行わないことを言うのか。おまえたちがしないことを言うことは、アッラーの御許では忌まわしいこと甚だしい。
（戦列章、61：2－3）

アブドゥッラー・イブン・マスードが伝えるところによると、アッラーの使徒はこう言われた。

……嘘をつくことに注意しなさい、というのも真面目なものであれ、冗談であれ、嘘は何の良いものももたらさないからである。（正しい）人であれば、自分の息子に果たせない約束はしないであろう。不正直は不義へとつながり、不義は地獄へとつながる。一方で正直は義へとつながり、義は天国へとつながる。正直者についてはこのように言われる、「彼は正直に話し、義人であった」。そして不正直者についてはこのように言われる。「彼は不正直に話し、不義の人であった」。もし神の僕が不正直に話し続けるならば、神の帳簿には嘘つきとして記録されることになるだろう。[36]

サムラ・イブン・ジュンドゥブが伝えるところによると、アッラーの使徒はこう言われた。(私が天上に昇っている時[49]) 二人の男が私のところに来て言った、「顎の骨が裂けた男は (現世での人生において) 嘘つきであった。彼が嘘をついた時、それは (他の者たちへと) うつって地平にまで到達した。そしてそのために彼は復活の日まで自分のついた嘘によって苦しむことになるのである[37]」。

同様に、アブー・フライラが伝える次のような預言者の言葉がある。「偽善者を認識するには三つの徴がある、彼が話す時彼は虚偽を話し、彼が約束をする時彼はそれを守らない。そして彼に信頼が寄せられる時彼はその信頼を裏切る[38]」。

預言者の足元に座し、アッラーの書によってその人格を形成されたウマル・イブン・アル＝ハッターブはかつて、アラブ人の指導者であり当時のエジプトの統治者であった王子アムル・イブン・アル＝アースの息子に襲撃されたことのある若いコプト教徒のために復讐を果たした。預言者の模範と世界についてのクルアーン的思考法に触発され、ウマルは、アムルと彼の息子、そして彼らに続く世代に向けて、同胞愛と人類の平等をはっきりと断言して言った。「どうしてあなた方は人々を奴隷とすることができるのか。彼らは彼らの母によってこの世に産み落とされた時には自由人だったというのに[39]」。実に、どうして一人

▽49　預言者ムハンマドが、一晩のうちにマッカからエルサレムまで移動され、さらに天国にも連れていかれ、マッカに戻ってきた、という奇跡がなされた時の出来事。

の人間が、人類の兄弟であり、唯一の創造者から創られ、一つの魂を祖先とする、名誉と尊重に等しく値する他の人間を奴隷にしようなどと思うことができるであろうか。

これらの故事から明らかになるのは、クルアーン的思考法は、健全な人間性を統一性と多様性——これまで見てきたような均衡、融合、そして個人としての人間と共同体における人間の相互補完性——をもたらすものと捉えるということである。それはちょうど身体がそれを作り上げる四肢や器官なしでは存在しえず、それら四肢や器官も全身から切り離されては存在し、機能することができないのと同様である。したがって共同体と個人も存続、繁栄のためには互いを必要としているのである。家族、所属集団、故郷、国民なくして個人はなく、家族、民族、国民、宗教者、人間であることのアイデンティティに対する自覚、そして多くの重複する同心円上に生じる人間関係、交友関係、つながりなくして、個人は存在することができない。これらは全て、個人が、公正、慈善、平和の原則と不公正、堕落、侵害の拒絶に基づいて堅実に仕事をし、その存在、成長、繁栄を十分に得られるようにするための有益で基本的な真実である。

クルアーン的世界観に独特な特質は、唯物論的、人種差別的な世界観とは対照的に、全宇宙の様々な要素を、人々の間にある違いと相互補完性、相互利益に基づく意義深く尊い計画の一部として捉えることである。違いを肯定的な視点から捉える能力は、我々が責任と愛をもって人的資源・自然資源を活用しうるような、調和した健全な人間存在のための基礎となる。この視点には、個人のレベルにおいても共同体のレベルにおいても排他性や過激主義の余地はなく、反対に、融合、均衡、中庸、平和をあらゆる次元で探求することを促進する。

以上の理由から、クルアーンにおける信仰者の礼拝は、全くの個人的な事柄への言及がある場合を除いては、個人の関心事のみにとどまらない。それればかりか、個人を超えて共同体にまで及ぶ。個人の最大利益は、その個人が所属する共同体から切り離すことができないからである。我々はクルアーンの中で次のように礼拝するようにと教えられている。

あなたにこそわれらは仕え、あなたにこそ助けを求める。（開端章、1：5）

……われらが主よ、われらから（神殿造営を）嘉納し給え。まことにあなたはよく聞き、よく知り給う御方。われらが主よ、われらをあなたに帰依する二人の者とし、われらの子孫からあなたに帰依する共同体を成し給え。また、われらにわれらの祭儀を示し、われらに顧み戻り給え。まことにあなたはよく顧み戻る慈悲深い御方。（雌牛章、2：127–128）

そして彼らの後に来た者たちは言う。「われらが主よ、われらと、信仰においてわれらに先んじたわれらの兄弟を赦し、われらの心に信仰する者たちに対する恨み心をなし給うな。われらが主よ、まことにあなたは情け深く慈悲深い御方」。（追い集め章、59：10）

クルアーン的世界観は世界平和の構成要素である

最後の宗教[▽50]は、導きの源泉として、また人類文明の普遍的、科学的な面を、公正、同胞愛、思いやり、平和、創造力の構想によって活発化させる力としてもたらされた。そのため、クルアーンの言葉は、特定の部族、民族、集団あるいは階級に向けられたものではなく、人類全体に向けられてきたし、これからも向けられ続けるのである。またクルアーンは、人類の発展初期に届けられた啓示のような超自然や奇跡の言説でもない[▽51]。むしろ、知識、読書、考察の言説であり、導きと目的、同胞愛、公正、平和についての理性、論証、信条の言説である。したがって、クルアーン的世界観とそれが具体化された啓示は、世界中の人類の進化のための科学的局面、神から授かった人間性と不朽の秩序の法則を最もよく実現するのに適した普遍的な思考法をもたらした。そしてそれは、原始的な思考法の時代や先史時代に普及した、世界に対する人種差別的、唯物論的な価値観の偏狭な孤立主義をはるかに超越するものである。イスラームのクルアーン的信託は、迷信、部族・国家主義的な思考法や哲学によってもたらされる人種差別的、敵対的な傾向を超越し、代わりに人類全体の統一を指示するものである。それは、真の安全と平和をもたらす価値観や原則を人類に教えることによって、人類を導く力を持つのである。

人種差別主義、部族主義、国家主義は、自然とはそぐわないものである。なぜなら、それらは差異の強調を前提としている思想だからである。それらの差異は、他者を排除し、他者に対する優越性を主張し、「我々」とは異なる者全てに対して争いと敵意を促進し、助長する手段となる。したがって、否定的な差異に基づく世界の見方は、争いと憎しみを煽り、多様性を敵意に満ちた対立をもたらすものへと変えてしまう。そのようにして、国民、政府、民族集団の中に、不平等、支配、対立のうえに成り立つ関係性がもたらされるのである――このため、過去数世紀にわたり植民地主義と世界大戦という犯罪に直面し続け、今日に至るまでも武力外交や、策略、詐欺による支配の独占のみを頼みとする非道な政府による危険な軍拡競争を通して、世界の安全を危険にさらしている。

実に、クルアーン的世界観は、人々や個人の間のほとんどあらゆるレベルにおいて存在する差異にもかかわらず人類の統一性を実現する唯一の哲学であり、思考法である。

……われらはおまえたちを男性と女性から創り、おまえたちを種族や部族となした。おまえたちが互いに知りあうためである。まことに、アッラーの御許でおまえたちのうち最も高貴な者は最も畏れ身を守る者である。……（部屋章、49：13）

……アッラーがおまえたちのある者に他の者以上に恵み給うたものを願って（羨んで）はならない。……（女性章、4：32）

クルアーン的世界観は、我々と他者との間に存在する様々な関係性を、対抗的なものではなく相互補完的なものとして捉え、あらゆる状況において友好、慈善、公正の精神によって律するよう呼びかける思想である。

唯物論的世界観は、対照的に、個人とそれぞれのエゴによる欲求（悪を唆す魂）とともに始まる。結果と

▽50　全ての宗教の完成形とされるイスラームのこと。
▽51　イスラームでは、預言者ムハンマドに至るまでの様々な時代、地域の諸民族に多くの預言者たちがアッラーから遣わされたとされている。その中にはユダヤ教の預言者たちやイエスも含まれる。

してそれは、近代が採用してきた国家主義的、人種差別主義的、排他主義的な政治志向を、特に宗教の放棄を自らと世界の他の地域の基礎とすることによってさらに助長してきた。この宗教の放棄は、宗教的な伝統、慣習、文化を侵食してきた堕落、迷信、聖職者による支配への反発から起きた。またそれは、当の宗教が、過ぎ去った歴史に縛られ、現代社会における意義を失っていたことから起きた。このように、唯物主義者の観点は精神的世界観に背を向け、攻撃的な集団性と利益が制する弱肉強食の法則に典型的な、唯物論的、闘争的、争いに基づく志向性をもっていた。その後に続いた時代は、種々様々な国家主義とその結果としての自己中心的、人種差別的、攻撃的、植民地主義的、残忍な政治志向の出現に直面した。世界中のあらゆる社会において、階級闘争の名のもと、マルクス主義に具体化される専制的、唯物論的、無神論の世界観は絶え間ない対立状態を作り、その結果、マルクス主義の統治のもとに生きた人々とそれ以外の人々（特に中央アジアと東アジアのイスラーム主義者たち）を、最終的にはマルクス主義の帝国を内部から崩壊させたところの不正、抑圧、汚職によって苦しめた。

唯物論的世界観、そして少なくとも「弱肉強食の法則」の思想とそれが世界的、地域的にもたらす破壊的な対立――そしていうまでもなく大量破壊兵器の存在とその潜在性――を考慮すると、ムスリム諸国と人類全体にとって、クルアーン的世界観を理解し、また他者に理解させることは不可欠である。なぜなら、それは社会を構築し、民族や国民の関係性を育むことに結びついているからである。公正と平和の文化は、このようにしてしか築き上げることができない。しかしながら、ここでいう理解は、迷信や単なる理論にすぎないものであってはならず、むしろ確固たる事実に基づくものである必要がある。またそれは、教育的で、人々の感情的、心理的な育成に――組織的にも制度的にも――適用できるものである必要がある。

いい換えればそのような理解は多様性の中に含まれる人々の美、価値、潜在能力を認める平和的でグローバルな人類のシステムの基礎として貢献するのにふさわしいものである必要がある。このような命題を踏まえれば、人的資源・自然資源を、責任をもって活用し、公正で、思いやりがあり、平和な社会の基盤を築くために備えていくことができるであろう。

イチジク章は、個人には精神的側面――暁章（89：27）において「安らいだ魂」として言及されている――と、自己の欲求を満たし、堕落する傾向を持つ側面（物質的、「動物的」な「悪を唆す」魂）があり、精神的側面が堕落する側面を覆し、純正さ、気高さ、正義を探求する人間性、人格を浄化する役割をもっていることを明確にしている。この章は、人間が努力するべき重要な事柄を強調する神聖な宣誓によって始まる。「イチジクとオリーブにかけて、シナイ山にかけて、この安全なる国（マッカの地）にかけて」（イチジク章、95：1－3）。この章は、人間の創造、人間の物質性と精神性の間の関係を扱っている。「われらは人間を最も美しい姿に創った」。

ター・ハー章の中では、次のような節が何者もいかなる欲求にも拘束されない天国[▽52]における人間の創造が精神的なものであったことに言及している。

そこでわれらは言った。「アーダムよ、まことにこの者はおまえとおまえの妻の敵である。彼がおまえたち二人を楽園から追いだし、おまえが苦しむようなことになってはならない。まことにおまえに

▽52　人間が創造された当初に暮らしていた、キリスト教でいうところのエデンの楽園。

はそこで飢えることがなく、裸になることもないことが（保障されている）。また、おまえはそこでは渇くことがなく、陽に晒されることもないことも（保障されている）。（ター・ハー章、20：117－119）

しかしながら、アーダムが神に背き、悪魔の囁きと提案によって悪と堕落の力に気を取られた時、そのことが神のアーダムに対する命令を招き、神は彼を精神的な祝福と純正に満ちた世界から、欲求、不品行、不正に満ちた物質的、動物的な存在の世界へと追放した。

だが、彼に悪魔が囁いて言った。「アーダムよ、おまえに永遠（の生命）の木と衰えることのない王権について教えようか」。そこで二人はそこから食べ、すると彼らには己の陰部が顕わとなり、彼らは楽園の葉でそれら二つ（陰部）を覆い始めた。こうしてアーダムは彼の主に背き、道を誤った。（ター・ハー章、20：120－121）

このようにして、アーダムと彼の子孫は彼らの中の精神性と物質性を結び付けるようになった。「確かにわれらは人間を最も美しい姿に創った。それから、われらは彼を低い者たちのうちでも最も低い者に戻した」（イチジク章、95：4－5）。

一方の精神的で、意識的に善と義を探求する世界と、他方の物資的で、自己中心的で、快楽主義的な衝動の世界の間にあって、人間の意思の役割とは、公正、改革、建設的行動を探求することによる自己浄化と、不正、侵害、汚職の蔓延といった行為をもたらす卑劣で利己的な衝動のどちらかを選ぶことである。

その後、彼の主は彼を選び、彼に顧み戻り、彼を導き給うた。彼は仰せられた。「おまえたち二人、そこから一緒に落ちてゆけ。おまえたち（の子孫）は互いに敵である。だが、もしおまえたちにわれの許から導きがもたらされ、わが導きに従った者があれば、彼は迷うことはなく、苦しむこともない」。……

（ター・ハー章、20：122－123）

いい換えれば、人類の善良さ、存在、地球における文明は、創造者の唯一性や明確な創造の目的の存在、そして真に高潔な人生に固有の倫理規則への献身、確実な信仰による精神的な力の勝利にかかっているのである。

そして、この点において明確にする必要があるのが、イスラームとムスリムとの違い、そして信仰への呼びかけ（al-da'wah）と国家（al-dawlah）との違いである。イスラームは人類にもたらされた最後の宗教的信託であり、それは人間存在の意義と目的、そして地球において信託を受けた管理人、代理者として神から与えられた潜在的能力についてのクルアーンに基づく理解を我々に提供した。環境や能力、嗜好の違いにもかかわらず、人類はイスラームの信託により、地球における神の代理者、受託者という立場に任命されている。イスラームの価値観と教えを吸収し応用する能力や意思は、人それぞれ違ったとしても、我々はこの価値観を受け継いでいるのである。そして、我々の命と奮闘努力が最期を迎える時[▽53]、それが良いも

▽53　世界が終末を迎える最後の審判の時。

のであれ悪いものであれ、我々は自分たちがどのようであったか、何をしてきたかについて責任を取らされるのである。

共同体としては、ムスリムは、イスラームの原則と教義に具体化されている普遍的真実を信じる人々である。しかしながら、あらゆる事柄において善のために努力する振る舞いや誠実といえる倫理の決定は——それぞれの理性、感情、意思に基づいて——ムスリム個々人に委ねられている。したがって、他のあらゆる集団と同様に、ムスリムは信仰や献身の強さ、品行の健全さにおいて互いに違っているであろう。つまり、ムスリム個人の行動を、宗教と信条によるものと考えるのは間違いである。その人が誠実さと正しさに基づいて話し、行動するのは、疑いようもなく彼の宗教と教義によるものであり、同様に、その人がその人の宗教の理想と原則から離れるのは、その人の個人的選択や性向、そして宗教の教えについて受けてきた躾や理解によるものだからである。

同様に、我々はイスラームへの呼びかけ（ダーワ）と国家（ダウラ）とを混同しないよう注意しなければならない。ダーワは、支援、導き、教育のための心と意識に向けた対話であり、したがってそのような対話は優しさと思いやりとともに届けられなければならない。

> 導かれる者、彼は己自身のために導かれ、迷う者、彼は己自身に仇して迷うのである。荷を負う者は、他人の荷を負うことはない。……
> （夜行章、17：15）

一方国家は、人間の社会的組織を目的とした、様々な形態で存在する政治的主体である。国家は、何らかのかたちで人間の共同体と社会政治的システム、土地、利益、協定——当該社会構成員に付随する（国内の）協約および、他の共同体、国家、社会との関係に付随する（外国との）条約——と関係している。

国家とその他の主体との関係は次の三つのうちいずれかの形態をとる。①ある政治共同体の内政を支配する拘束力のある原則と法によって統治された平和な国家と国民の関係、②合意や約束、締結された条約、互恵の原則に基づいた合法的に統治される政治共同体（国家）と他の共同体（国家）との関係、あるいは③勢力均衡に基づいた対立、敵意、あるいは戦争の国家間関係。「……そして禁裏モスクからおまえたちを妨害したことで民への憎しみがおまえたちをして、敵対するよう仕向けさせることがあってはならない。そして互いに善行と畏怖のために助けあい……」（食卓章、5：2）。

イスラーム的世界観はそれら全ての関係の基礎を公正と平和の原則に置く。内政において、公正、共同責任、相互の合意はあらゆる関係の基盤とされ、助言や協議は決定を下す前提となる。関係が失敗し、不正がなされる場合には、世俗法であれイスラーム法であれ、法に基づいて訴えが起こされる。平和的手段による抵抗や市民の不服従は、物事を正し、過ちを犯した当事者個人あるいは複数人の、いわば、足をすくうことによって、更正させる最も確実な方法である。そのような手段によっても、加害者がその有害で、攻撃的で、破壊的な行いを継続する場合は、国家そのものが対処しなければならない。なぜなら、国家以外の主体が私刑を加えることにより、国家を麻痺させ、利益を害するような暴力的な対立を生むことは認められないからである。

（国家と）他の政治主体との関係については、権力者たちの間の交渉によって全当事者の権利が守られるようになされるべきである。人々の権利を他のどのような手段によっても守ることが不可能だと証明された時にのみ、戦争と流血に訴えなければならない。戦争が宣言された場合、権力者のみを標的にしなければならず、彼らの行いを真理にかなうものとさせることによってか、あるいは彼らを権力の座から排除することによって成されなければならない。さらにいえば、暴力に訴える場合、その状況下で取りうる最小限度のものに留めなければならない。[40]

西洋が唯一神信仰のイスラーム的世界観を受け入れることなく科学的手法に熱狂的なまでにしがみついてきたことは不幸なことである。西洋に自然科学の体系的な研究が導入されたのは、十字軍の時代のイスラーム世界やムスリム共同体との接触、特にアンダルシア（スペイン）におけるムスリム教育機関からの知識の受容、そしてムスリム思想家の著作のヨーロッパ諸言語への翻訳によってであった。後に西洋の思想家は、（ムスリムが発展させた）人間性や人間社会の活動の基礎となる法と原則への理解に導かれ、その結果、唯物論の視点からのものではあるが社会科学を発展させた。この社会科学は、特定の（「国家主義」「民族」「文化」といった）種の構成員がその他の者に対して団結して対立する「適者生存モデル」による社会や制度の構築を可能とした。これらは全て、宗教が形式主義と過度の聖職者支配に陥ったことによる西洋における宗教放棄の影響を増幅し、その結果、西洋社会において宗教は、迷信の類と見られるようにまでなった。

イスラームとその預言者について、狭小な利益や汚職を必死に守り続ける教会の権威が敵対的かつ不当に伝えたために、ヨーロッパの人々もまた、イスラームとその預言者に対して敵対的な姿勢をとった。その間、西洋は徐々に唯物論、弱肉強食の精神性、人種差別的偏見へと傾倒していき、国家主義とその結果としての――搾取、侵害、狂信、武力外交を企てる――対立を促進した。前述のような姿勢や慣習を促進させた唯物論思想は、道徳の退廃という病の蔓延をも助長した。さらに悪いことには、道徳の退廃とそれによって引き起こされるものは、許容できない倫理的、社会的な逸脱とは見なされず、むしろ標準的な価値観として、また自然で許容可能な社会的行動や模範として取り入れられるようになった。この出来事は、良識的な西洋の思想家が、その危険性を、緊迫感をもって警告し続けてきた、家族の分裂や暴力その他の病理の拡散を、西洋のリベラルな社会に広くもたらした。それでも、そのような思想家でさえ、その先見の明と洞察力をもってしても、西洋が長らく吸収してきた唯物論的世界観に甚だしく束縛された惨状から抜けだす道を見いだすことはできなかった。

残念ながら、正統カリフの時代は終わりを迎え、それとともに、過ぎ去った時代に見られたような概念、思考法、価値観、そしてクルアーンに基づいたリーダーシップの模範を基礎とした持続可能な制度▽54が発展する可能性も途絶えた。イスラーム初期の時代に顕著であったイスラーム文化や慣習の基礎を吸収し、現代西洋国家は、今やムスリム国家の成果を継承して世俗的、社会的な分野における科学的学術の旗印を掲げている。したがって、ムスリム共同体は、新たな自覚を持ち、クルアーン的世界観の新たな認識、その制度の重要性に注目し、イスラームの公正、自由、同胞愛、協議、建設的行動、平和の価値観を自らに教え込む必要がある。イスラームに基づく制度なしでは、卑しく利己的な力が再び横行し、ムスリム共同体を専制、汚職、暴力、無気力、無知、後退、富と力の寡占といった泥沼に再び引きずり込むことになるからである。

▽54　正統カリフ時代を模範としたシャリーアに基づく統治のこと。

上記のことを考慮すると、正しいクルアーン的世界観と関連する社会諸制度は、ムスリム共同体だけではなく、人類全体のあらゆる真の改革、平和、繁栄のための出発点であると改めて述べることができよう。しかしながら、イスラーム的世界観と方法論の原則を概観する前に、啓示とそれが書かれ保存されたもの――すなわち、クルアーンと預言者のスンナ――の理解について、時と場所の問題を思い起こすことが我々にとって重要である。さもなければ、我々は不変のものと変化するものとを混同するリスク――あるいは、変化するものを不変のものや束縛するものと捉えてしまうリスク――がある。それは、神から与えられたイスラーム法の普遍的な性質や、異なる時や場所、環境や状況で必要とされる導きを示す柔軟性を見誤るリスクがあるということである。

時と場所に応じて変化するものと普遍のもの

最も根本的な宗教、そして我々人間を導くその力の源泉としての啓示は、何よりもまず、アッラーからその高貴なる使徒へ明かされた言葉であるクルアーンというかたちで伝えられた。クルアーンは、不変の実存を特徴とする、普遍的な神の最後の信託である。このことが意味するのは、それが時を超え場所が変わっても同じ目的、価値観、概念を伝える信託だということである。これらの目的、価値観、概念こそが我々が言う「不変のもの」であり、父親であることや息子であること――そしてそれらに関連する絆、権利、義務――はその一部である。

人間の生活――ならびに人間の知識、能力、必要とするもの、課題――の状況は、変動と進化の連続であるため、イスラーム的価値観と概念の適用についても、時代によって変わり、場所によって様々な人々の生活の現実を踏まえて変化し、進化しなければならない。最後の預言者としての神の使徒の役割は、クルアーンが空想的、理想主義の観念論あるいは夢の書などではなく、荒々しい日常生活とその中での実践において適用されるべき導きの信託であるという決定的な証拠を提供する模範となることであった。したがって、与えられた信託を届け、人々に対して思いやりと勧奨をもって真実を伝えるという責任に加えて、与えられた信託の具体的な価値観を実践することも彼の任務であった。このようにして神の使徒は、彼がもたらした導きは人々の生活の現実と直接関わりのあるものであり、各個人、共同体、世代によって異なる能力や理解に応じて取り入れられるべきであることを明らかにした。

イスラーム的価値観や概念を特定の時や場所の文脈においてしっかりと適用することは、知恵や知識、判断力を要する。したがって、預言者が――社会の構築者として、また国家元首として――特定の環境にクルアーンの価値観や概念を適用したことは、他者がこれらの価値観や概念を彼らが住んでいる独自の、変化し、進化する時と場所に再適用しようとする際の模範を提供する。たとえば、ロバやラバに乗ることが交通手段であった時代における協議（al-shūrā）の原則の適用と、電子工学技術、航空旅行、Eメールやインターネットによるコミュニケーションの時代におけるそれとは、必然的に異なるであろう。預言者の人生と模範がもたらす教訓の偉大さはまさにここにある。なぜならば、イスラームは最後の審判の日まで絶対だからである。

アリフ・ラーム・ラー。その諸々の徴（節）が完成されそれぞれから解明された、英名にして知悉し給う御方の御許からの啓典である。
（フード章、11：1）

アッラーは信仰者たちの上に恩恵を垂れ給うた。彼らのうちから彼らに使徒を遣わし、（使徒は）彼らに彼（アッラー）の諸々の徴を読み聞かせ、彼らを清め、啓典と英知を教え給うた際に。まことに以前、明白な迷誤のうちに彼らはあったものを。

（イムラーン家章、３：164）

したがって、我々は、不変のものと変わるものの両者を含むこの宗教の源泉の性質を認識しなければならない。クルアーンが神の言葉であり、神から人類への最後の信託であるならば、それはつまり、クルアーンがあらゆる時と場所における宇宙秩序の性質や法則を正しく生かす確固たる導きの源泉であるということだからである。

イスラームにおける信託の第二の源泉としての預言者のスンナの役割は、以下のように理解できる。イスラームの信託の価値観、原則、概念の適用や、時と場所に応じた目的の達成に求められる知恵を明らかにすること、そしてクルアーンの信託が理想主義の観念などではなく、人類のための明確な導きの信託であることを人々に明示することである。これこそが、神がクルアーンを保存できるかたちにしたことの理由である。同時に、我々は神の使徒がスンナの一部でも書面で記録した者に対して、それを削除するように命じたのはなぜなのか理解することができる。スンナの目的は、クルアーンの教えをいかに実践するかを示すことによって、また時と場所に応じた適用に求められる知恵を明示することによって既に達成されているからである。預言者のスンナを通して、我々はクルアーンの適用が人々の環境、知識、能力、課題の変化とともに本質的に変化し、進化するものだということを理解することができる。

これらのことを考慮すれば、神の使徒が、その生涯で行った国家や社会の実務管理に関連した命令、声明、行動を守るように気を付けていたにもかかわらず、それらが書き記されたものとして残されていないのはなぜなのか、より理解することができる。それにもかかわらず、国家元首という立場において、彼は人々が彼の命令に従うことの必要性を主張した。その命令は、クルアーンの中にはなくても、彼と彼の共同体が直面していた環境に適用されたものであったため、遂行されることが求められたのである。しかしながら、もし預言者の指示が、クルアーンそれ自体と同格なものとされていたなら、あらゆる時と場所に適用されるべき不朽の理念であるクルアーンの性質と、預言者による特定の場所や時間に向けた実行と適用との間に混乱をもたらしたであろう。いい換えれば、神の使徒は、クルアーンの教えを、彼の時代に対応したやり方に厳密に合わせて、厳格に文字通りに適用するのではなく、一時的で地域に特有の変化するものへの認識を育み、それを考慮したうえで、時と場所に応じて適用するべきことを明確にしようと努力した。

このことを踏まえると、正統カリフのウマル・イブン・アル＝ハッターブが他の都市や地域に赴いた何人かの教友たちに対して、預言者の特定の言動を周りの者に話さないよう指示したのはなぜなのか理解することができる。なぜなら、マディーナの住民たちと違い、他地域の人々は預言者による多くの言動がもたらされた環境になじみがなく、正しく理解できないリスクがあったからである。したがって、我々の教育課程を再構築するために必要な基礎は、クルアーンと預言者のスンナの性質への理解、人間性と宇宙秩序の法則についての知識、そして特定の能力や課題を持つ人々が存在している独自の環境への認識である。

クルアーンの諸概念や預言者のスンナの性質、時と場所の問題についての以上の分析を踏まえ、次に、クルアーン的世界観と健全なイスラーム的思考法の原則について議論を進めたい。

現実的な理想主義

クルアーンと預言者の人生を通して伝えられた世界観は、哲学者のユートピアに類似した全くの理想主義的な構想なのだろうか。人々の日常生活の具体的なこととは何ら関係ない単なる知的な贅沢にすぎないものなのだろうか。それとも、快楽主義、悪、不正、利己主義の性向を乗り越えるため、人間の魂に善の力を宿すことによって、人々を彼らにとっての最善へと導くことのできる現実的な信託なのだろうか。

特に、社会構造、政治・経済システムの運営、他者との関係性における退廃に直面するムスリム共同体が現在経験している多くの現実的局面を踏まえると、一見、この質問に対して肯定的な答えを想像することは難しい。なぜなら、現在のムスリム国家の現実は、クルアーンに伝えられる信託や構想で示された導きとは完全に食い違ったものになっていると考える人々が多いと思われるからである。

この問題提起に答えるためには、まずいくつかの前提を思い起こす必要がある。最初の前提は、クルアーン的世界観には、人心の切望に応えないものは一つもないということである。二つ目の前提は、預言者の時代はクルアーンが示した構想と完全に一致した明確な模範であり、その結果、人々はそれを時と場所に応じて適用するリアリズムと可能性を、善、正義、精神的な本性、人間の魂に備わっている創造力のおかげで知ることができたということである。そして三つ目の前提は、様々な個人や社会の中には、個人の行為や共同体の構造に対して、善、改革、文化的発展の価値観や概念を適用するにあたって避けられない格差があるということである。だからといって、善、公正、建設的行動の力が比較的弱い社会あるいは共同体も、自らを改革し、有益で建設的な方向に進むための可能性に絶望する必要はないのである。

このプロセスの出発点は、ムスリム共同体が、自らが退行してきたことを自覚し、対策が可能であったはずの何らかの原因によってその退行が起きたことを認識することである。そのような認識を持っても、改革を行い、基盤の再構築に奮闘する際に、ムスリム共同体は落胆する必要はない。反対に、善や改革の力が刷新されるのは、そのような正直さとリアリズムを通してである。ユートピア的理想主義と現実的な理想主義とは別物であり、ムスリム共同体は、イスラームが我々に求める状態や行動は非現実的であるという無知で歪曲された主張に耳を貸してはならないからである。

同時に、理想主義は、個々人の本性――具体的かつ一時的なレベルにおける複雑な気質、願望、性向――に対応できて初めて価値を有する。さもなければ、人間性はその卑しい、唯物論的衝動の闇――「理想主義」という名のもとの人種差別、対立、搾取のための策略、残虐、流血、侵害――へと退行する運命となる。一方、人間のあらゆる種類の退廃や堕落を受け入れることを、悪と不正の力を抑制しようとする全ての改革と全ての試みは現実離れした理想主義以外の何ものでもないとして正当化する主張が存在している。現実的な理想主義は、そのような粗野な唯物論とその暗黒の悲惨にさらに退行することからの救済につながる唯一の希望を人類にもたらすのである。

クルアーン的世界観の理想主義的性質を前提としている上記の問題でもう一つ考察されるべきことは、ムスリムがクルアーン的な理想主義に従って生きるためには、それぞれの生活と振る舞いの全てにおいて、毎日、目覚めている間中、全てのイスラーム的価値観、概念、原理を適用することが求められているのか、ということである。いい換えれば、ある人がムスリムになるためには、罪や誘惑に絶対に陥らない、難攻不落の者でなければならないのか、ということである。これまで述べてきたように、イスラーム的言説にいつの間にか脅しや威嚇の言葉が紛れ込んできたために、クルアーン的世界観が、現在のムスリム共同体の現実の文脈において理解され、ほとんど実現不可能なものであるかのような思い込みが強まった。

さらにいえば、対抗する二つの力――物質性と精神性、善と悪、利他性と利己性――の紛れもない戦場である人間性について我々が知っていることを踏まえれば、いうまでもなく、間違いや罪は人間の経験の一部であり、人生のあらゆる領域において無謬であることは（神の使徒と預言者たちを除いては）信仰の基礎ではない。

「人間は皆罪人であり、最良の罪人は悔い改めて神に立ち返る者たちである」▼41。このことが意味するのは、我々各自の奥深くには精神的な性質があり、我々を知恵、善、慈善、正義の探求へと駆り立てる道徳的な力があるということである。しかしながら、我々の肉体的欲求や卑劣な性向は、我々を不正、いかがわしい行為、侵害をはたらくよう、我々を誘惑する。このようなことが生じる時、健全な人々の意識と精神性は一体となり、自らのはたらいた悪事やいかがわしい行為を追及し、糾弾する。クルアーン的世界観は、この内なる奮闘の現実を認め、卑しい衝動を乗り越えるために、それとどのように向きあい、内なる善の力を発揮させればよいか教えている。

個人の内部に発生する善の力と悪の力の間の心理的な奮闘は普遍的な現実である。同様に、善や正義への切望と、間違いや罪を犯す可能性との両方が我々の本性に植え付けられている。しかしながら、クルアーン的世界観の視点から見ると、これは不満や失望を引き起こすものではない。反対に、この奮闘では、魂の善なる力を助け、失敗を正す自身の能力に絶望しないことによってこそ、最も良い状態に達することができるからである。なぜなら、我々に道徳的失敗と美徳や意識とを植え付けられた神（太陽章、91：8）は、最も情け深く、最も慈悲深く、最も気前の良い御方で、弱さ、無知、あるいは欲求によって失敗を犯した者であっても、悔い改め、間違いや罪から遠ざかる者を迎え入れられるからである。実に、後悔し、悔い改める者全てに対して扉は開かれており、一度悔い改めて神に立ち返った者は、まるで一度も道を踏み外さなかったかのように、過去の記録が消されてきれいになるのである。

したがって、導きの源泉であり、支援であり、善や改革を強化する力であるクルアーン的世界観と、人間の魂を動かす力、人間の持つ価値観、概念、原則とを明確に区別することが重要なのである。この区別が必要な理由は、これまで見てきたように、競合する力や性向の作用によって個人の内部で対立が起きるものだからであり、我々に間違いを犯させ、道に迷わせたりするからである。この対立は、個人、国民、文明を躓かせ、転ばせるような状況や環境を認識しておくことによってのみ対処できるものであり、改革には意識的な努力が伴わなければならない。

改革や持続的な変化を起こすためには、我々は、文化、言説、子育てのやり方や従業員の養成の仕方に対して、ある程度批判的な鋭い視線を向ける必要があるだろう。一度これを成し遂げれば、我々の社会像は正され、我々の思考は健全になり、我々の感情や意思は浄化されるであろう。そうすると、我々が個人および共同体としての欲求を満たし、利益を達成しようとする際、我々の中で優勢な志向は、善や正解を求めるものとなるだろう。間違いや悪事は共同体によって非難される例外的事態となり、個人はたとえ誘惑に屈してもそれに嫌悪を抱き、直ちに後悔して、そこから遠ざかるであろう。

ムスリムの思想家、改革者、教育者には、今日のイスラーム文化とその思考法、子育てや職業訓練の方法、教育カリキュラム、制度に影響を及ぼす病を特定することが求められている。同様に、広範なムスリム共同体の内部にあるそれぞれの下位集団には、それぞれの内部にある機能不全や不均衡の源泉とそれを修正する手法とを認識することが求められている。これらが実行されれば、ムスリム共同体は健康を取り戻し、明確な構想、希望、そして楽天的な感覚をもった文化の開拓者としての役割を取り戻すことができるであろう。クルアーン的世界観は、再び共同体の生き方の基礎としてはたらき、その結果、不注意や間違いによってその任務から気をそらされることもなくなるだろう。むしろ、そのような間違いを拒絶し、対決する社会的な力は、共同体の生命を蘇生させ、自信をつけさせるための、そして制度の発展や改善のための新たな力を獲得するだろう。クルアーンにはこのように書かれている。

私は己を潔白とはしない。まことに魂というものは悪を唆す。ただし、わが主が慈悲をかけ給うたものは別である。まことにわが主はよく赦し給う慈悲深い御方。（ユースフ章、12：53）

醜行をなしたり、わが身に不正をなしたりした時にアッラーを思いだし、己の罪の赦しを乞う者――アッラーのほかに罪を赦す御方があろうか――、知ったうえでなしたことに留まりはしない者。それらの者、彼らの報酬は彼らの主からの御赦しと下に河川が流れる楽園で、そこに永遠に。そして行為する者たちの報酬のなんと良いことか。（イムラーン家章、3：135－136）

我々が人生の様々なステージを通過する際、それが実を結ぶものであろうがなかろうが、円滑なものであろうが骨を折るものであろうが、我々はイスラームが人間存在の堅実で総合的な模範を示していることを心に留めておく必要がある。それはいわば、我々を安全に岸辺へと運ぶ救命ボート、我々の旅の終わりの安全な到着を確かなものとするコンパスのようなものである。理解しなければならないのは、

・イスラームは、人間のプライドあるいは卑劣で攻撃的な衝動に応じるような人種差別の形態ではない。
・イスラームは、ナイーブな、あるいは人々を奴隷とするような、屈辱的、禁欲的な理想主義ではない。
・イスラームは、適者生存の上に成り立つ虚無的唯物論ではない。
・むしろ、イスラームは、地に足が着いていながらバランスがとれた健康的な精神的理想主義である。

イスラームの構想は、安全で、公正で、心の平安のある環境の中で人間の必要に応えるための基礎を提供する。そのようにして、生活を祝福し、向上させ、幸せで健全な人間存在を達成する手法を我々にもたらす。

たとえば、性行為は生命の源泉であり、その存続の手段である。したがって、イスラームは性行為を祝福し、支持すると同時に、それに伴う責任を負うことや、当事者たちの権利が守られることの重要性を強調するのである。科学と知識は、文明、進歩、創造性の源泉の一つである。したがって、イスラームは、生活のあらゆる分野での科学や知識の探求を奨励すると同時に、知識や科学的発見が害ではなく益をもた

らすやり方で利用されるよう求めている。同様に、生計をたてることや、世俗的な楽しみのための手段を得ようとすることは、イスラームでは歓迎されている。しかしながら、これらの目的のために用いられる手段は、合法的で高潔で、あらゆる不正や詐欺あるいはエゴイズムとは無縁なものでなければならない。人生は自由なくしては、そして人権、尊厳、名誉が守られなくては意味をなさない。したがって、イスラームは人間の自由と権利を守り、防御することを求めると同時に、敵意や侵害を禁じ、可能な時にはできるだけ大目に見て、赦すことを奨励している。

いかなる健全な振る舞いも、物事に対する明確で健全な構想を持ち、健全に育てられてきた人に、困窮をもたらすことはない。何らかの困難や困窮があるとすれば、それは、ほとんどは、文化や教育システムの減退や、堕落をもたらす歪められた世界観が社会環境を形成した結果である。そのような状況において、個人と国民は共に、偽りの理想主義あるいはいわゆる現実主義の大義名分のもとに問題から逃れようとするのではなく、社会のどのような難局とも対峙する責任を有している。問題は、繰り返しになるが、構想である。つまり、あらゆる次元の思考法、文化、教育方法についての構想、またこれらを補い、活発化させる多数の要因についての構想である。したがって、イスラームあるいはその内在する世界観が、人間の力不足や怠慢の犠牲になることは理にかなわないことである。我々は――主観的なものであれ客観的なものであれ、内部のものであれ外部のものであれ――危機の真の理由を無視することはできないし、闇と無知の力が社会に影響を及ぼし、変化に向けた努力を妨げることを許すわけにはいかないのである。

第二章　クルアーン的世界観で具体的に示された諸原則

我々は、クルアーン的世界観とその普遍的な価値や原則が人間の生活や文化にもたらす影響を理解しなければならない。というのも、これらの価値や原則は、現実においてクルアーン的世界観が実行されるための根源的かつ必要不可欠な基礎だからであり、ムスリム共同体とムスリム個人の考え方を形成し、その考え方を現実へと変換する。このようにして、社会の文化的な進歩、つまり、社会の構成員が、進化していく環境、可能性、課題や、人類の発展していく知識、世界に対する理解に対して遅れをとらずに、確実な功績をもたらし、目的を達成し、成長し、発展するのに必要となる強さ、意思、エネルギーの供給が達成されるのである。

一神教

一神教、それは唯一絶対的存在を認めることであり、イスラーム的世界観の最も根源的な原則である。なぜならそれは、自らの起源と運命を理解したいという人間の精神的欲求や切望に対する、最も直観的に納得できる普遍的な応答を提供するものだからである。加えて、それは人間が命や存在について様々な水準で理解する論理のための「上限」でもある。

……彼の同類のようなものはなにもない。彼こそはよく聞きよく見通し給う御方。（協議章、42：11）

「（偶像神が良いか）それとも、創造を開始し、それからそれを繰り返し給う御方、おまえたちに天と地から糧を与え給う御方（のほうが良い）か」。アッラーとともに神があるのか。……（蟻章、27：64）

おまえたちは、われらがおまえたちを戯れに創り、おまえたちがわれらの許に戻されることはないと考えたか。それに対して、いと高きかなアッラー、王にして、真理なる御方。高貴な高御座の主、彼のほかに神はない。そしてアッラーとともに他の神に祈る者、彼にはその証拠はない。そして彼の清算は彼の主の御許にのみあり、まことに不信仰者たちが栄えることはない。（信仰者たち章、23：115－117）

もしそこ（天地）にアッラーの他に神々がいれば、それら（天地）は荒廃したであろう。それ故、称えあれ、高御座の主アッラーこそは彼らが述べることから超越し給うた御方。（預言者たち章、21：22）

創造者の唯一性、無謬性、無限の力、創造物の間に見られる絶妙な相互補完性は、創造された宇宙の統一性、調和、多様性、完全性を明らかにし、必然性を示す。それらは、宇宙で観察される驚くべき秩序を明らかにし、その秩序が機能する土台となる目的と道徳の原則の必然性を示す。

まことに、諸天と地と創造と夜と昼の交替のうちには賢慮を備えた者たちへの諸々の徴がある。立ち、座り、また横たわってアッラーを念じ、諸天と地の創造について考える者たち。「われらが主よ、あなたはこれを無駄に創り給うたのではありません。称えあれ、あなたこそ超越者。それ故われらを獄火の懲罰から守り給え」。

（イムラーン家章、3：190－191）

……あらゆるものを創造し、それに応分を定められた御方。

（識別章、25：2）

これらの神の啓示からの節は、創造者の唯一性について目に見える証拠を示している。この証拠は、創造物の絶妙さ、その統合された一貫性、その秩序、系統的な構造、出来事や現象の中に観察される因果関係、宇宙秩序の道徳的な目的といったものを含む。

さらに、クルアーンの中で我々に与えられている指示は、明確な目的のある、倫理的、精神的な方向性とともに、人間の良心という欠くことのできない要素を反映している。これら人間の良心の先天的な性向は、善、真理、公正、同胞愛、結束、慈悲、平和といった――それなしでは命や存在、そして原子、粒子から銀河に至るまでの驚くべき秩序が意味をなさない――価値の中に顕現している。これらの価値なしでは、有意義な命や存在は、我々の住む世界の秩序や人間の直観、共通認識とは相容れない混沌と虚無主義への信仰へと取って代わられるだろう。全能なる神はこのように宣言される。

……われが幽精《ジン》と人間を創ったのは（われらの命により）彼らがわれに仕える（ことの）ためにほかならなかった。われは彼らから糧など望まず、彼らがわれを食べさせることを望まない。まことに、アッラー、彼こそは豊かに糧を恵み給う、力を備えた、強固なる御方。（撒き散らすもの章、51：56－58）

また善行者で、己の顔をアッラーに委ねる者、彼は最も固い握りを摑んだのである。そして、アッラーにこそ物事の結末はある。（ルクマーン章、31：22）

宇宙と融和した性質と秩序の見事なまでの完璧さが、その創り手の唯一性と無限の力の必然的な結果であるのと同様に、それらの原因である創造そのものも〔神の〕唯一性と〔宇宙の〕調和の証明であり、必然の所産である。

まことに、諸天と地の創造、夜昼の交替、人に役立つものとともに海を行く船、アッラーが天から下し、それによって大地をそれが死んだ（草木が枯れ果てた）後に生き返らせ、その（大地の）中であらゆる動物を散らばらせ給う雨水、風向きの変更、天と地の間で駆使される雲のうちには理解する民への諸々の徴がある。（雌牛章、2：164）

体系的かつ科学的な研究は、海底の深くに、地球の表面に、そして宇宙の遠くはるか彼方の銀河に現れる宇宙の荘厳さ、広大さ、調和、精密さを明らかにする。このようにして、物質的存在あるいは物理的実在――さらに物理的実在を超越したところに位置するもの、つまり、形而上学的な領域――についての論理を我々に意識させる。そのような意識は、実在に別の次元を付け足し、物質的領域の論理とも人の心の論理とも異なる別の論理を示すのである。

（アッラーは）隠されたものを知り給う御方。それで彼は御自身の隠されたものを誰にも明かし給わない。

（幽精章、72：26）

……おまえたちに授けられた知識はわずかにすぎない。

（夜行章、17：85）

そのような認識は、この世での生活や被造物に対する公正で信託に応えうる管理責任という、神から与えられた仕事に真剣に取り組む謙遜の心を、信仰者や科学者に新たに植え付ける。このような態度を持つことによって、ムスリムである信仰者は自己実現を達成し、この世における幸福と自尊心――また同時に、来世で全ての光景が目に見えるようになる時、自らの運命に対する安心――を得るのである。

現世の表面を彼らは知るが、彼らは来世について、彼らこそは不注意な者である。

（（東）ローマ章、30：7）

いや、おまえたちは現世を優先する、来世のほうが一層良く、一層残るものであるというのに。

（至高者章、87：16－17）

そして、すべての魂がやってくるが、それには追っ手（天使）と証言者（天使）が共にいる。「実におまえはこうした失念の中にいた。だが、われらはおまえからおまえの覆いを取り除いた。それ故、おまえの視線は今日、鋭い」。

（カーフ章、50：21－22）

神から与えられた管理責任

神から与えられた管理責任の原則は、神が人間の創造について天使たちに述べた言葉に表れている。「……われは地に代行者をなす……」（雌牛章、2：30）。この原則は単にクルアーンの命令に由来するものではなく、むしろ神が我々に植え付けた性格や能力といった人間性そのものに由来する。個人のレベルにおいても共同体のレベルにおいても、人間の意識、認識、精神には神から与えられた性質が宿っている。これらの能力は人間の良心、知識を求め理解しようとする欲求に関連している。人間は、これらの能力、つまり、決断力、行動力、そして自らの必要を満たすため、また自らの価値観、構想、志向性を実現するために自分の置かれた環境を活用する能力によって他の被造物とは区別される。これらの能力の故に、人間は神から管理責任者あるいは代理人としての資格を与えられていると見なしうる。結局、何事も明確な価値観や原則に具体化されない限り価値がなく、同様に原則、価値観、構想は、実現されない限り何の益もないのである。

したがって、管理責任の原則は、この世界で行動する能力を意味し、様々な被造物とは明確に区別される人間に、栄誉ある地位を与えているのである。この地位は、人生の決断を自由に行う権利と同時に、行動、能力、努力の仕方についての責務と説明責任をも伴う。

われらは彼を道に導いた、感謝する者として、あるいは忘恩の輩（不信仰者）として。（人間章、76：3）

われらは彼に両目をなしたではないか、そして、舌と両唇を（なしたではないか）。そしてわれらは彼を二つの（善と悪の）山道に導いた。それなのに、彼は険しい山道に踏み入ろうとしなかった。

（国章、90：8－11）

したがって管理責任と、それが伴うあらゆる行動の特権と決断の責任は、人間の人生とその目的の中核を占めるのである。

アッラーは、おまえたちのうち、信仰し、善行をなした者たちに、必ずや彼らにこの地で後を継がせると約束し給うた。ちょうど彼が彼ら以前の者たちに後を継がせ給うたようにである。また、彼が彼らのために是認し給うた彼らの宗教を彼らに確立させ、……

（御光章、24：55）

公正と中庸

もし一神教が――宇宙の道徳的な目的、秩序、調和、相互補完性を通して暗示するあらゆるものとともに――クルアーン的世界観の基礎であり、出発点であるならば、また、もし管理責任（信託）が、良心的な決断を下す能力や、責任を持ちながら物質世界とそれが暗示するあらゆるものを活用する能力を意味するのであれば、物質的かつ精神的、また経済、社会、政治のあらゆるレベルにおける全人類の行動や交流の中心の目的は公正である。公正がなく、中庸のみがある状況では、人間存在と管理責任はあらゆる面において、意味と目的をもたない。なぜなら、人間の健全な行為のための物差しとしてはたらくのが公正〔という価値〕だからである。人間がまず初めに公正を探求するよう命じられているのはこのためである。神は自ら公正さを実現された。人間がその意思を神とその完璧な法▽1以外のものの奴隷とすることによって道を踏み外した際には、ただ自らを害することになる。

まことにアッラーは公正、心尽くし、近親への贈与を命じ給い、醜行、忌むべき行為、侵害を禁じ給う。彼はおまえたちに訓戒し給う、きっとおまえたちは留意するであろう。（蜜蜂章、16：90）

それがわれらがおまえに真理を持って読み聞かせるアッラーの諸々の徴である。そしてアッラーは諸世界に不正を望み給わない。（イムラーン家章、3：108）

▽1　シャリーア、イスラームの教義のこと。

公正さは、人生の意味や美徳の中心に位置するため、神は人間に公正と中庸を探求することによって常に充足感を得るよう命じている。たとえ自分が損をする場合でもそうしなければならないし、自らの敵に対してでさえ公正を拒否してはならない。神は言われる。

……そして、言え、「私は啓典でアッラーが下し給うたものを信じた。私はあなたがたの間を公平に扱うよう命じられた。アッラーはわれらの主であり、また、あなたがたの主であらせられ、われらにはわれらの行為があり、あなたがたにはあなたがたの行為がある。……」。（協議章、42：15）

信仰する者たちよ、アッラーのために証人として公正さを堅持する者となれ、たとえ自分たち自身、両親、近親たちに不利であっても、それが富裕者でも貧者でも。そしてアッラーはその両者により近い。それ故、公正であること（を望むべく）、欲望に従うな。そしてもしおまえたちが（証言を）ねじ曲げたり、避けたりすれば、まことにアッラーはおまえたちのなすことに通暁し給う御方であらせられた。（女性章、4：135）

クルアーンは、個人と共同体の双方、あらゆる人生の局面において全てを包括する公正さを教えている。クルアーンは、「また、己の財産において一定の権利（貧者の取り分）が存在する者たち、乞い求める者と禁じられた者（生活手段を絶たれた者）の（権利として）」（階梯章、70：24-25）で称賛される社会的公正、思いやり、協力、結束をも教えている。同様に、神はクルアーンの中で我々に命令して言われる。「……実がなったらその実を食べよ。そして、その収穫の日には義務を差しだせ。だが度を越してはならない。まことに彼は度を越す者たちを好み給わない」（家畜章、6：141）。公正さが健全な人生の中核だとすると、中庸は公正さの証拠である。なぜなら、中庸が欠如した状態とは、人々の生活や環境において堕落をもたらすある種の行き過ぎた状態に等しいからである。そのため、行き過ぎた節度のなさは公正からの逸脱となる。つまり、中庸なくして公正はないのである。公正が普及すれば、中庸もまた必ず普及し、中庸が主流になれば、それに伴って公正、思いやり、結束も主流になるのである。神は命令される。「また、費やす時には浪費せず、また吝嗇にならず、その間の中庸な者たちである」（識別章、25：67）。神はまた言われる。

また、近親には彼の権利（当然与えられるべきもの）を与えよ、そして貧困者と旅路にある者にも。だが、無駄に浪費してはならない。まことに、浪費するものは悪魔たちの兄弟である。そして、悪魔は彼の主に対し忘恩の徒であった。（夜行章、17：26－27）

そしてこのようにわれらはおまえたちを中正の民となした。おまえたちを人々に対する証言者とし、使徒をおまえたちに対する証言者とするために。……（雌牛章、2：143）

同様に、ワーイラ・イブン・アル＝アスカはかつて預言者に尋ねた、「アッラーの使徒よ、頑迷とは何ですか」。それに対して預言者は答えた。「頑迷とは、不正に加担して身内の者を助けることです」[▼1]。

カーブ・イブン・ウジャラは言った。「アッラーの使徒は言われた、「私の後には、不誠実で不正な支配者たちが現れるであろう。彼らの嘘を信じ、彼らの悪行を助ける者たちは私と関係なく、私もまた彼らとは関係ない。そして彼らは楽園で私と一緒に祝福された水を飲むことはないであろう」[2]」。同様にジャービル・イブン・アブドゥッラーの伝えるところによるとアッラーの使徒は言われた。「抑圧の罪を犯すことを恐れよ、なぜならその抑圧は復活の日の暗闇になるからである。また強欲を恐れよ、なぜなら強欲はおまえたち以前の者どもを滅ぼす原因となったからだ。それは彼らを扇動して彼らの血を流させ、彼らの崇めていたものをないがしろにしてしまった[3]」。

先に引用したハディース・クドゥスィーの中で、アッラーは預言者の唇を通して宣言された。「我は自らにそしてわが下僕たちに抑圧を禁じた。故に汝らは互いに抑圧しあってはならない[4]」。

そして、サヒーフ・ブハーリーには、アッラーの使徒が「不正は復活の日に暗闇をもたらす」と言われたと書かれている[5]。

自由

思考し、創造し、社会的存在である人間は、地球における神の代理人としての地位により、他の被造物から区別される。さらにいえば、人間は様々な必要の増加に応えるため、また周囲の世界からもたらされる利益や喜びを得るため、意識的に行動し、地球資源を活用する能力によって、管理責任という仕事の資格を与えられたのである。全能なる神が宣言されるように、「そしてわれらは確かにアーダムの子らに栄誉を与え、彼らを海と陸で運び、彼らには良いものを糧として恵み、われらが創造した者の多くに対して特別に彼らを優遇した」（夜行章、17：70）。

人間は、精神と良心を持ちあわせているという事実により、他の被造物と区別される。

またおまえの主が天使たちに仰せられた時のこと。「まことにわれは、変質した黒土のからからの粘土から人間を創る」。「それ故われが彼を仕上げ、彼にわれの霊から吹き込んだ時、彼に膝を屈し、跪拝せよ」。そこで天使たちは全員が一斉に跪拝した。ただし、イブリースは別で、彼は跪拝者たち（の一人）となることを拒んだ。

（アル＝ヒジュル章、15：28－31）

人間はまた、知識を得ようとする欲求や、そのような知識に基づく能力によっても区別される。

そして彼はアーダムに諸々の名前をそっくり教え、それからそれらを天使たちに示し、言い給うた。「これらの名前をわれに告げよ、もしおまえたちが正しければ」。彼らは言った。「称えあれ、あなたこそ超越者。あなたがわれらに教え給うたこと以外にわれらに知識はありません。まことにあなた、あなたこそはよく知り給う英明なる御方」。彼は仰せられた。「アーダムよ、彼らにそれらの名を告げてやるがよい」。彼が彼らにそれらの名を告げると、仰せられた。「われは諸天と地の見えないことを知っており、おまえたちが明かすものも隠したものも知っているとおまえたちに言ったではないか」。

（雌牛章、2：31－33）

人間が神から与えられた栄誉は、被造物の序列の中で人間に与えられた特別な地位と、管理責任のための際立った能力を通して理解することができる。この栄誉によって、人間は個人、共同体の双方において、意義のある選択をし、自らの能力や環境の許す範囲で信念や願望を実現する自由を享受するとともに、責任を負っている。「アッラーは誰にもその器量以上のものは負わせ給わない。……」（雌牛章、2：286）、「……アッラーは誰にも、与え給うたもの（糧）（の多寡に応じて）しか課し給わない。……」（離婚章、65：7）。しかしながら自由は、他の個人や共同体あるいは次世代の権利と利益を弄ぶことや混沌を正当化するものではない。

したがって、この管理責任という人権を個人や共同体の次元で侵害すること、あるいは人々が善のために奮闘努力することに制限を課すことは、誰にも許されない。反対に、神から人間に与えられた栄誉には、自由に選択する権利が守られることが求められる。自由に選択できることによってのみ、人間は管理責任に関する責務をまっとうすることができ、このことによってのみ、この世界における行動の最終的な責任を課されるからである。

ここで重要なのは、自由には二つの種類があることを明確にすることである。一つ目の種類は主観的かつ個人的な自由であり、個人の信念、教義上の信仰、世界観に由来する良心の自由である。ある者は、他者に助言をすることもあれば、物事を異なる視点から見るように促すこともあるかもしれない。しかしながら、誰も自らの視点や信念を他者に無理強いする権利や、他者の人生に干渉する権利は持っていない。

二つ目の自由は、社会の領域で行動する自由である。社会の様々な構成員に影響を与えることから、この自由は協議の結果、制限されることもある。社会のいずれの構成員も、妨害されることなくそれぞれの個人的目的を達成する権利を有する。ただし、この自由は、他の個人の利益あるいは社会全体の利益に対して、直接的あるいは間接的に、短期的あるいは長期的に、害をもたらすような不健全な行為を許すような社会的混沌を生じさせるべきものではない。

また「地上で害悪をなしてはならない」と彼らが言われると、「われらは改良者に他ならない」と言う。（雌牛章、2：11）

しかしながら、特別な関心事の命ずるところに従って個人の利益に制限が課されるならば、社会は汚職の蔓延、あるいは富と権力を有する者の横暴に直面することになるだろう。

そして言え、「おまえの主からの真理である」。そして、望む者には信じさせ、望む者には信仰を拒ませよ。……（洞窟章、18：29）

それ故、訓戒せよ、おまえは訓戒者に他ならない。おまえは彼らの支配者ではない。（覆い被さるもの章、88：21－22）

宗教に強制はない。既に正導は迷誤から明らかにされた。……（雌牛章、2：256）

預言者イブラーヒームの物語は、一神教信仰が持つ、直観で理解できる性質と、その目的ならびに道徳を描写する。集団生活と共同体は、人間の性質を基礎として個人の活動や自由のための枠組みを提供する。クルアーンは我々に次のように説明する。

またわれらはイブラーヒームに（ムーサーとハールーン）以前に既にその正導（見識）を授けた。そしてわれらは彼について知り尽くした者であった。彼が彼の父とその民に言った時のこと、「あなたがたが（信奉に）没頭するこれらの像は何か」。彼らは言った。「われらはわれらの祖先がそれに仕えているのを見いだしたのである」。彼は言った。「あなたがたもあなたがたの祖先も確かに明白な迷誤の中にあった」。彼らは言った。「おまえは真実をわれらの許にもたらしたのか、それともおまえは戯れる者たち（の一人）か」。彼は言った。「いや、あなたがたの主は諸天と地の主で、それらを創始し給うた御方。そして、私はそれに対する証言者たち（の一人）である」。「そしてアッラーに誓って、あなたがたが背を向けて立ち去った後、必ずや私はあなたがたの偶像に策謀をなそう」。そこで彼は彼ら（偶像）の中の巨像だけを残しそれらを粉々にした。きっと彼らがそれ（巨像）に戻ってくるだろうと。彼らは言った。「誰がわれらの神々にこのようなことをしたのか。まことにそれは不正な者たち（の一人）である」。彼らは言った。「われらはある若者が彼ら（偶像）について（悪く）言うのを聞いた。イブラーヒームと言われる（者である）」。彼らは言った。「彼を人々の目の前に連れだせ。きっと彼らは証言するであろう」。彼らは言った。「イブラーヒームよ、おまえか、このようなことをわれらの神々になしたのは」。彼は言った。「いや、それをなしたのは彼らのうちのこの巨像である。それ故彼らに尋ねよ、もし彼らが口を利けるなら」。そこで彼らは我に返り、（自分たちの間で互いに）言った。「まことにあなたがたこそ不正な者である」。それから彼らは頭からひっくり返された（元の誤謬に戻った）。「確かにおまえはこれらが口を利かないことを知っていたはずだ」。彼は言った。「それでもあなたがたはアッラーをさしおいて、あなたがたに何の益もなさず、害もなさないものに仕えるのか」。「なんと忌まわしい、あなたがたも、あなたがたの仕えるものも。あなたがたは悟らないのか」。

（預言者たち章、21：51－67）

ムスリム共同体再建にあたっての危機的な局面▽2において覚えておく必要があるのは、人間は本来、個人のみでは存在しえないということである。人々は本質的に社会的な存在だからである。別のいい方をすれば、人間は本来、共同体として存在するのである。神は人々に異なる分け前の祝福を分配した。「……一方が他方を人夫（傭夫）とするために……」（金の装飾章、43：32）とクルアーンも述べている。個人は、それぞれが所属する、より大きな集団の文脈の中でのみ自己実現を達成することができる。したがって、集団生活と共同体は、人間存在の性質に基づいて個人の活動や自由に枠組みを提供するのである。究極的には、個人の潜在能力や創造力を解放するためにどのような限度や規制が必要とされるかを決めるのは共同体である。そのようにして、個人の権利ならびに自由と、共同体が健全性とその存続を確保する権利との間の適切なバランスのために努力がなされるべきである。そのようなバランスの達成のために必要なのは、

▽2　イスラーム復興が様々な困難に直面している現代の状況のこと。

人々の利益に貢献し、害悪や暴政から守ることを目的とした、協調的で助言を与えることのできる仕組みである。クルアーンでは「また、彼らの主に応え、礼拝を遵守し、彼らの物事は彼らの間での協議であり……」(協議章、42：38)と表現されるような者に神からの永遠の報酬が与えられると約束されている。協議の目的は、個人の権利や自由を侵害することなく、全体的な社会の統制や運営のための指針を提供することである。

人々よ、おまえたちの主を畏れ身を守れ。一人からおまえたちを創り、また、そこからその配偶者を創り、両者から多くの男と女を撒き散らし給うた御方。アッラーを畏れ身を守れ。おまえたちが彼に誓って頼みごとをしあう御方。また、血縁を。まことにアッラーはおまえたちを監視し給う御方。

(女性章、4：1)

責任

神の唯一性への生まれもった直観的知覚および肯定、目的のある宇宙の性質への直感的認識、そして道徳的価値観を認知する力によって、人々は自身の能力や環境の限度内で有意義な選択をする自由を楽しみ、またその選択には責任が伴うのだという確信に、理性と直感の両面から至る。

そしてその日、誰もわずかにも不正を受けず、おまえたちがなしてきたことのほかに報いられることはない。

(ヤー・スィーン章、36：54)

……われらは、誰にもその器量以上は課さない。そしてわれらの許には真実を語る書物があり、彼らは不正を被ることはない。（信仰者たち章、23：62）

そしておまえたちがアッラーに帰され、それから、すべての魂が稼いだものを十分に返済される日を恐れ身を守れ、彼らは不正を被ることはないのである。（雌牛章、2：281）

その日、アッラーは彼らを一斉に甦らせ、彼らのなしたことについて彼らに告げ給う。アッラーはそれを数え上げ給うたが、彼らはそれを忘れていた。アッラーはあらゆることに立ち会い（証言し）給う御方。（抗弁する女章、58：6）

そしてわれらは復活（審判）の日に公正な秤を置く。それ故、誰もわずかにも不正を受けることはなく、たとえそれがカラシの種粒の重さほどであっても、われらはそれを持ちだした。清算者としてわれらは万全であった。（預言者たち章、21：47）

善事を携えてきた者、彼にはその十倍のものがある。一方、悪事を携えてきた者はそれと同じだけを報いられるのみで、彼らが不正に扱われることはない。（家畜章、6：160）

目的の存在

ここまで述べた内容から明らかなように、全ての物は目的をもっているのであり、秩序立った宇宙や創造主の唯一性という概念、また宇宙において観察される唯一性と相互補完性にもまた目的がある。神の唯一性を信じ、地球の資源ならびに我々に授かった知覚能力や知識を正しく使うことに責任を感じる人間の性向により、宇宙の性質は必然的に目的をもったものであるという確信が導かれる。周囲の世界を思慮深く考察すれば、それが単なる偶然によって生みだされたと想像することは難しい。全能で、完璧で、思慮深く、人間の理性、知識、想像をはるかに凌駕する別の次元と論理を持つ存在のはたらきなしに生みだされたと想像することは難しい。クルアーンの言葉は次のように我々に再認識させる。

それでわれはおまえたちが見るものにかけて誓おうではないか。また、おまえたちが見ないものにかけて（誓おうではないか）。（必ず実現するもの章、69：38－39）

そしてわれらは天と地とその間にあるものを戯れて（戯れとして）創造したわけではない。もしわれらが気晴らしを持とうと欲したのであれば、われらの側からそれを持ったであろう。もしわれらが（それを）なす者であれば。（預言者たち章、21：16－17）

おまえたちは、われらがおまえたちを戯れに創り、おまえたちがわれらの許に戻されることはないと考えたか。（信仰者たち章、23：115）

もし人生が、肉体を生きながらえさせ、束の間の喜びを求め歩くことにすぎず、最後には生命のない死骸となって埋められ、忘れ去られるだけのものだったとしたら、なんと残酷で瑣末なことだろうか。もしそうだとしたら、命はもはや幻想でしかなく、理性や良心、選択、責任、創造力には根本的な意味など何もない。人間――理性、道徳的責任、創造性といった能力を備え、正義や徳、「正義は力なり」の世界、つまり、真実への献身によって力が生じる世界のために奮闘努力したいという欲求を持つ存在――がそれらの能力をもたず、「力は正義なり」のジャングルの法に従って生きる動物に等しいと考えるのは、不合理かつ直感に反する。

クルアーン的世界観は人間の人生を、真剣で有意義な根源的善の冒険と捉える。さらには、現世で改革、創造、奉仕といったかたちで達成した成果は、永遠に続く精神的領域に引き継がれるものとされている。したがって、人間の命は、肉体の死を超えて永遠に続く精神的存在になり、その行ってきたこと全ての報酬を得るのである。全能の神は宣言された。

そしてアッラーにこそ諸天にあるものと地にあるものは属す。悪をなした者たちを彼らのなしたことによって報い、善をなした者を至善（最良の行い）によって報い給うのである。

（星章、53：31）

善を尽くした者には至善があり、さらに追加があり、彼らの顔を暗さや屈辱が捉えることはない。それらの者は楽園の住人であり、彼らはそこに永遠に住まう。

（ユーヌス章、10：26）

物質的レベル、精神的レベルの双方における善の追求を通して自己実現することは、本能的な願望であり、神から授かった我々の性質の一部である。反対に、悪、害、堕落を追求することは非難すべき、卑しむべきものであり、神から授かった性質が嫌悪するものである。

道徳

計り知れない精密さと英知とをもって宇宙を創造した、唯一の、全能で、比類なき創造者の存在と、人間の霊と良心の中に埋め込まれた気高い精神的価値観に対する本能的な自覚は、宇宙には神聖な起源と目的があるに違いないと我々に気づかせる。この広大かつ多次元な宇宙が単なる気まぐれで創られたはずはなく、気高い道徳的目的のために創られたことを気づかせるのである。この生まれ持った直観は、宗教的、道徳的な感覚や、幼い子どもが物心ついた時から持つようになる精神的な切望や疑問の基盤である。加えて、そのような切望はクルアーン的世界観に反映され、満たされる。そのような切望を意識の中心に持ってくることで、クルアーン的世界観は我々の直観の源泉となって我々を導く。この直観は、我々が努力する過程で、我々の知性と心を向上させ、内なる平和と幸福の恵みをもたらす。クルアーン的世界観に基づくことで、人は人生の方向性や求める運命――それが改革、建設的行動、幸福の道につながるものであれ、自己中心的、強欲、堕落、不幸をもたらすものであれ――に関する良心的で、見識と責任のある決定をより良くできるようになる。クルアーンは、後者の道を選び破滅した者たちについて我々に思いださせる。「……そしてアッラーは彼らに不正をなし給うことはなかった。だが、彼らが自分自身に不正をなしたのである」（蜘蛛章、29：40）。

まことに、諸天と地の創造と夜と昼の交替のうちには賢慮を備えた者たちへの諸々の徴がある。立ち、座り、また横たわってアッラーを念じ、諸天と地の創造について考える者たち。「われらが主よ、あなたはこれを無駄に創り給うたのではありません。称えあれ、あなたこそ超越者。それ故われらを獄火の懲罰から守り給え」。

（イムラーン家章、3：190－191）

我々の責任や道徳的義務についての自覚は、神から授かった我々の性質の分かつことのできない一部であり、これによって地球における神の代理人としての役割を遂行する資格が我々に与えられた。この自覚は、イスラーム的世界観によっていっそう強められる。それは、我々、より広い人類共同体にとって不可欠な個人、また現世で許された快楽や来世での名誉のため責任と尊厳をもって奮闘努力する個人が、本当の自己実現と精神的充足を得られるよう人生を導くものである。

人間は、個人としても共同体としても、神の代理人としての地位によって、また与えられた自由によって、名誉を与えられており、そのためにまた、宇宙において改革と進歩の主体として振る舞う責任を有している。同時に、建設的かつ倫理的なやり方で自らに必要なものを獲得し、正義、慈善、平和を求めることで自己実現を達成する。そうすることで、人間は自らの行いを神に与えられた良心に委ねることを許し、したがって「正義は力なり」を行動で示すようになる。全能なる神は宣言された。

まことに、われらは諸天と地と山々に信託を提示したが、それら（天地、山々）はそれを担うことを拒み、それに対して怯んだが、人間がそれを担った。まことに、彼は極めて不正で無知なものであった。

（部族連合章、33：72）

そしてわれらは火獄《ジャハンナム》のために多くの幽精《ジン》と人間を既に創った。彼らには心があるが、それで悟らず、彼らには目があるが、それで見ず、彼らには耳があるが、それで聞かない。それらの者は動物のようである。いや、彼らはさらに迷っている。それらの者、彼らは虚け者たちである。

（高壁章、7：179）

協議

クルアーン的世界観によると、人間は地球における神の代理人となるために創られ、地球に居住して地球を開発する使命をおびている。

……われは地に代行者をなす……

（雌牛章、2：30）

……彼はおまえたちを大地から創りだし、おまえたちをそこに住み着かせ給うた。……

（フード章、11：61）

したがって、人間は、知識の高まりに基づいて地球の資源を活用し、文化と文明を築く能力を与えられた。人間はまた、自由、選択する能力、目的をもって生きることおよび善と正直を求めることへと導く精神的・道徳的認識能力、そして創造主から受託した自らの責任についての自覚を与えられている。

魂と、それを整えたということにかけて、そしてそれに背徳と畏怖の念を吹き込んだ（ということにかけて）、それ（魂・己）を清めた者は確かに成功し、そしてそれを葬った（背徳に埋めた）者は確かに失敗した。

（太陽章、91：7－10）

それとも、われらが、信仰し、善行をなした者たちを地上で害悪をなす者たちのようにするというのか。あるいは、われらが、畏れ身を守る者たちを背徳者たちのようにするというのか。

（サード章、38：28）

管理責任の任務と使命は、個人の責任ではあるが、そもそも第一に、次世代へと受け継がれる共同体と社会の責任であることは、当然覚えておかなければならない。この事実は自由と人間の責任を非常に重要なものとする。初めに、責任には目的があり、改革と建設的発展を目指すものであって、堕落や破壊を目指すものではない。同様に、自由とは、混沌とした際限のない虚無主義の類ではない。というのも、自由は私的、主観的な信念や個人的選択を許すものではあるが、他の個人に害を及ぼし、その権利を侵害すること、また共同体が改革と発展を追求する権利を侵害することが許されてはならないからである。要するに、個人の存在と神の代理人としての責務は、共同体の存在と社会の機能から切り離せないものなのである。

結果として、個人は紛れもなく私的信念を持ち、信念に基づいて行動する権利を有しているが、これらの個人的権利が、共同体の安全、繁栄、秩序に対する権利を侵害することは許されてはならない。このことから、共同体は短期的あるいは長期的な利益、権利、発展と改革に対する志を守るために、個人の行動を規定するような法を制定する権利を有する。

……こうしてアッラーはおまえたちに彼の諸々の徴を明示し給う。きっとおまえたちは導かれるであろう。また、善に誘い、良識を命じ、悪行を禁じる一団《ウンマ》がおまえたちの中にあるようにせよ。そしてそれらの者、彼らこそは成功者である。（イムラーン家章、3：103－104）

ここに協議（al-shūrā）の重要性がある。協議とは影響力や権力のある個人の気まぐれや利益のためのものではなく、より広い共同体の構成員が参加できるように開かれたものである。協議は、全員が各自の信念に基づいて妨害や制限なく行動する正当な権利を守ること、それによって人間の存在目的を達成し、発展、改革、安全といった共通の目標に貢献することを目的として存在する。したがって、協議は、個人、共同体、人類全体の福利にとって必要不可欠なものなのである。

クルアーンにおける協議の概念と、それが管理責任にまつわる倫理的、発展的な目的との間に持つ非常に強い結びつきを注意深く考察すると、公平、尊厳、寛容の精神として実現されるであろう正しく導かれた自由の真の意味が明らかになる。

おまえたちにどんなものが授けられようと、それはただ現世の享楽である。しかしアッラーの御許にあるものは、信仰し、彼らの主に一任する者たちにとってはさらに良く、さらに長続きする。そして大罪や醜行を避け、怒った時にも赦す者たち（にとっては）。また、彼らの主に応え、礼拝を遵守し、彼らの物事は彼らの間での協議であり、われらが彼らに糧と与えたものから（善に）費やす者たち（にとっては）。また、彼らが不当な扱いをうけた時には授けを得る（自衛・反撃する）者たち（にとっては）。そして、一つの悪事の報いは、それと同様の悪事の一つである。だが、免じ、（関係を）正す者、その報酬はアッラーの上にある。まことに、彼は不正な者を愛し給わない。だが、不正の後に授けを得た（自衛した）者、そうした者には（咎める）道は課せられない。（咎める）道は、人々に不正をなし、地上での権利（正当性）もなく法を超える者たちのみに対するものである。それらの者、彼らには痛苦の懲罰がある。だが、忍耐し、赦した者、まことに、それは、（聖法の定める）物事の定めである。

（協議章、42：36－43）

したがって、協議は、健全で現実対応力のある人間の役割を達成することを目的とした仕組みであり、健全な人間の思考を刺激し、共同体に成熟した信念をもたらす道具であり、開かれたコミュニケーション、中庸、寛容を促進する手段である。このようにして協議は、邪悪な暴政、権威主義、不正、堕落から共同体を守る盾として機能する。ムスリム共同体は、クルアーン的世界観――協議とそれが育む成熟、倫理、価値観――と自らの利益に対する自覚、自ら重要な決定を下す正当な権利を持っているのであるから、権力の座にある者に対して正当な権利を主張することができ、彼らに指示し監督する力を発揮することができるべきであり、決してその逆になってはならない。そうでなければ、権力者が市民を監督し統制するようになる。民衆を無能で無知であるかのように扱うことで、指導者は自身や自身の信奉者の利益のために民衆から搾取するかもしれない。そうなると、権力と富が独占され、政府や社会における能力、創造力、成長、建設的競争といったあらゆる面で壊滅が起こる。このため、自由と協議（あるいはそれらの欠如）は文明の繁栄と没落において重大な役割を果たすのである。

人類文明が存続する必要条件としての自由と協議

権威主義や不正、汚職が、自由と協議の実践と相容れないことはいうまでもない。もしそのような害悪が社会構造を損なっているとすれば、その社会は真に自由で、協議に基づいているとはいえない。真の自由と開かれた議論の実践を通して思考と構想を成熟させた自由な民衆の社会は、決して暴政や不正、汚職によって損なわれることはない。そのような害悪が芽生え成長するのは無知と欺瞞の闇の中でだけだからである。結局、人々があらゆるレベルにおいて自由でかつ開かれたコミュニケーションができる状態にあれば、全員を恒常的に誤った方向に導くのは不可能なのである。したがって、公正は自由と協議の恩恵であり、自由と協議は公正なしに成り立たない。

ムスリム共同体が文化的生命力の復興と回復の時期を迎えるにあたり、十分に認識しなければならないのは、自由と協議と、文明の存亡とが相互補完の関係にあるということである。同様に、ムスリム思想家、指導者、改革者たちが、どのようにして直面する現実に対処でき、どのようにしてムスリム共同体のあるべき立ち位置、使命、そして人類文明の進歩における特別な地位を取り戻せるように修復できるかについて理解する必要がある。

暴政と堕落という名の癌が文明の考え方と社会システムを侵食し始め、経済・社会構造は蝕まれ、権力や資源、富を独占するある種の寄生階級がのさばり、それが文明全体を崩壊させる域にまで達すると、今度はその残骸の中から生まれた新しい先駆的な文明の勃興に道を譲る。新生の文明は先行した文明——暴政と汚職の支配下にあったために硬化した文明——が気づき、活かすことのできなかった文化的、発展的な可能性と機会を持つことができる。このようにして、若く、新興の国家は、瀕死の文明が到達することはもちろん、気づくことすらできなかった、新しく、より広範な科学的・文化的地平を目指して進むことができるのである。

この種の文化の硬化と無気力は、圧制と暴政が国家の生命維持システムより優勢になった時に始まる。これが起こると、ファラオのような政治組織が国家の思想家や知識人を意のままにし、彼らを歪んだ世界観で人々を欺くことで現体制を正当化する御用学者にしてしまう。そうして大衆の意思を支配体制に従ったものに誘導する。世俗的な者であれ宗教的な者であれ、こうして知識階級は君臨する新しいファラオの道具と化すのである。

おまえは見なかったのか、おまえの主がアード（族）に対しどうなされたかを、（つまり）柱（高い石柱の建物）のあるイラムに（対し）、その（アード族の）ようなものはこの国にかつて創られたことがなかったところの（彼らに対し）、また、谷間の岩を切り削っ（て家屋とし）たサムード（族）に（対し）、そして、杭（拷問用の）を持ったフィルアウンに（対しおまえの主がどうなされたかを見なかったか）。彼らはその国において無法に振舞った。そして、彼らはそこで荒廃を多くなした。そこで、彼らの上にはおまえの主が懲罰の鞭を浴びせ給うた。まことに、おまえの主は監視所におわします（全てを監視し給う）。

（暁章、89：6－14）

彼らは地上を旅し、そうして彼ら以前の者たちの末路がどのようなものであったかをよく見なかったのか。アッラーは彼らに対し（彼ら自身や家族・財産を）壊滅させ給うた。そして、不信仰者たちにはそれと同様のもの（末路）がある。

（ムハンマド章、47：10）

今日の人類文明は物質主義と人種差別主義（悪を唆す魂）の優位、偽りの民主主義とその主張、虚無的な無秩序のための見せかけでしかないいわゆる自由、人々を誤った方向へ誘導するメディアの論者、有力者や富裕層にコントロールされたインチキな学術に苦しんでいる。精神的なイスラーム文明が改めて誕生しない限り、これらの現象は――それらがもたらす独占、不正、無知、貧困化、浪費、行き過ぎた行為、破壊とともに――人類を破滅へと駆り立てる運命にある。

優れた知性は、貧しく抑圧された国々を犠牲としてそこから持ちだされ、一世紀以上もの間、先進諸国に一時的な若々しい活力を与えてきたが、[▽3] 現代の物質文明をその思想と世界観に見られる歪みと嘘から救いだすことはできないであろう。発展した物質社会は、自らのわがままの影響、政治・社会・経済システムの非柔軟性、汚職、階級・人種差別、人々と社会システムにおけるモラルの悪化から逃れようと試みる中で、他国の物質的・人的資源を略奪してきた。この洗練された略奪の代償は、もちろん、より弱く、より発展していない国々が有する最も進んだ知性、物質的・人的資源、そして尊厳（の喪失）というかたちで支払われた。

現代の物質社会を苦しめるこの病の深刻化は、彼らがより貧しい国から流入する人々を、たとえ優秀な人材であろうとも、妬み始めた事実に見てとれる。その理由は、科学とテクノロジーの富（知的・技術・産業・銀行・金融資産）の時代の封建領主（独占者）によってコントロールされる多国籍企業（新たなファラオ）と資本主義的な銀行メカニズムが――グローバル化のおかげで――その影響を地球全体に広めたことにある。このようにして彼らは、より弱く、恵まれない人々が、先進技術の知識を習得し彼らの秘密を入手することができないようにしておきながら、彼らを「封建」領主に仕える奴隷あるいは「農奴」にすることができた。このプロセスは、世界中で蔓延する不正、搾取、政治的・社会的・経済的対立によって証拠づけられている。実際、現在の状況は中世の農業経済を排他的制御で独占した封建領主による統治よりもはるかに酷いものである。

資本主義的・技術的独占の効果は発展途上国や抑圧された国家にとどまらず、重労働・低賃金の職業のアウトソーシングが貧困国にまで拡大した結果、先進国の人々にまで貧困と失業の問題は広まった。このようにして一般大衆の多くと、技術・資本・知識を独占する階級に代表される封建的（独占的）少数者との間の溝はますます広がるのである。このことが意味するのは、社会の硬直化と、経済的・社会的・政治

▽3　途上国の優秀な若者が先進国に留学、移住したまま帰ってこない、いわゆる頭脳流出のこと。

的困難は、悪化し続けながら世界全体に広がるだろうということである。実際、これは既に起こっていることであり、人類文明が完全崩壊するかもしれない脅威を与えている。したがって、改革者はクルアーン的世界観――ならびに人類文明全体――の再興を通してムスリム共同体を救出し再興する事業に真剣に取り組む必要がある。さもなければ、暗い未来が我々を待ち受けるであろう。

現在の疑問は、ムスリム共同体の思想家や改革者が文化的進歩の活力を理解することは可能であるか、そしてその際、共同体を化石化と後進性の淵から救いだし、共同体の構成員が確信に満ちて生き生きとしたイスラーム的善良さと前進の理想を取り戻す手助けをすることは可能かということである。

ムスリム共同体が、環境的な背景と文化的洗練の欠如といった歴史的理由から、過去、特に預言者が亡くなって間もなくの基礎を形成するべき時期に、制度の重要性に気がつくことができなかったのは不幸なことである。直面する危機的な環境により、ムスリム共同体は周囲を取り囲む帝国の狭間にあって、敵対と攻撃に上手く対処することができず、▽4 またそのような困難の中で制度が果たしえたかもしれない重大な役割を発見するのに十分な時間もなかった。しかしながら、今日、もし我々が我々自身と人類の共同体全体の役に立ちたいと真に願うなら、可能な限りの最高の制度を構築することに失敗した場合、言い訳はできない。クルアーンは我々に以下のように気づかせる。

……もしアッラーが人々を相互に抑制させ給わなければ、大地は荒廃したであろう。だが、アッラーは諸世界への御恵みの持ち主。（雌牛章、2：251）

アッラーは、おまえたちのうち、信仰し、善行をなした者たちに、必ずや彼らにこの地で後を継がせると約束し給うた。ちょうど彼が彼ら以前の者たちに後を継がせ給うたようにである。また、彼が彼らのために是認し給うた彼らの宗教を彼らに確立させ、彼らの恐怖の後に代わりに彼らに安全を授け給うと。彼らはわれに仕え、われになにものをも並び置かない。……

（御光章、24：55）

ある地域のムスリム諸国は突如として途方もない富に恵まれた――天然資源という神の倉庫から突然彼らに富が降り注がれた。そのような国家――概して統治者が裏切り者で、無能で、堕落し、圧制的で、強欲――は、戦略的地位を占有し、その結果、援助を見返りとして暗黙の義務を負わせる外国勢力との提携に自ら進んで引き入れられた。したがって、現在そのようなムスリム諸国によって所持されている富は、実はムスリム共同体が再生の道を進もうとする構想を妨害する脅威となっている。このような状況を鑑みるに、我々は、十八世紀後半のトルコにおけるオスマン朝の改革の試み▽5、エジプトにおけるムハンマド・アリーの改革▽6の努力、アラビア半島、インド、北アフリカ、その他のイスラーム世界での度重なる改革運動で現れ始めていた再生の前兆を効果的に排除してしまった反動の現代版に直面しているのかもしれない。そのような金銭や天然の富、またいうまでもなく対外投資と配当によってもたらされる胡散臭い利益をめぐる対立は、ナルシシズム、硬直、暴政、汚職、浪費の源になっている。そのような現象は、権力と富の

▽4　正統カリフ時代を通してササン朝ペルシアや東ローマ帝国との軍事的対決が続いていたことを指す。
▽5　西暦一七九三年にヨーロッパの軍制を取り入れた新陸軍が創設されたが、反対にあい、失敗した。

独占を永続させ、建設的で健全な競争、発展、自発性、創造性を排除することにつながる。代わりに見られるのは、疲弊した生気のない社会構造の中にはっきりと見てとれる無知、受動性、卑屈、貧困、後進性であり、そこでは構想、思考、教育はもちろん、潜在能力が発育を阻害され、制度は腐敗し無力である。

もしムスリムの思想家や改革者、教育者らが、このようなことが発生する可能性に注意していなければ、ムスリム共同体の目覚めの最初の兆候は、花開き実を結ぶ機会を得る前に、その芽を摘み取られてしまう危険がある。ムスリム共同体をさらなる悲惨から救い、文化的・精神的遺産に対する正当な権利を主張する機会を獲得し、同時に人類文明全体の軌道を正すための適切な行動はとられるのであろうか。我々はクルアーン的世界観と、それが我々にもたらす全ての恵みを取り戻すのであろうか。我々の思考や、論議、教育方法の中にある歪みを排除しうるのだろうか。イスラーム的世界観本来の価値観、原則、信条を守ることができるような制度を構築できるのであろうか。我々自身を尊重し、我々の自由を守り、学習、知識、公正、協議、結束、安全、平和を促進する制度を、信仰する共同体の生命として、現代文明の根本として構築することができるのであろうか。

思想家、改革者、教育者らの真摯な努力――そして子どもたちのための母親と父親の心からの思いやりと献身――を考慮すれば、ムスリム共同体は、障害に直面しながらも、これらの目標を達成するのに必要なものを全て有している。現代の「ファラオ」が振るう影響力と権力、今日の「予言者」のでたらめな言葉、彼らの信奉者の喧騒にもかかわらず、結局子どもたちの心を勝ち取るのは、正しい決意と理想をもった親だからである。代理人としての役割に我々が完全に適任であるためには、宇宙とそれを支配する法についての包括的な理解に励まなければならない。そのうえで、我々は、改革、発展、そして人類の必要を満たし、正当な欲求を満たし、創造的な潜在能力を最大限に発展させるための人的・物質的資源の責任ある活用に献身することを通して、神から与えられた管理責任の恩恵を受けることができる。

法治の原則と科学を伴った包括性

神は、決断し行動する能力、またそれに伴って責任と義務のある代理人として仕える能力を与えることで人間に栄誉を授けた。さらに神は、神の唯一性と統一性、宇宙の相互補完性、目的、道徳の原則を認識する能力、知識を探求する本能的欲求、そして創造された世界を発展させ、その資源を我々の自己実現や基本的必要の満足、個人的切望と創造的衝動を表現することなどに活用する性質を我々に与えた。これら全ての過程において、我々は神から授かった贈り物である理性を用いて、地球の恵みを最も良識的に活用することが求められている。これらの真実は数世紀前に、傑出した裁判官かつ法学者であるイブン・ハルドゥーン（西暦一四〇六年没）によって認識され、記録されている。彼は体系的、因果論的、科学的な調査と、社会科学における体系的・因果論的方法論の確立に貢献した。

啓示とその中で具体的に示された様々な信託が、真に啓示として認知され、人間の知識に取り入れられるためには、使徒の言説と信託は、第一に、人間の理性という秤によって量られ、確かな論理という基準によって測られなければならない。[6]

▽6　ムハンマド・アリー（西暦一七六九～一八四九年）はオスマン朝のエジプト総督であったが、自立し、ヨーロッパに倣った統治制度を導入し産業の振興を図った。

これに関連して、因果関係と管理責任は不可分なものであることを覚えておくことが重要である。因果関係なしには生命は混沌に陥り、責任ある行動や責任の原則はなくなってしまうであろう。神の代理人としての仕事には、一神教、目的意識、道徳の原則に基づいた行動をとるための責任と能力を伴う意志を持つことが含まれる。対照的に、因果関係の否定は、生命の真実を否定することである。それは人間が意識的に行動し、万物を意識的に活用する能力の否認であり、宇宙の起源の否認だからである。水なしに作物や家畜はなく、受精や受粉なしに花や果実はなく、空気と呼吸する能力なしに人も獣も生きることはできないという事実は誰もが認めるところである。同様に、思考と行動なしに、生産性や発展はない。したがって、神から授かった地球の管理責任は、人間の生命における因果関係の認識なしには不可能である。全能なる神は言われた。

……おまえの顔を、ひたむきにこの宗教に直面せしめよ。彼（アッラー）が人々に造り給うたアッラーの本性を（遵守せよ）。アッラーの創造に変更はない。それこそ正しい宗教である。だが、人々の大半は知らない。

（（東）ローマ章、30：30）

……「われらの主は、あらゆるものにその創造を付与し、導き給うた御方であらせられる」。

（ター・ハー章、20：50）

啓示（書かれたもの）、人間性と宇宙の法則（観測されるもの）、理性（秤あるいは物差し）の間の関係を適切に理解することによって明らかになることであるが、人間性と宇宙の法則は啓示の主題であり、一方、理性と論理は啓示が我々に示した導きを理解する手段である。したがって、理性を適切に用いることを通して、我々は我々自身や、仲間である他の人々、神によって創られた宇宙のパターンと法則に対して、最も相応しく建設的な方法で関わることができる。

もし、ムスリムの考え方がギリシア思想（およびその神話、虚構、グノーシス主義的、神秘主義的な空想の飛躍）の影響によって道を踏み外していなければ、社会科学を最初に発見したのはムスリムであったであろう。結局、ムスリムこそ――クルアーンに示された、時代を超越し、啓蒙的な、科学的世界観によって――様々な社会・物理・工学の科学を習得するのに最も抜きん出て適した者なのである。法治的な視点と、包括的・科学的方法論を早期に採用したことで、彼らはこれらあらゆる分野において、実質的にどの国よりも先を行くことができたのである。

今日のイスラーム的思考と文化の進路を正すためには、自分たち自身と宇宙を包括的・科学的視点から捉える神から与えられた能力を、ムスリム思想家や改革者が取り戻すことが必要となるであろう。そうすることで初めて、ムスリム共同体は、文化、教育、子育て、教育制度、教育従事者・指導者をクルアーン的世界観の堅固な土台に基づいたものにする改革に着手することができる。この改革の目標は、人類の様々な分野の知識と人生のあらゆる領域に関するイスラームの理解を統一することであり、その際に人間の確かな直感や、神により創られた宇宙のパターンと法則に注意を払う必要がある。この改革は、様々な学術専門分野の教育課程をクルアーンに基づくイスラーム的世界観に沿ったものへと改変していくであろう。そのような二つの段階を通して、若いムスリムたちの知性と心に、社会全体の幸福に貢献する有益で建設的な目標と大志を育むような、包括的な視点を持てるような教育へと前進することができる。

本来のイスラーム的世界観は、地に足がついた、包括的で、法に支配され、確信的で、規律あるものである。しかし、残念なことに、ムスリムの間で優勢な、「イスラーム的」と誤って称される世界観は、机上の空論、些末なことにこだわり、受動的、都合の良いように選好されるものである。その目的は、見せかけばかりが聖職者のような人々による知識の歪み、そして研究と分析における包括的、客観的、科学的な方法論を習得する力の欠如という事実を正当化し隠蔽することである。この種の偽イスラーム的立場は、伝統にこだわり、イスラーム的根拠の乏しい文献を掲げて、論争し、選り好みする態度にも見てとれる。こういった行いをする者たちは、自らの無能さと頑固さを隠し、一般大衆を黙らせるために、過去の美化された、しかし事実かどうかは疑わしい神聖な伝統へと逃避したいのである。しかし、その結果、ムスリム共同体は、学者の大半はある領域に住み、また知識人の大半は別の領域に、一般人の大半——彼らの多くは孤立し、疎外され、無知で、惑わされ、階級全体が迷信の被害者である——はまた別の領域に、というようにバラバラになってしまった。[7]

人間の決断は、知識や合理的な理解によってだけでなく、心と感情によっても影響される。後者は、個人の教育や育てられ方といった要因に大きく影響を受ける心理的、精神的な側面のことである。さらには、個人が活力をもって能力を発揮し、選択を行う際の決定力となっているのも、この人間の非理知的な側面である。結局のところ、この非理知的な側面こそ、人が進む方向を決定する傾向を有するのである。神は言われる。

そしてもし真理が彼らの欲望に従ったなら、諸天と地とそこにいる者たちは荒廃したであろう。……

（信仰者たち章、23：71）

ダーウードよ、われらはおまえを地上の代理者とした。それ故、人々の間を真実をもって裁き、欲望に従ってはならない。そしてそれはおまえをアッラーの道から迷わすであろう。……

（サード章、38：26）

したがって、知識の知的側面への関心だけでは――つまり、心理的、精神的、感情的な側面への考慮しには――人間が、神から授かった責任を負う準備をし、能力を効果的に活用するには不十分である。人が行動を起こすには、知識だけでなく、むしろ持っている知識に対する意志や感情の反応が必要だからである。

改革運動が、ムスリム大衆を復興させ、ムスリム共同体の社会構造の欠陥に効果的に対処することに大きく失敗したのは、彼らの教育法が、学校においても家庭においても、成熟し完成した心と良心を育むようなムスリム市民の性格を育まなかったからである。神は言われる。

▽7　伝統を固守するウラマー、科学的方法を身につけた知識人、陰謀論のような迷信にすがる大衆が、それぞれムスリム社会で個別の言論空間を形成しており、知識体系を共有していない状況のこと。

彼らは地上を旅しなかったのか。そうすれば、彼らがそれによって考えるところの心、あるいは彼らがそれによって聞くところの耳ができたであろうに。まことにそれは視覚が盲いているのではなく、胸にある心が盲いているのである。

（大巡礼章、22：46）

それで彼らはクルアーンを熟考しないのか。それとも、心の上にその（心の）錠がかかっているのか。

（ムハンマド章、47：24）

断じて（作り話ではない）、いや、彼らが稼いだもの（悪事）が彼らの心を錆びさせたのである。

（量りをごまかす者たち章、83：14）

……アッラーは不信仰者たちの心を封じ給う。

（高壁章、7：101）

……アッラーは高慢で暴虐な者の心をすっかり封じ給う。

（赦す御方章、40：35）

……それ故、わが僕たちに吉報を伝えよ。御言葉を傾聴し、その最善のものに従う者たち、それらの者はアッラーが導き給うた者である。それらの者、彼らこそ賢慮を備えた者たちである。

（集団章、39：17－18）

したがって、ムスリム共同体がクルアーン的世界観を回復し、正統なイスラーム的思考の体系を再建するためには、啓示とともに人間の健全な直観や宇宙の法則、時と場所の現実がイスラームの知識の源泉であることを認識する必要がある。直観や宇宙の法則、現実は観測可能な事実であり、啓示はこれらの事実を正しく表現するものである。つまり、観測される事実を意識の中心に置き、そうすることで神から授かった自由によって我々は直観を活かして選択を行うのである。感覚は、人間の思考を測る理性の道具としてはたらく。論理ならびに理性と常識に基づき、我々は観測と比較を行い、世界についての判断を形成する。そうすることで、これらの判断は、良心や感情、人生経験の蓄積との相互作用によって、人間のあらゆる行動の動機である意志を動かす。▼8 意志は選択と決定を行うが、公正、正義、地球の改革を追求することもあれば、人を真実と善の道から遠ざける、わがままな気まぐれや、攻撃的、利己的な目的を満たすことを追求することもある。したがって、改革の努力が実を結ぶためには、子どもたちが学校で受ける教育を心配するだけでは不十分である。子どもたちの心理形成の基礎を構成するのは家庭における子育てであり、我々は彼らが家庭で受ける教育についても等しく考慮する必要がある。このように、子どもが一生持ち続ける基本的な性格、特性を形成することで、人の心、良心、感情に消えることのない跡を残す教育は、人生における最も重要な要素の一つである。具体的な状況に対し、客観的な知識の蓄えを用いて選択し、方向を決めるのは、まさにこの性格と特性である。結果として、正しいことを知っていながら行わない者、反対に、間違っていることを知っていながらもしてしまう者がいる。同様に、手を打たなければ悲惨なことになる深刻な状況から判断して、平常心を失うのが当然な時に、平然として動じない者がいるかもしれない。その一方で、同じ者が、行動の成り行きを考えれば、冷静になって自制しておくのが賢明な状況で、短気を起こし、過激な手段をとるかもしれない。

したがって、個人としても社会としても、ムスリムが自らと未来の世代についての考え方で壊れているところを直すことは必要不可欠である。これは、教育方法、子育ての方法、子どもの感情的欲求への対応を改革することを伴う。この方法によってのみ、愛、相互理解、健康的な習慣形成、内なる信念、勇気、自信、尊厳を礎にした共同体の未来を築くことができる。これらの過程の前提条件として、また結果として、クルアーン的世界観——つまり、健全な精神的成長と知識の基礎——が再興され、育まれなければならない。その結果、ムスリム共同体は、教義面では信条の純粋さ、有益で建設的な展望、初期のムスリム世代を特徴づけた道徳的清廉さを取り戻し、それにより、正しいムスリムの精神性と、良心的で正当な行動の礎を築くことができるであろう。

グローバル化

グローバル化とは、人類の様々な発展段階が統一されることであり、共通項と所属——つまり、個人から家族へ、親戚から隣人へ、氏族や部族から国民、民族へ——が重なりあう複数の円が形成されていき、ついには大本の共通項、人類という円になる段階の現象のことである。グローバル化は、成熟する人類文明と成熟する科学力という双子の兄弟である。そのような成熟によって、既に時間的、地理的な障壁の多くは消え去った。グローバル化の現象が引き起こすのは、他者を兄弟姉妹とする言説に他ならないからである。結局、普遍主義の出現に貢献した、世界全体での法治的かつ科学的な価値観に迷信や妄想の余地がないように、グローバル化の世界に人種差別や地域性に基づく偏狭の余地はないのである。

イスラーム以前の全ての宗教は、原始的で、互いに隔絶された特定の民族への神からの信託だった。さらに、これらの宗教が特定の民族に広められるために用いられた手段は、奇跡によるところが大きかった。現在まで残る古代の宗教――たとえば、ヒンドゥー教（インドの人々の間で生じた）、儒教（中国の人々の間で始まった）、神道（日本土着の宗教）、ユダヤ教（イスラエルの人々の間で生じた）等――の中には、奇跡と超自然を重要視する発想を見ることができる。実際、預言者イーサー〔イエス〕も、使徒として「迷える羊」であるイスラエルの人々のもとへとやってきた時は奇跡を起こした。

一方、イスラームは、世界中の全ての人々、アーダムの全ての子孫たちに向けられた信託として現れた。結果として、イスラームは全人類に向けられ、宇宙とそこに存在する人間についての法治的かつ科学的な理解を伴い、人々へと伝えられた。その信託は本の形式をとり（「読め！」と天使ジブリールは預言者ムハンマドに言った）、公正と平和を目的としていた。公正なしには平和もグローバル化もありえないからである。反対に、公正、知識、普遍主義、平和があるところに詐欺、偏見、悪行、侵害はなく、他者に対して同胞愛、自由、公平、思いやり、安全、平和の環境の中で正しく行動することが求められるのである。したがって、グローバル化と平和は、覇権、搾取とは区別されるということが理解されるべきである。

一般的にグローバル化は新しいものだと信じられている。しかし、経済学と近代経済の歴史を学んだ者であれば、グローバル化が古いボトルに新しいラベルを付けて出されただけの古くて陳腐な飲み物に他ならないことに気づくであろう。現実には、グローバル化は、単に世界で独占的に経済を動かす植民地主義者や搾取――つまり、思うが儘の富で既に武装し、さらなる悪行、不正、搾取を行うために、弱く持たざる者を犠牲にして、時間的、地理的な障壁を多用する者たち――でしかない。

この形態のグローバル化は、既存のグローバルな覇権国を利する経済搾取のうえに成長する。新植民地主義国家は、経済的自由の口実のもと（同時に自らの経済を守るための貿易障壁を築きながら）、弱小国を打ち負かし、物質的・人的資源を、軍事的・経済的・文化的覇権によって略奪することに乗りだした。その結果、征服された人々や国々は、支配的な新植民地主義国のための、原材料や安価な労働力の供給源、都合の良い市場でしかなくなる。

もし新植民地主義国の産業が他国との競合でより強かった場合、彼らは「経済的自由」の福音を説き、影響下にある国々が市場を開放するよう促し、自らの製品で溢れさせることで搾取できるようにする。一方、もし支配的な国家が、自国の産業が外国との競合で比較して弱い位置にあると分かった場合、世界経済における自らの支配的な地位を維持するため、「経済保護」のカードを用い、競合に際して、自国と衛星国の市場を閉じようと画策するであろう。ヨーロッパの植民地主義帝国の間で起こった対立、特に大英帝国の歴史を概観すれば、腐敗した野心を追い求める中でそれらの帝国が採用した搾取政策のかたちが浮き彫りになる。

今日のグローバル化は、超大国にとっての経済的自由、つまり、超大国がさらなる搾取、支配、独占を行う道を開くためと思われる隠れた動機のための要求に等しいものである。しかしながら現在、これらの過程は、過去に起こったものよりずっと広範に、より不吉な規模で起こっている。宇宙時代の電子機器、衛星通信、大量の軍事的・経済的手段を最大限活用することが可能になったことで、――世界中がそのような現代テクノロジーの力にますます夢中になっていることはいうまでもなく――超大国は、弱い国家の文化・経済領域に非常に首尾よく楽々と侵略し、恵まれない人々を娯楽で痴呆にし、強迫観念的な消費、社会的・道徳的混沌へと誘い込むことで利益を得てきた。

今日の経済超大国は「経済的自由」を要求する時でさえ、自らの弱い産業と製品を「保護」することを主張する。いわゆる「自由」を要求しながらも、裏では必要な「保護」と特例を保証することを互いに交渉しているのである。しかし同時に、彼らは弱い国家が自国の脆弱な経済を保護する手段をとることを決して許さない。このように、経済超大国は、無防備な人々の資産や資源を略奪し独占する、既に試された計画を用いて、恵まれない国家の資源、富、市場を、腐敗した搾取カルテルや多国籍企業の思い通りにすることを確実にした。

ここで明らかにするべきなのは、グローバル化推進派の主張とグローバル化が同じものではなく、反対に、対極にあるということである。グローバル化は、コミュニケーション、個人や社会の間の平和、同胞愛、思いやり、利益と資源の公平な分配をもたらす。対照的に、グローバル化推進派は、根拠のない自信、覇権、操作、搾取、貪欲、あらゆる種類――文化的、経済的、軍事的であれ――の世界的対立、また帝国主義的、独占主義的、不公平な「グローバルな」体制から生じ、また、それらをもたらすものである。

情報通信技術の発展――つまり、かつて世界の人々を隔て、地上、海上、空、宇宙での物理的、電子的、有線および無線でのグローバルな利益交換を妨げていた時間的、地理的な障壁をますます崩壊させたもの――とともに、預言者ムハンマドを通してもたらされた信託に端を発するグローバルで科学的な人類発展の段階は、世界の人々を一つのグローバル共同体へと近づけた。さらに、かつて夢物語にすぎないと思われていた単一のグローバル共同体と政府は、今日起こっているグローバル化を志向する運動によってより現実的なものとなった。

思想家や改革者たちは、真に人道的なグローバル化に向けた現在の運動が、失敗すれば、人類にとって痛ましいどころか破滅的な損失となり、成功すれば、長年の夢を実現することになる、非常に重要性をもった試みであるという事実に気づく必要がある。それは他でもなく、人間が地球における神の代理人、つまり、同胞愛、公正、平和、繁栄に基づいた生命として創られた目的を達成することになるであろう。

世界の国々と人々の間でのコミュニケーションや共通認識、利益共有は、人類の起源と利益の共通性や神から授かった純粋な性向を反映した、一つの人類共同体の形成を推進するだろう。一つの人類共同体は、本来、社会の構成員の間に平和的な関係をもたらすような一つの政治的秩序と協調的な共通の価値観を基礎とする。そのような状況では、個人は法のもとにある。社会の秩序に反抗し他者の権利を侵害する者を、統治者が制御することを求められるような場合を除いては、力や暴力に基づいた関係は否認される。国際連合などの国際機関の存在は、欠陥や失敗があるものの、人道的・協調的世界秩序の樹立に向けた一つの前段階である。

ここで重大な疑問となるのは、この一つの〔人類共同体という〕社会、秩序、政府は、物質主義的、人種差別的で、搾取を行う資本主義に支配されている現代世界をグローバル化する力によって形成されうるのかということである。人類共同体が強者が弱者を支配する秩序、力こそ正義なりの秩序によって形成されるのであろうか。つまり、人類は自らを「創造的」混沌、醜悪な偏見、力と富の独占というジャングルの中に見いだすのであろうか。いつの間にか再び、破滅的な争いの極み――つまり、私利のための戦いにせよ、抵抗運動にせよ、テロリズムにせよ、世界中での終わりなき革命と戦争というかたちで現れ始めた、物質主義を信奉する現代のファラオや偽預言者による暴政、覇権、搾取の結果――へと陥ることになるのであろうか。

　別の選択肢となるのが、同胞愛、公正、協力、団結、安全、平和、責任ある建設的な自由の行使という原則を基礎としたグローバルな共同体、秩序、政府の樹立である。この種の自由は、個人と社会、両者の権利と利益を守り、その制限は社会の全ての成員による協議の過程を通して決定される（「……まことに、アッラーの御許でおまえたちのうち最も高貴な者は最も畏れ身を守る者である。……」部屋章、49：13）。このことが意味するのは、要するに、ムスリム共同体には、人類の抜本的統一を出発点とした考え方に基づいた構想や基本原則、協議システムを取り戻す責任があるということである。（世界の）人々の経験領域は重なりあう円であるという観点から見れば、人類の多様性は、個人と共同体双方のレベルで肯定される。これこそ、クルアーン的世界観と神から人類にもたらされた最後の信託の本質なのである。

　ムスリム共同体を、食い物にされている状態、歪曲と嘘から救い、ムスリム共同体の胎内に宿った科学的、包含的な考え方を持つグローバル社会のモデルを創りだすことによって、改革は始められなければならない。このモデルは、現在のムスリムと全人類のために、乗り越えるべき課題、また希望の光として、預言者の時代に初めて確立された。全能なる神は言われた。


それ（クルアーン）は諸世界への訓戒にほかならず、（つまり）おまえたちのうち真っすぐ立ちたいと望んだ者への（訓戒にほかならない）。

（巻き上げ章、81：27－28）


おまえの主の道へと英知と良い訓告をもって呼び招け。そして、彼らとはより良いものをもって議論せよ。……

（蜜蜂章、16：125）

人々よ、おまえたちの主を畏れ身を守れ。一人からおまえたちを創り、また、そこからその配偶者を創り、両者から多くの男と女を撒き散らし給うた御方。アッラーを畏れ身を守れ。おまえたちが彼に誓って頼みごとをしあう御方。また、血縁を。まことにアッラーはおまえたちを監視し給う御方。

（女性章、4：1）

平和

平和と慈愛の源泉として、全能なる神は我々にクルアーン的世界観を授け、公正の原則を適用し、人類の統一を実現するための導きとした。既に述べたように、平和は、人類が統一性の中の多様性、多様性の中の統一性からなるという事実に基づいている。いい換えれば、人類は、個人から始まって全人類へと外側に広がっていく重なりあう円として現れるような、多様な存在である。

……アッラーがあなたに対して至善をなし給うたように、あなたも（人々に）最善を尽くし、この地で害悪を求めるな。まことに、アッラーは害悪をなす者を愛し給わない。

（物語章、28：77）

……そして互いに善行と畏怖のために助けあい、罪と無法のために助けあってはならない。……

（食卓章、5：2）

彼はアッラー、彼のほかに神はいない御方。王なる御方、聖なる御方、平安なる御方……

（追い集め章、59：23）

……アッラーは平和の館（楽園）に呼び招き、御望みの者をまっすぐな道に導き給う。

（ユーヌス章、10：25）

そしてもし彼らが和平に傾いたなら、おまえたちもそれに傾き、アッラーに一任せよ。まことに彼はよく聞きよく知り給う御方。

（戦利品章、8：61）

信仰する者たちよ、完全に服従（平和）に入り……

（雌牛章、2：208）

これらのクルアーンからの抜粋は、イスラーム思想の中で最も重要な原則であり、さらに綿密に分析することで、健全な正しい社会を築くことを目的とした、イスラームの科学的方法の詳細を明らかにする原則と基準をもたらすことができるであろう。

改革と建設

生活に必要なものを獲得しようと努力することは、神から授かった人間の本性の一部である。しかし、生活や生存のための努力の過程では、それに対抗する反対の力が存在する。一つは、必要があれば他者を餌食にして、力で必要なものを獲得する、動物的な性向である。結局のところ、悪を唆す自我は要求に応じていつでも力や暴力、不正、攻撃に訴える準備ができている。一方で、我々の中に健全で利他的な力があり、それは正しいことに対する精神的な配慮や感覚となって現れ、真実や公正さ、思いやりといった価値観に沿った行動へと個人を動かす。そのことは、次のクルアーンの言葉から想起されるであろう。

さて、無法に振る舞った者については、そして現世を優先した（者については）、焦熱地獄、それが住み処である。一方、己の立ち処を恐れ、自我に欲望を禁じた者については、楽園、それが住み処である。

（引き抜く者たち章、79：37‐41）

ハーリド・イブン・ミーダーンによると、アッラーの使徒は言われた。「人が食べることのできる最高の食べ物は、額に汗して稼いだものである。本当に、預言者ダーウード（彼の上に平安あれ）は自らの分を稼ぎました」[9]。同様に、アーイシャは言われた。「アッラーの使徒が最も満足された仕事は、人が耐え忍んだ仕事でした」[10]〔ハディース集〕。『アル＝アウサト』の中でアッ＝タバラーニーが伝えるところによると、預言者は言われた。「仕事に取り組むのであれば、アッラーはあなたが全力を尽くすことを求められる」。また、こうも言われた。「人間はアッラーにとって家族のようなものである。であるから、アッラーに最も愛されるのは、家族にとって最良の者である」[11]。これと同様のことを預言者は以下のように述べられた。

アッラーに最も愛される者は、他者を最も助ける者であり、神に最も愛される仕事は、ムスリムの心に喜びをもたらすこと、彼の苦痛を取り除くこと、（ある者が義務を果たす前に死んでしまっている場合には）彼に代わっていくつかの信仰の義務を果たすこと、あるいは彼が飢えに苦しむことを防ぐことである……。▼12

アナス・イブン・マーリクが伝えるところによると、アッラーの使徒はかつてこう言われた。「もし審判の日が差し迫っている時に、あなたがたの一人がヤシの苗木を手に持っていて、その時が来る前にそれを植えられるのであれば、そうさせなさい」。▼13

神から授かった人間の能力は、存在の目的と倫理の核心、また宇宙秩序とそれを生じさせた創造主との間のつながりを知覚し、地球における神の代理人としての我々の役割の全体的な特徴を自覚させる。この同じ能力が、建設的に思いやりをもって地球資源を使う義務を含む、選択の自由を善用する責任を人々に気づかせ、一方で堕落や不正、侵害の力を寄せ付けなくする。

神の啓示は、神から授かった我々の人間性を反映し、また道徳の重要性、良心、生命の神秘と法の理解を肯定する。それは同様に、地球を創造的に発展させる、神から授かった我々の能力を肯定し、それによって、優れた建設的な仕事の価値、また我々が造られた意図である代理人としての役割を確立させる。そうすることで、人間の存在の意味を気づかせ、真の自己実現を達成させるのである。クルアーン的世界観が我々の基盤としてはたらく時、この責任感が、我々の代理人としての仕事と決断を導き、倫理的原則に従って生きることで、創造の目的を遂行しようとする。このように、我々は我々の物質的・精神的欲求を満たす努力が、正しい行動と説明責任、謙虚さ、公平の精神によって優れた仕事を成すことができるように造られているのである。

来世での永遠の命は、我々がこの世界で送ってきた生活の質を単に延長したもの、あるいは反映したものである。つまり、良心的な努力、有益で建設的な行動、改革、発展、またそれらがもたらす健全な喜び、平和、平穏が反映されたものである場合もあれば、貪欲に駆り立てられた努力、利己的野望、腐敗した欲望、またそれらが残す不安、混乱、後悔が反映される場合もある。神の啓示は、以下のように我々に思いださせる。

……おまえたちがおまえたち自身のために前もって（現世で）なしておいた善行は、おまえたちはアッラーの御許にそれを見いだそう。まことに、アッラーはおまえたちのなすことを見通し給う御方。（雌牛章、2：110）

いや、己の顔をアッラーに委ね、善を尽くした者であれば、彼には主の御許にその報酬がある。そして彼らには恐怖なく、彼らは悲しむことはない。（雌牛章、2：112）

美――現実か幻想か

クルアーン的世界観において、改革と建設の概念とかかわるのは美の価値である。目に見える宇宙の雄大さと見事な正確さに現されているように、美は普遍的な価値である。さらに、人間の魂は、美とそれがもたらす喜びを、肉体的にも精神的にも、人生のあらゆる領域において生まれながらに欲する。さらに美は、観測できる宇宙の全体に満ちているだけでなく、書かれた啓示においても、創造の奇跡と神が人類に授けた恵み、つまり我々が聴覚と視覚を通して喜びと満足を得ることができる恵みの記述の中に満ちている。

しかしながら、残念なことに、非常に長い間イスラームの言説にはびこった自己を抑圧する美辞麗句が、対立する自己肯定の言説を抑圧し、それによって、徐々にムスリムから創造の美や芸術を究めること、またたとえば、見事な絵画や優れた楽曲を通して体験されるような調和、均整、相互補完性の素晴らしさを楽しむ能力が失われた。その結果、ほとんどのムスリムは、自信を持ち、安心して創造力や審美力を発達させる努力をしなくなった。代わりに、美に対する神から授かった欲求と、そのような欲望にふけることで何か禁じられた罪深いことに手を染めることになるという信念との間での、内面において不要な葛藤に苛まれるようになった。これによって、さらに、正と誤を見分ける能力、気分転換と放蕩を見分ける能力は次第に損なわれた。さらにこれら全ては、幻想の結果、つまり、我々が本能的欲求を満たそうとする状況において、神の啓示の信託と、知覚の世界の現実との間で対立があるのではないかという幻想の結果である。

ムスリムの精神に広がった欠陥は、些末なことにこだわり、記述を逐語的に理解しようとする思考を生み、変化する環境、状況、可能性、課題に対してイスラームの原則と概念を適切に適用するうえで非常に重要な、時と場所という要因を無視するようになってしまった。さらに、この些末にこだわる逐語理解の傾向は、（学者たちが）ムスリム共同体の諸問題について、政治権力や支配に「学術的に」仕えることを可能にし、それによって（政治指導者や政治組織のような）少数派の利益が共同体全体の利益より優先された。独裁、抑圧、腐敗は、長年の間、管理責任や建設的な仕事に対する情熱、またそれに付随する美、創造性、自己犠牲の価値を消し去ってきた。これにより、権力の座にある者が、預言者の時代に生きた世代のムスリムによる実例を詐欺的に誤用することで、自らの既得権益をさらに増し、守ることを可能にした。指導者たちは、初期のムスリムたちには敵対的であったアラブのベドウィン部族や攻撃的な近隣の帝国に対して行わざるをえなかった自己防衛と抵抗の戦いの例に訴えることで、娯楽、創造性、あるいは美的な楽しみの余地のない、戦時下の精神状態に人々を閉じ込めた。服従と自己否定を促す美辞麗句とともに、この巧妙に企てられた論理は、独裁者が、我々が神から授かった性質の重要な側面を押さえつけてしまい、一方でテロリズムと政治的抑圧を助長した。

このようにして、ムスリムはクルアーンの文章や預言者のスンナに描かれているような美の重大さと価値の多くを正しく評価することに失敗した。それらの文章は、様々なイメージや修辞的文体を通して、また創造物の美と壮大さの描写を通して、諸存在の美的な側面を伝えている。美の追求とその楽しみは、自己実現を存分に味わうために不可欠であり、クルアーンで肯定されている神から授かった人間性の一環である。しかしながら、この美に対する人間の欲求――あるいはその他の人間の欲求――が肯定されるからといって、（社会的、精神的、文化的等）様々な理由で、人間性を健全な状態で反映しているとは限らない様々な時と場所の現実〔に適応しようとすること〕が、イスラームの教えの適切な適用の唯一の基準、あるいは人間の欲求を満たす最も適した方法であるというふうに理解されるべきではない。

したがって、ムスリム思想家や指導者は、クルアーンと、預言者のスンナの両方に見られる重要な文章の両方を、包括的な視点で読むべきである――そうすることによって、個人および共同体の生活における創造性、調和、均整、美の重要性と役割に関連したクルアーンとスンナ両方の真の意味に到達できる。現在のムスリムの間には、存在の様々な領域における美への本能的な愛について、イスラーム的世界観がどう対応するべきか、明快さを欠いているものの、ムスリムの知性と心にあるイスラーム的世界観からの微かな光により、様々な分野の楽しみにおいて、聴覚的にも視覚的にも、卓越した創造性がもたらされたことが確認できる。これらの分野には、クルアーンの朗唱、賛美歌や宗教歌の歌唱、書道、イスラーム建築と装飾が含まれる。

重要なのは、アッラーの使徒は――当時、様々な困難に直面したにもかかわらず――楽しみと気分転換の大切さを肯定したことである。というのも、疲労は倦怠と無気力につながるからである。ハディース集『アル＝ムジャム・アル＝アウサト』には、かつて預言者の支援者たち（アンサール）[▽8]が結婚式に参加したがったが、預言者の教友たちのうち何人かがその考えに反対したとある。預言者は、これらの教友たちに干渉しないように言った。そうすることで、気分転換や、楽しみ、歌や踊りの美に対する人間の欲求に理解を示してみせたのである。実際に預言者は、祝祭を開き、場合によっては、太鼓にのせて歌う軽妙な結婚式の歌を作りさえした。同じように、アッラーの使徒は彼の妻、信徒たちの母であるアーイシャが、マ

▽8　預言者ムハンマドらがマッカからマディーナに移住した際に、マッカからの移住者たちを支援した現地住民のムスリムたちのこと。

ディーナへ踊りや鉾と盾による力と技を披露しに来たアビシニア人の一団を鑑賞することを許した（ハディース集『サヒーフ・ムスリム』より）。

イスラーム的世界観は剝奪のための剝奪を奨励しない。我々ムスリムは、見ることを喜ぶ目、聞くことを喜ぶ耳、創造性と美を喜ぶ想像力を取り上げることを求められてはいない。そのようないかなる信条も、クルアーンあるいは預言者のスンナの中で——異教徒の多神教崇拝や、酩酊と放蕩に捧げられる集会での音楽の使用を伴った——視覚表現や彫刻（二次元と三次元の芸術）と関連したいくつかの節についての誤解に基づいている。これらは、美の体験とは関係なく、そうではなく退廃、倒錯、行き過ぎた行動につながるような創作物の例を示している。要するに、クルアーンが言及しているのは「……まやかしの享楽……」（イムラーン家章、3：185）の俗物的創作物を求めることである。

全能なる神は言われた。

彼は諸天と地を真理によって創り、おまえたちをかたちづくり、そしておまえたちの形を美しいものとなし給うた。そして、彼の御許にこそ行きつく先はある。（相互得失章、64：3）

アーダムの子孫よ、どこのモスクでも飾りを着けよ。そして飲み、食べ、度を越してはならない。まことに、彼は度を越す者たちを好み給わない。言え、「アッラーが彼の僕たちに与え給うた彼の装飾や糧のうち良いものを禁じた者はだれか」。言え、「それらは現世では信仰した者たちのためにあり、復活（審判）の日にはとりわけそうである」。……

（高壁章、7：31－32）

また、大地をわれらは延べ広げ、そこに（磐石の）山脈を据え、そこにあらゆる均衡を計られたものを成長させた。

（アル＝ヒジュル章、15：19）

……二つの海（淡水と鹹水）は等しくない。こちらは甘く、旨く、飲みやすく、こちらは塩辛く苦い。そして、それぞれからおまえたちは新鮮な（魚）肉を食べ、身に着ける装飾品を採取する。また、おまえは、そこを船が水を切って進むのを見る。おまえたちが彼の御恵みを求めるようにと。そしてきっと、おまえたちも感謝するだろうと。

（創始者章、35：12）

そして、家畜も、彼がおまえたちのために創り給うた。それには暖と便益があり、またそれらからおまえたちは食べる。また、夕に連れ戻す時、また朝に放牧に出す時、それらにはおまえたちにとって優美さがある。また、それらはおまえたちの重荷をおまえたち自らの労苦なしにはそこに到達できなかった国まで運ぶ。まことに、おまえたちの主は憐れみ深く、慈悲深い御方。

（蜜蜂章、16：5－7）

また、彼こそは、棚に支えられたものや棚に支えられないものの園、そして可食部が様々なナツメヤシと穀物、（葉や実や色や形の一部は）似ているが（一部は）似ていないオリーブとザクロを創生し給うた御方である。……

（家畜章、6：141）

そして確かにわれらは天に星座をなし、眺める者たちのためにそれを美しく飾り、……

（アル＝ヒジュル章、15：16）

まことに、われらは最下天を星々の装飾によって飾った。

（整列章、37：6）

彼らは彼らの上の天をよく見たことはないのか、どのようにわれらがそれを建て、それを飾ったかを、またそれには裂け目はないことを。

（カーフ章、50：6）

まことに、われらは地上にあるものをその装飾となした。彼らの誰がその行為において最も優れているか、彼らを試みるために。

（洞窟章、18：7）

「わが僕たちよ、今日、おまえたちには恐怖はなく、おまえたちは悲しむことはない」。われらの諸々の徴を信じ、帰依したもの《ムスリム》であった者たちである。「楽園に入れ、おまえたちもおまえたちの伴侶たちも歓待されよう」。彼らには金の大皿や杯が回され、そこには己が欲し、目が喜ぶものがある。そしておまえたちはそこに永遠に留まる。

（金の装飾章、43：68－71）

アブドゥッラー・イブン・マスードによって初期に語られたところによると、アッラーの使徒はかつてこう言われた。「心に微塵の重さほどでもうぬぼれがある者は誰も楽園に入ることはできません」。これを聞いてある者が言った。「しかし誰しも外見の良い服や靴を好みます」。これに答えてアッラーの使徒は言われた。「本当に、アッラーは美しく、また美しいものを愛されます。うぬぼれは、真実をいたずらに無視することであり、他者を軽蔑することです[14]」。同様の助言が次のハディースによって伝えられている。

アブー・アル＝ダルダによるとアッラーの使徒は言われた。「同胞を訪れるなら、最も良い服装をし、ふさわしい鞍袋をつけなさい。そうすれば人々の中で際立つことができるでしょう。まことに、アッラーは猥褻／無作法を御赦しにならない……[15]」。

アブー・フライラによるとアッラーの使徒はかつてこう言われた。「アッラーから授かった人間性（フィトラ）は五つのかたちで表される。割礼、陰部の毛を剃ること、爪を切ること、脇毛を抜くこと、髭を切り揃えること[16]」。「まことに、アッラーは彼の僕のうちに彼の寛大さの影響を見るのを愛します[17]」。そして「髪がある者は誰でも、よく手入れするべきです[18]」。

かつてイブン・アビー・アッ＝サクルの妻が、信徒たちの母、アーイシャを訪れた時、ある女が彼女にこう聞いているのを聞いた。「信徒たちの母よ、私は顔に毛があります。夫のために美しくなるため、抜いたほうが良いでしょうか」。アーイシャは答えた。「はい、あなたの外見を損なうものはなんでも取り除き、夫に会う時は出かける時のように身支度をしなさい。もし夫があなたに何か指示をしたら、彼の意に従い、何かをするように求められたら、彼の要求を尊重しなさい。また、彼が認めない者を家に入れないよう気をつけなさい[19]」。

アブー・ダッルによるとアッラーの使徒は言われた。「白髪を隠すのに最も良いのはヘナかカタムです[20]」。

以上から明らかなように、美が健全な衝動（たとえば、夫を喜ばせたい、訪問相手に敬意を表したいという望み等）に応じるために培われるならば、現世と来世の両方に満足をもたらし、反対に、ただ世俗的な目的あるいは違法な喜びの追求で培われるものならば、「自己欺瞞の楽しみ」となるのである。

第三章　クルアーン的世界観——改革と建設の基礎、出発点、インスピレーション

我々がムスリムとしてクルアーン的世界観を回復するためには、国家としての歴史、特に預言者と正統カリフの生きた時代の歴史についての認識をより確実に深める必要がある。輝かしい時代、イスラーム的伝統、そして後に続く時代にクルアーン的世界観がもたらした影響は評価されるべきである。その影響は全人類の文明史に及び、現在の科学、法則に基づく認識の段階は最高潮に達した。

同時に、我々は、クルアーン的世界観を踏まえたうえで、現代の唯物論的西洋文明、つまり宗教と神の啓示という導きを捨てて理性を採用した文明が、いくつかの宗教の歴史、伝統、現在の状態と関係していることに気づく必要がある。これらの宗教は、〔啓示の〕対象となった人々の環境や文化的発展に合わせて信託をもたらし、今やその目的を達成したからである。人類が科学的でグローバルな思考や認識という新しい時代へと移ったことにより、また宗教が迷信的儀礼の類へと歪曲されたことによって、これらの宗教は西洋において益々主流から外れるようになり、西洋社会への影響は少なくなるばかりであった。その結果、西洋文明は生気がなく道徳意識に欠けた性質を持つ唯物論的思想を採用した。要するに、西洋文明に浸透した唯物論的な哲学は、ある種のジャングル的な道徳――つまり、自らの人種や民族集団への頑迷な献身、他者を食い物にする性向、強者の優勢と支配、人間関係における道徳節度の欠如に表れるもの――を生じさせた。

一方の公正と同胞愛を基礎とした精神的な世界観――もう一方の人種差別と侵害を基礎とした唯物論的な世界観――について我々が知っていることを踏まえれば、現代文明にまかり通るジャングル道徳の真の特徴を認識することができる。いかに現代文明の多くの指針や政策の主張が理想主義的なものであっても、そのような特徴が認識できる。政策の大部分は、いかにこの文明が、失われた精神的な理想から逸脱しているかを反映している。今日の世界は飛躍的な速度で、ナショナリズム、人種的優位性、利己主義、外国人や誰であれ異なる人々あるいは「他者」に対する頑迷な偏見や敵対の方向に進み続けており、政府や報道機関による理想や人権等の甘い言葉は、捕食者の策略、マキァベリ的政略や計画のための見せかけにすぎないことが分かる。

したがって、現代文明に観察される特徴の数々は、実際には、ジャングルの法や悪を唆す自我の欲望の明確な表れである。現代国家や社会における「ナショナリズム」や「市民権」は、ジャングルにおいて、ある一つの種あるいは血統が他の全てに対して一致団結するのに似ているからである。しかし、社会の基礎をなす構造が硬直し、脆弱になるにつれ、社会自体は弱まり、崩壊し始める。権力政治と相性が良いのは、力は正義なりの法が支配し、強者が弱者を食い物にする野生の中で様々な種や血統間が対立するような価値観だからである。ジャングルの法が支配する社会においては、他の人類同胞と接するうえで真実、公正、公平を求める余地はなく、倫理的な基準や理想のための配慮よりも個人的利益の確保が優先される。

要するに、ジャングルの世界では、倫理も権利も何の意味も持たず、居場所もないのである。故に、このような文明は生き残ることができないであろう。現在進行中の対立を否応なく生じさせる価値観がよって立つのは赤々と燃える炎のようなものであり、消耗するものが何もなくなれば、自らを消耗することになるからである。

われらは、詩篇の中でも記述の後に書いた。「大地は我が正しい僕たちがこれを継ぐ」。まことに、この中には仕える民にとっての充足がある。

（預言者たち章、21：105－106）

言え、「地上を旅し、罪人たちの末路がどのようなものであったかを見よ」。

（蟻章、27：69）

また人々の中にはその現世での言葉がおまえの気に入る者がいる。そして彼はアッラーを彼の心中の証人とする。しかし彼は最も手ごわい論敵である。そして彼は背を向けると、地上に荒廃をもたらし、田畑と子孫を滅ぼそうと奔走した。だが、アッラーは荒廃を愛し給わない。

（雌牛章、２：204－205）

良心から生じる批判精神については、あらゆる歪曲や堕落から保護する神からの約束として、クルアーンの言葉の中に完璧な表現を見いだすことができる。唯物論の退廃的哲学が迎合する利己的な性向とは対照的に、神によってもたらされた信託は、人間関係や取引における真実や公正についての最高の倫理基準と価値を掲げる。神の啓示に反する唯物論的で強欲な考え方は、アーダムに頭を垂れるように命令されたイブリースの言葉[1]、「……あなたが泥土で創り給うた者に私が跪拝するというのですか」（夜行章、17：61）。また「……私は彼より優れています。あなたは私を火から創り、彼を泥土から創り給いました」（高壁章、7：12）に表れている。実に、自由意思を与えられるという名誉に与かりながら、人間は創造されたその時から悪を行う能力を有している。このような認識から、アーダムが創造される以前に、天使たちは神に抗議して「……あなたは悪をなし、血を流す者をそこに創り給うのですか。……」（雌牛章、2：30）と言ったのである。

具体的には公正、寛容、倫理的な目的への献身などであるクルアーンが掲げる良心的な精神性は、堕落した唯物論とは正反対に位置づけられる。クルアーンは信仰者に、公正や善なるもののために献身するよう強く勧める。「……たとえ自分たち自身、両親、近親たちに不利であっても……」（女性章、4：135）また「……たとえ、それが近親であっても。……」（食卓章、5：106）。以下のクルアーンの節も同様である。

……民に対する憎しみがおまえたちを公平でなくなるよう仕向けさせることがあってはならない。公平にせよ。それが畏怖により近い。そしてアッラーを畏れ身を守れ。まことにアッラーはおまえたちのなすことに通暁し給う御方。（食卓章、5：8）

アッラーはおまえたちに、おまえたちと宗教において戦うことなく、おまえたちをおまえたちの家か

▽1　天使として創造されたが、神の命令に逆らったために悪魔となった存在。

ら追いださなかった者たちについて、おまえたちが彼らに親切にし、彼らに対して公正に振る舞うことを禁じ給わない。まことに、アッラーは公正な者たちを愛し給う。（試問される女章、60：8）

……そして互いに善行と畏怖のために助けあい、罪と無法のために助けあってはならない。そしてアッラーを畏れ身を守れ。まことにアッラーは応報に厳しい御方。（食卓章、5：2）

それからわれらはおまえたちをこの地で彼らの後の後継者たちとした。おまえたちがどのようになすかを眺めるために。（ユーヌス章、10：14）

啓示の導きを最終的に拒絶したにもかかわらず、現代の唯物論的文明は、体系的、法治的な科学的探究という方法のおかげで、地球における神の代理人としての仕事の一部となる偉業を成し遂げた。それにもかかわらず、現代文明とそれを採用する者（悪を唆す自我の気まぐれと欲望）に影響を与える思想、世俗的な性向は、未だ真の代理責任――つまり、健全で正統な人間性、良心により非難する声に備わる良心的な精神性――を緊急に必要としている。それなしでは、現代社会の構成員を苦しめ、危険な域に達し始めた危うい精神性や社会の病に対抗する術はないであろう。さらに――宇宙や人間存在の概念について何の答えも提供しない自らの限られた論理と知識、迷信的かつ形式主義的な宗教倫理によってのみ武装した――現代の西洋人を困惑させる根本的かつ実存的な問いを解決することもできないであろう。

ひとたびイスラームが正しく理解され適切な態度で他者に伝えられたなら、クルアーン的世界観の廃れた理解が歪曲から解放されたなら、そして健全な教育が忠実に行われたなら、現代の唯物論者に対して、紛争、不正、そして彼らの存在を脅かす危険からの救済を提供する準備が整うことであろう。同様に、イスラームは唯物論者が長らく待ち焦がれていた導きと英知、心の平安、繁栄、社会福祉の源泉として認識されるであろう。改革の仕事を担うムスリム思想家と先駆者には、文化的な制限、硬直、後進性を乗り越えるために、献身的な客観性、忍耐、そして勇気が必要になるであろう。

第四章　イスラーム的世界観と人道的倫理の概念

観察力のあるイスラーム学徒であれば、クルアーン、預言者のスンナ、そして預言者の教友たちの人生――あるいはイスラームの古今の書物に見いだされる貴重な記録――に示された人道的倫理の概念の豊かな蓄積に気づかない者はいないであろう。しかし、そのような学徒はまた現代のムスリム社会に見られる生活や人間関係の現実が、これらの高貴な概念や考えの多くを反映していないことに気づかざるをえない。この原因は、ムスリム共同体の思考が、伝統や習慣、過去の因習へのある種の隔世遺伝的な執着に支配されるとともに、ムスリム個々人の精神が消極性と無関心に影響されていることにある。この消極性と無関心のせいで、ムスリムの生活と現実はイスラームにおける価値観や理想とかけ離れてしまった。この亀裂の不幸な結果として存在するのが、分裂し、後進的で、置き去りにされた――自らを近代人類史の周縁に追いやった――ムスリム共同体である。

価値観や概念は、人々あるいは共同体が有する世界観や構想を確固とした行動へと実現させる機能を持つ。しかし、そのような構想が不明確で分裂していれば、価値観や概念は効果を発揮しない。共同体が有する世界観や構想が価値観・概念に基づいて構築されなければ、共同体の構成員は日常生活や人間関係において世界観や構想に基づいて行動することができず、そうするための動機や目的意識を持つこともできない。

したがって、イスラームの価値観、原則、概念を特定し、それらに基づいてムスリム共同体の世界観・構想を構築しなければならないのである。そうしながら、教育を用いてこれらの概念をムスリム個人の頭と心に植え付け、総合的に社会、政治、経済制度の次元で実現することが必要である。このようにして、文明を築き歴史を刻む力を備えた、前向きで生き生きとした現実対応力のあるムスリム共同体を作ることができるのである。研究センターを設立すること、そして思想家や学者が総合的なイスラーム的世界観をムスリム共同体に対し綿密かつ適切な態度で示すよう協力することが必要になるであろう。その際には、関連する全ての概念を明確にし、改革のための計画を目指さなければならない。我々は、唯一この手法によって、現代世界に生きるうえでの自信を育み、また未来への人々の希望を刷新することができるのである。同時に、ムスリム共同体の研究者、改革者、教育者、親たちが自らの責任を自覚し、与えられた役割を担い、自らと後を継ぐ者たち双方が、神に与えられた精神的な切望を満たすことができるように支援する必要がある。

ここまでの議論から明らかなように、クルアーン的世界観は、あらゆる次元の存在についての現実的な構想を示しており、我々が宇宙秩序の法則と自らの人間性の双方に基いて生きるための導きである。この構想は、神自身の絶対的な唯一性の概念と、付随する原則である宇宙秩序やその多様な構成要素の唯一性と相互補完性を出発点とする。この原則により、以下のことを明言できる。①全人類の同胞愛の意識は我々一人一人に植え付けられている、②我々は、人間として、また社会として、目的をもって倫理的かつ建設的に生きる責任を有している、③人命と宇宙の全体的な構造は共に、多様性の中の統一性、統一性の中の多様性を基礎としている。

もう一つの明らかな事実は、人類共同体は明確な世界観あるいは構想の存在なしでは、生き生きとした影響力を持つ文化や文明を築くことも発展させることもできないということである。柔軟性や活力を失った過去の国々についての歴史から学べるように、思想と構想が混乱している国々は、目標や目的を見失ったからである。構想と目的の喪失は、社会構造の崩壊と活力の喪失へとつながった。

彼らはその国において無法に振る舞った。そして、彼らはそこで荒廃を多くなした。そこで、彼らの上にはおまえの主が懲罰の鞭を浴びせ給うた。まことに、おまえの主は監視所におわします（全てを監視し給う）。（暁章、89：11－14）

かつて以前にも過ぎ去ったアッラーの慣行として。そして、おまえはアッラーの慣行に変更を見いだすことはない。（勝利章、48：23）

構想の彼方——海に種をまかないために

構想、目的、倫理、活力をムスリム共同体に回復させるためには、我々が悪から善を、無益から有益を区別できるように、共同体の伝統や歴史について客観的で批判的な再検討を真剣に行う必要があるだろう。

その際、文化的タブーや無知、騒々しい反論、世俗的誘惑に妨害されてはならない。知的、教育的、社会的領域から弱さ、偏見、歪曲を排除すれば、預言者の人生と彼がクルアーンの教えを現実の生活状況に適用した手法に見られた、英知をインスピレーションの源とする、クルアーンに根ざした客観的でグローバルな考え方を育むことができるであろう。そうして初めて、ムスリム社会に打撃を与え、やる気や活力を奪う精神的な硬直を乗り越えることができる。このために、――神への愛、知への愛、熟達への愛、そして代理責任の概念の正しい理解と、内在する倫理と目的を含む――クルアーン的世界観を若いムスリムの頭脳、精神、良心に植え付けることが求められている。

それでは、ムスリムの子どもたちは、どのように自らと世界に関するクルアーン的な視点によって育てられるべきなのであろうか。神の唯一性を信じ、神を愛し、神の啓示で示された倫理原則に沿って生きようとする子どもたちの本能を否定することなく育むためには、どのようにしてイスラームの信仰に関する優れた教育的話法を形成するべきなのであろうか。そのような話法を育むことができなければ、威嚇、脅迫、優越感によって若者の性格を形成し続ける危険を冒すことになり、消極的、個人主義的、自己中心的な人間を生みだす結果となる。

ムスリムの子どもたちが、預言者の倫理性、英知、模範をはっきりと感じ取るようにするためには、どのように預言者の事例からインスピレーションを得るべきなのであろうか。どのようにしてムスリム共同体を善、公正、平和の文明に転換し、血液が血管を通して生命体を流れるように、クルアーンとイスラームの信託をムスリム共同体という生命に流れるものとすることを始められるのであろうか。そして、共同体という生命にとって、文明とは様々な時代や地域においてどのように作用するものなのであろうか。

我々は、預言者の人生を一連の軍事行動の連続にすぎないものと捉えることをやめ、その代わりに教育カリキュラムがクルアーンと預言者の模範の両者に触発された教友たちの真の構想を反映するように最大限活用することはできるのであろうか。教友たちがこの構想によって、喜びの中にあっても悲しみの中にあっても、困難の中にあっても平安の中にあっても、自己犠牲や殉教の時でさえ、どのように自己実現を達成したのか――そしてその際に、どのようにして侵害、強欲、抑えの利かない野心、卑しい激情に汚されていない動機によって、人権、名誉、誇りを守ったように、ムスリム共同体、家族、宗教を守ったのか――について、我々自身のために理解し、そして我々の子どもたちにも伝えていかなければならない。

思想家、学者、研究者、知人にとって、知や理解は何よりもまず技能であり、それは学校や教師についても同様である。保護者の役割は、何よりもまず子育てであり、子どもの精神と良心を教育し、正しい振る舞いができるよう導くことである。これはもちろん教師や学校の補助的な役割を否定するものでもなければ、メディアや社会環境の影響を否定するものでもない。しかしながら、家庭と学校による責任放棄やそれぞれが担う役割の紛らわしさについては注意を払い、両者のはたらきを台無しにしないようにしなければならない。

メディアの教育的役割と影響は感謝に値するものの、政府機関や民間機関の複合体からなる現代のメディアは、保護者にはどうすることもできないような利権や圧力に影響されていることもまた認識しておかなければならない。実際に、多くのメディア機関は、保護者が達成しようとしている教育的な目標と全く矛盾する目的のもとに動いている。この点に、家庭の教育的な役割の重要性がある。しっかりとした健全な養育を受けた子どもは、メディアからの非建設的、否定的なメッセージにしばしば異議を唱えるが、そのような養育を受けなかった子どもはそうはならない。たとえば、倫理的、精神的に健全な養育を受けなかったある子どもが、巧妙な犯罪——たとえば強盗——について取り上げたテレビ番組を見た時、確固たる倫理基準に抑制されず、社会的状況によっては犯罪を模倣するかもしれない。健全な養育を受けた子どもは、侵害や犯罪行為の性向を持たないため、その場面に気を留めることはほとんどないであろう。それどころか、テレビでそのような場面を見ることが激しい非難の反応を引き起こすかもしれない。しかしながら、もしその子どもが、犯罪をはたらくことを避け、不正から身を引こうとしている状況にある場合には、そのような場面を見ることはある程度有益となるかもしれない。

同時に、当然ながら、子育てにおける確固とした家族や保護者の役割の欠如、偏向し堕落した不健全な内容の商業メディアに接し続けることは、子どもの精神的、霊的、感情的な状態に悪い影響を及ぼすことも認識されるべきである。家族は、消極的にただ傍観し、自らの怠慢の影響をメディアのせいにするべきではない。子どもの基本的な考え方と感情の基礎を築くのは、家族、特に母親だからである。この考え方や感情は、子どもがそれによって物事を理解し、概念や価値観に転換し、概念や価値観は、現在と未来の人間関係における行動や振る舞いを規定する。

このことが意味するのは、思想家、教育者、改革者は、文化的・科学的視点から教育を調査する書物や機関に特別な注意を払う必要があるということである。そして、電子メールやインターネットの時代に生きる今、様々な手段で保護者たちがそのような調査を利用できるようにしなければならない。

イスラーム諸国における教育は、大部分において、床に座った子どもや、机に向かって座った「無知」

な子どもが「教師」に指図される状況が典型的とされる。子どもは教師が言ったことを繰り返し、暗記する。教師の言うことが授業の全てであり、生徒はそれを吐きだしたり、消化したり、消化しなかったりするのである。活発で対応力があり、生産的かつ創造的な共同体における教育は探査、活動、運動、演習を含み、教育の場はワークショップ、実験室、図書館、運動場、修学旅行に及ぶ。またカリキュラムは、本だけでなく模型、発表、ドキュメンタリー、イラスト入りの教材、議論を含む。

要するに、教育の中でも革新は、思想、運動、活動によって起こる。いい換えれば、革新的な教育の生命は、活動、構築、創造性があるかにかかっている。ほとんどの人々の教育は、長らく単語や熟語の退屈な反復のみであり、それらの多くは「指導者」から「追随者」の耳へと発せられる大言壮語にすぎないものであった。つまり指揮にあたる者（小さなファラオたち）によって媚びへつらう偽善的な部下の耳へ、そして半ば無知な「教師」によって惨めで、虐げられた「無知」な学び手の耳へ発せられた（ムスリム諸国の教育システムの被害者であり、きちんとした訓練も給与もなく、職業的にも社会的にも酷い扱いを受けてきた教師たちには心からのお詫びを申し上げつつ、このように述べたい）。したがって、ムスリム共同体における生活は、空しい言葉、夢、希望と同義語であり、それ以外の共同体においては活動、調査、発展、資源活用、熟達、創造性と同義語であることは驚くに値しない。「信仰する者たちよ、どうしておまえたちは己の行わないことを言うのか。おまえたちがしないことを言うことは、アッラーの御許では忌まわしいこと甚だしい」（戦列章、61：2－3）。その結果、健全で（教師と生徒の関係が）双方向的な教育システムを持つ社会における個人は、生産性、活力、富の源泉となるが、現代の我々の社会においては、無職、弱さ、貧困の温床となってしまう。

したがって、神の贈り物を信託された管理責任者であるムスリム共同体で、強さ、活力、建設的・創造的な能力の回復に向け、思想家や改革者が、喩えていうならば、無駄に海へではなく大地に種をまこうと真剣に取り組むならば、必要なのは文化、教育カリキュラムと子育て方法の改革である――そして自らと世界における本来のクルアーン的構想の復元。それらを熱心に忍耐強く改革し、浄化し、刷新する以外に術はないのである。

思想、知、知性について、大学、ワークショップ、学校について、そして教育課程の一部としての保護者による子育てについて我々がようやく関心をもった時、図書館、視野を広げ知を増やすような言語や文化、熟練労働者の働く工場、また専門性や経験、能力のある各種機関によって都市、地域、町が豊かになった時、我々の考え方が無気力という足かせから自由になり、ムスリム共同体から創造力を奪った時代錯誤な批判から解放された時、家族、学校、勉強会、工場が保護や関心の対象となった時――いい換えれば、潜在能力や創造力のある一個人が、ムスリム社会に貢献する誇るべき構成員となるために必要な養育や奨励を得られた時、ようやく初めて、我々はクルアーン的世界観を実現することができる。そうして初めて、思想家、指導者、改革者、教育者、研究者、保護者がそれぞれに与えられた役割を果たし、イスラーム文明が動き始めるのである。そうして初めて、イスラームとムスリム共同体は――個人と社会に導きを与え、協議、公正、同胞愛、平和の旗印を高々と掲げ、後進性、不正、暴政、堕落の暗雲を一掃しながら――栄誉と力の地位を占めることができるのである。

もしその時に世界のどこかのムスリム共同体が熟練の専門家を必要とすれば、彼らは躊躇することなくやってくるであろう。しかしながら、今日の状況は、宗教・社会・教育機関がそれぞれの分野で能力の乏しい者たちのみによって運営されている。一方、医学や工学等、儲けと名声がある分野は資源の投入や社会的評価が比較的大きかった。しかしながら、我々の社会システムの貧しい実績を考えると、我々はやがて医者も技術者をも失うことになるであろう。妥当な給料と尊厳のある生活を求めるため、故郷と信仰の共同体を去り、地球の果てまで旅した彼らの訓練に、ムスリム共同体は長い時間と法外な金額を消費した。思想家、教育者、学者、医者、技術者、その他共同体のために適格な能力と専門的な意見によって従事する者たちに我々がきちんと栄誉を与えていれば、彼らはより良い生活のために故郷を捨てどこかへ行くことはなかったであろう。そしてもし我々が彼らのような専門性をもった個人をもっと求めていたら、十分な人数を得られていたであろう。

それでも我々は、自然科学や技術に基づくものであろうとなかろうと、手段と方法の重要性と、教育、トレーニング、能力に関わる仕事を過小評価すべきではない。結局、それらは必要とされる人間性の一種であり、宇宙秩序の法則、クルアーン的世界観と等しいものなのである。しかし同時に、そのような手段と方法は、良き者——つまり、心理的、精神的、教義的に影響力があり、活動的で、能力のある者で、良心的で熱心な態度を持つ者——によって用いられなければならない。

我々全員が相応しい真剣さをもって命をかけ、人間と世界についてのクルアーン的な考え方に我々ムスリム共同体の生活の基礎を置く時がやってきた。我々の文化を浄化、再建し、子どもたちに正しい精神的・知的・文化的な基盤を提供する時がやってきた。このようにして、ムスリムは自己実現を達成し、自らの存在の意味を理解し、自らと家族、共同体を祝福することができるようになるのである。

いかにしてイスラーム社会科学を発展させ、イスラーム的構想を実現させるか

この仕事に取り組み始める前に、健全なイスラーム思想をもたらすようなイスラーム社会科学を発展させることについて議論したい。「知のイスラーム化」の真の性質とその実現方法をめぐっては、かなりの議論と混乱があった。その原因のうち重要なものの一つは、イスラーム社会科学の発展についてのモデルが曖昧であったこと、そしてイスラーム社会科学の内容と目的、それがイスラーム的伝統、思想、西洋の社会科学とそれぞれどのように関係しているかについて明らかにすることに失敗したことである。

そのためこの件は、伝統的なイスラーム学、西洋的社会科学の学生の両方に対して、その原則の詳細を明快で単刀直入に示す必要がある。その理由は、知のイスラーム化と社会科学のイスラーム化が一つのコインの両面であり、両者のつながりならびに両者と伝統的イスラーム学、法学、社会科学とのつながりを明らかにできない限り、混乱は続き、知のイスラーム化の意味と性質、実現に必要な計画行動をめぐって現在進行中の「耳の聞こえない者同士の会話」は終わることはないからである。

この曖昧さを乗り越えるためには、現在取り組まれている伝統的、学究的イスラーム学の性質、応用と学習過程について定義する必要がある。加えて、現代の社会科学の性質を、非宗教的なものもイスラーム的なものも共に定義し、それらの学習方法、現代の生活で果たされる機能についても定義する必要がある。最後に、現代のイスラーム社会科学と、イスラームの伝統ならびに現代の西洋的社会科学双方との方法論的、概念的な関係性を典拠、諸概念、学習・研究方法の面において特定する必要がある。

それではまず、思想と伝統的イスラーム学についての、つまりムスリム共同体の生活の中で実践される規定、機能、役割といったイスラーム的伝統についての従来型の分析から始めたい。当然のことではある

が、ムスリム共同体の生活におけるイスラーム的伝統の法的側面は、イスラーム思想の中で最大の重点が置かれている。法学の役割は、共同体の教義、不変の原則、価値観を、社会生活、構成員や各種機関の関係性を秩序づける法、法的判断、判決へと転換することである。

イスラーム法学は、その始まりの時、預言者と正統カリフによって示された先例から思想や規定を受け継いできた。そこには預言者の人生と預言者の死後、ムスリム共同体を率いた教友たちの人生に影響を与えた取り決め、実践、適用が含まれる。正統カリフと教友たちによる統治の時代[▼1]の終了とともに、事態は尊いマディーナの街が攻撃されるまで悪化し、各法学派を代表する学者たちが公の領域から追放されるという破壊的な結果をもたらした。このようにして、イスラーム思想がモスク、民法、私的・個人的領域のみへと追いやられたうえで学究の時代が始まった。[▼2]

預言者と正統カリフの時代に定着した状態は、しばらくの間、根本的には変わることはなかった。そして預言者と正統カリフの時代に結ばれた取り決めやその詳細の中で示された先例は、各時代のムスリム共同体の生活にとって理想的な模範であり続けた。実に、預言者と彼の教友、そして正統カリフによって築かれた先例は、学究的イスラーム思想の最も重要な源泉を成した。しかしながら、時の経過と〔ムスリムの居住地域の〕拡大によって、イスラーム学者たちは預言者のスンナの原形を、真正さを証明されたものもそうでないものも記録するために外国へと赴くようになった。その結果、政治的、知的な無能さを隠す手段として神聖さのでっち上げと脅しの美辞麗句による抑圧という手段がとられるようになった。[▽1]

各時代のイスラーム法学の学生たちを苦しめた概念的、政治的な孤立と無力化は、やがて、その多くがイスラーム社会とは何の関係もない昨今の実践、取り決め、状況に由来した文字通りの規範、規制、時代認識への依存に見られる知的な硬直と無気力をさらに悪化させた。これはまさに、イスラーム法規が生じた当初の時代と根本的に異なる環境、知の蓄積、潜在能力、課題を持つ今日のムスリム社会で我々が直面している状況である。このことが意味するのは、多くのイスラーム法、規制、規範、法的判断は、我々が生きる時代以外の状況や課題に合わせられているということである。いい換えれば、当初、高貴な原則や価値観そのものが現実に適用されていたが、イスラーム的伝統とされるものや法学上の学説の多くは、特定の時代の特定の状況に合わせたものにすぎないのである。結果として、それらはムスリム共同体が今日生きる現実ではなく、過去の時代に合わせたものである。

イスラーム的世界観の普遍的原則と価値観が認識され、保護されることはムスリム共同体に不可欠であり、これまでになく今日最も必要としていることである。預言者と正統カリフがクルアーン的構想と内在する原則を彼らが直面した状況に適用した方法は、現代において緊急の導きを必要とする我々にとって英知と知性の宝庫である。この内在する英知の恩恵を受けることによって、我々はイスラーム思想の領域に新たな活力をもたらし、ムスリム共同体が健全な構成員の関係性を育み、現代の生活における様々な課題に直面するために求められる影響力ある各種機関を設立するにあたって、適切に対応するための具体的措置をうまく見極められるようになる。

現代の西洋的社会科学と知のイスラーム化との関係性——つまり、イスラーム社会科学の核心に存在す

▽1　数十万のハディースが預言者の言行の記録として伝えられてきたが、その多くは後代に偽造されたものと考えられている。ここでは、そのような偽造されたハディースが抑圧的統治者の権威付けと正当化に利用されたと主張している。

る関係性――は、内容と方法の両者に関連しているものである。しかし、内容と方法には、別々に取り組むことで、物事のより明確な実態を摑むことができ、より簡単に効果的に対処することができるであろう。この議論に乗りだす前に、知と社会関係の諸分野における社会科学の機能を明らかにしておくことが大切であろう。

社会科学の機能を解明するためには、原則として、社会科学の社会的役割と機能が、〔その社会の〕法、法学、法的判決・判断によって異なることを認識する必要がある。社会科学の本質的な機能は、精神的なものであれ物質的なものであれ、その社会が目指すところを踏まえたうえで、研究が対象とする人や物質、時代、課題を設定し、社会について研究することである。要するに、いかなる社会においても社会科学が持つ機能は、生活の様々な分野――政治的、経済的、社会的――において、個人、組織、共同体といったレベルにおける、社会の変化と安定性をもたらすことである。

特にイスラーム社会においては、社会科学は諸概念を提供する。法と法学研究は、その諸概念から社会構成員と組織構造の関係性を秩序づける判決や規制をもたらす。いい換えれば、法学と法の機能は、本来、何よりもまず形式的なものであり、一方、社会科学の機能は主に知的あるいは概念的なものである。そのため、それらはムスリム共同体と文明の進歩を促進するために共にはたらくことで互いに補完しあうのである。

ここで生じる疑問は、現代の西洋的社会科学と知のイスラーム化ならびにイスラーム社会科学の発展との関係性はどのようなものであるのかというものである。この点に関して重要なのは、社会学的研究から生じた西洋的思想と西洋的社会科学が採用する方法論を区別することである。そのような区別に基づけば、イスラーム社会科学の発展が（イスラームの）過去の伝統に反するものでないことが分かる。反対に、そのような発展は過去の経験、専門性、実績を活用することができ、同時に西洋的社会科学の方法論と実績を活用することもできるのである。

西洋的社会科学は二つの要因に影響されている。一つ目の要因は、西洋的世界観の現れであり、本質的に唯物論的な視点に基いて考案されていることである。したがって、宗教は西洋の人々の構想、振る舞い、社会関係においてほとんど役割をもたず、大多数の人々は自らを不可知論者と認識している。二つ目の要因は、西洋的社会科学が採用する研究方法に代表される客観性である。西洋的社会科学は、社会環境の人間への影響、人間の心理や性質を社会の目的の実現のためにどのように活用しうるかといった研究をはじめとして、人間性とその実現を研究することを目的としている。

イスラーム社会科学を発展させるうえでは、数々の創造的手法、システム、制度を産出した西洋的社会科学における諸概念の客観性を活用し、そこから恩恵を受けることができる。この点について、このような問いが出てくるかもしれない。個人や共同体の振る舞いを支配する人間性や法について、またその人間への物質的影響についての研究から恩恵を受けることで、我々は西洋に依存することになるのだろうか、外国のものをイスラーム的世界観に「輸入」することになるのだろうか。

この疑問は明確に否定できる。なぜなら、イスラームは人類文明を刷新するためにもたらされたからである。たとえば、ペルシア帝国は、その目的を果たした後、歴史を重ね、弱く非生産的になり堕落した文明であった。他にも古代ギリシア文明のように破綻し終焉を迎えたものもあった。グローバルで、宇宙の秩序と一致する科学的手法に基づき、また知識、英知、熟慮、学習、創造的思想、研究、調査を促進するような展望はイスラームによって切り開かれ、新たな時代の幕開けとなった。イスラーム文明は――西洋が暗黒時代に何も知らなかった時に――宇宙の法則とパターンに関する科学的な調査や研究の時代を切り開いた。むしろ、西洋はそのような学問領域をムスリムが設立した学校や大学、またムスリムの学者たちがヨーロッパの各言語へ翻訳した書物から得たのである。

西洋的社会科学とそれに伴う人間性についての研究、そして社会的表現は、宇宙秩序の法則とパターンについての物質的なレベルの研究の延長にすぎない。それらは様々な組織を発達させるための基礎となる社会思想、そして自らと宇宙秩序についての唯物論的理解に沿って西洋社会を構築するための法思想をもたらした。しかしながら、人間性と宇宙秩序を対立させる価値観である唯物論的視点の悪影響は、植民地主義、不正、戦争、破壊といった苦悩をもたらし世界を苦しめ続けた。

人間性や神が創りあげた創造物の法則とパターンの科学的研究を主導する者として、ムスリムは全人類の中でも最適であったはずだった。しかし、ムスリム共同体がその歴史の初期に陥った過ちの影響は長引き、共同体の発展を妨げ、何世紀もの間、イスラームと神の啓示による導きを人類から奪った。

上記の内容からの結論として、ムスリムの学生や研究者は以下の四点を行う必要がある。①模倣と精神的服従の慣習から自らを解き放つこと、②人間や人間をとりまく世界についてのクルアーン的考え方を、その不変の価値観や原則とともによく理解すること、③人間性や物理的宇宙の法則とパターンを、そして人間社会とその特定の時期や場所の文脈内での潜在力や強さを科学的に研究する手法について詳細な知を身につけること、④イスラーム的伝統と現代西洋社会の科学の実績の両者から恩恵を得ること。これらの知によって、人間の潜在能力や宇宙について視野を広げることができ、人間が現世でも来世でも「良い人生」を実現できるよう世界を真に改善する手法を構築することができる。

これらの点に関して、国際イスラーム思想研究所（ＩＩＩＴ）が、イスラーム科目、社会科学、方法論の分野の学者にモデルを提供する学術的研究で意義のある前進をしたことを述べておく必要があるだろう。このモデルを模倣し、発展させることで、人を出し抜くための美辞麗句や見せかけにすぎないものから、真に重要な貢献――つまり、イスラーム的世界観とその不変の価値観ならびに諸概念――へと、現在の努力の焦点を移すことができるかもしれない。

イスラーム的方法論やその学術的典拠の分野での参考文献を出版し、また同分野の学者や思想家のためのトレーニング・プログラムを用意することが必要とされている。現代ムスリムの健全な考え方を形成し、ムスリム知識人と学者を成熟させるための重要な第一歩として、イスラーム大学はイスラーム学と社会科学を同時に専攻できるダブル・メジャー制度を構築することができるであろう。この第一歩として、実際にＩＩＩＴによるイスラーム科目と社会科学プログラムに沿って、マレーシア国際イスラーム大学（ＩＩＵＭ）が設立され、類似の教育機関やさらなる発展が望まれる注目すべき成功をおさめた。

ＩＩＩＴはこれから先何年かで、イスラーム社会科学の方法論についての書物や学術的トレーニングの分野でさらなる努力を行う予定である。このようにして、ＩＩＩＴはイスラーム的構想一般を、さらに具体的には、現実の状況や課題に適用されるイスラーム的構想の核心にある価値観や原則を強調したいと考えている。これらの努力への支援が、思想家、改革者、学者、また高等教育機関や学術研究所などから得られることが望まれる。

第五章　国際イスラーム思想研究所による大学カリキュラムの発展に向けた計画[1]

ＩＩＩＴはマレーシア国際イスラーム大学（ＩＩＵＭ）で実現されたモデルによって大学カリキュラムの改革に貢献した。このモデルは、ダブル・メジャー（複専攻）制度、具体的にはイスラームと人文科学それぞれの学部からの主専攻と副専攻からなる。学生の二つの専攻のうち一つはイスラーム科目となり、第二あるいは副専攻を追加で一年間延長（三十または四十単位時間）すれば、イスラーム科目とその他の人文科学あるいは社会科学の分野から二つの学士号が取得できる。

かなりの成功をおさめたこのシステムは、それぞれの専攻分野で高い能力があり、ムスリムとしての明確なアイデンティティを持ち、大きな成長が見られる——そしてイスラーム的世界観と人類文明の進歩におけるムスリム共同体の役割についての理解がある——卒業生を輩出している。このモデルをさらに発展させる手段として、大学カリキュラムの包括的改革計画が作成され、またイスラーム科目専門の大学教授から選ばれたグループが計画の詳細と学術内容の明確化を手掛ける作業に任命された。

この計画を支える柱は、二部構成のイスラーム科目の一般科目である。第一部（概ね三十単位時間）は、ムスリムが自らの宗教について知っておかなければならないこと——つまり、円熟したイスラーム的な考え方と原則に基づいた目的を志向する人格の基礎を成す教義、原則、価値、概念、目的、儀礼——について学生に教える。この第一部は、宗教科目や社会科学、人文科学を主専攻する全ての学生に必修である副専攻から成る。第二部（同じく概ね三十単位時間）は、ムスリム共同体の歴史、預言者の生涯、イスラーム文明、伝統的宗教（イスラーム）学についての一般知識を授けることを目的としている。

このイスラーム科目の一般カリキュラムに加え、さらに二つの異なる履修課程がある。一つ目は社会科学と人文科学における課程であり、二つ目はイスラーム学における専門課程である。後者の専門課程は、イスラーム法学、教義と神学、ハディース学、クルアーン解釈学（タフスィール）、預言者の伝記、アラビア語文法、修辞学を含む。

現代の西洋的唯物論の文明とその考え方、ムスリム共同体とのあらゆる面での関係性、ムスリム共同体への影響についての批判的、分析的、概念的な研究を発展させてきたシラバスについても述べておく必要があるであろう。この履修課程は、ＩＩＵＭの専攻の一部として、「西洋研究」あるいは「西洋思想と文化研究」という科目名で設立された。この課程の目的は、西洋文化を理解する専門家を養成し、その専門知識によって、西洋文化の有害な側面の犠牲になることなく、有益な側面に効果的に関わることができるようになることである。ＩＩＵＭは、この件について、他の専攻を補助する履修課程も提供している。ム

▽1　ここで述べられているマレーシア国際イスラーム大学の履修課程は、著者が学長だった当時のものであり、現在の同大学とは異なる部分がある。

スリム共同体の専門家の多大なニーズを満たすこの副専攻分野が、専攻分野へと発展されることが望まれる。

要するに、各学生の学位課程は二つの専攻から成り、そのうちの一つがイスラーム科目カリキュラム（支柱）である。この第一部は、学生の他の専攻や主専攻（社会科学、人文科学、法学、経済学、イスラーム学）にかかわらず、また他の専攻が主専攻か副専攻かにかかわらず、全ての学生の履修課程において切り離せない構成要素である。したがって、全ての学生の学士課程は以下のようになる。

①イスラーム科目三十単位時間＋主専攻科目六十単位時間＋補助授業三十単位時間＝社会科学、人文科学、宗教科目専攻のうち一つからなる百二十〜百三十単位時間の学士課程
②イスラーム科目六十単位時間＋副専攻三十単位時間＋補助授業三十単位時間＝イスラーム科目の百二十単位時間の学士課程
③イスラーム科目六十単位時間＋教育専攻三十単位時間＋補助授業三十単位時間＝初等ならびに中等教育レベルでイスラームの基礎を教育する資格を与えるイスラーム科目の百二十〜百三十単位時間の学士課程単位時間

学生が副専攻を主専攻になるように完了した場合、卒業生はイスラーム科目から一つと他の専門分野から一つ、合わせて二つの学位を得ることになる。

また、六十単位時間の主専攻には概ね三十単位時間の補助授業があり、どの専門分野の学位においても

卒業に必要な合計時間は百二十～百三十単位時間となり、ダブル・メジャーの場合は百五十～百七十単位時間となることも述べておくべきであろう。単位時間の概要は以下の通りである。

①六十単位時間（主専攻）＋三十単位時間（副専攻）＋三十単位時間（補助授業）＝百二十～百三十単位時間（学士号）

②百二十単位時間（学士号）＋三十単位時間（副専攻）＋三十単位時間（副専攻を主専攻になるように完了）＝百五十～百八十単位時間（二つの学士号に相当するダブル・メジャー）

一学期の間の履修科目の中心は、特に第二部のイスラーム科目カリキュラムにおいては、三単位時間ではなく、二単位時間となっていることを述べておくことも重要である。

イスラーム科目についての補助授業は、対象となる事象についての広範な社会的背景を網羅することで、学生の視野を広げ、それぞれの専門において実践的、現実的な視点から心理面を理解させせなければならない。また、補助授業に三つの心理学分野の総合入門が含まれていることも重要である。加えて、「家族と保護者」と「創造的思考と問題解決」という科目が全学生に例外なく必須となっている。さらに、イスラーム世界が、繁栄しては衰退した数々の文明の誕生地で始まったということもあり、可能であれば「文明の盛衰」という科目を、イスラーム科目や社会科学、人文科学を専攻する学生に必須とするのがよいであろう。これら文明は、有益なものも有害なものも含めて、その地域だけでなく、世界中のムスリム共同体に属する人々の文化的アイデンティティや性格に独特の影響を及ぼした。

これらのカリキュラムの詳細は二〇〇八〜二〇〇九学年度にまとめられ、全イスラーム世界の高等教育における教育課程を手助けするものとなることが望まれている。社会科学、人文科学、自然科学、技術応用の分野における人間や潜在能力に役立つ新たな科学的事実が、イスラーム的世界観にどのように貢献することができるのかについての回答は、これまで成されてきた、そしてこれからも続けられるこれら多くの分野における科学的研究の蓄積の成果次第である。知識の統一とイスラーム化におけるＩＩＩＴの研究チームの努力のおかげで、そのような研究は方法論についての学術論文を生みだし始めている。

物理学と工学については、その広範で労力を必要とする性質を考慮すると、ムスリム共同体の文化的側面と使命についての概観と合わせて第一部のイスラーム科目カリキュラムの主要部を含む課程を持つことが望ましい。加えて、物理学や工学と関連し、それらが現実の生活、実践の場面、特にそれぞれの学生の専門や主専攻においてどのように使われるかを導く目的を持つイスラーム思想が補助授業の中に含まれているべきである。そしてもしイスラームを宗教として文明としてさらに知りたいと願う学生がいれば、それらについてさらなる情報を自由に探求することができるべきである。以上の理由から、ＩＩＵＭはいかなる学術専攻の学生に対しても、必須条件を完了していればイスラーム科目における学士号、修士号、博士号を授与している。加えて、物理学を専攻する学生は、希望すればイスラーム科目を第二専攻とすることができる。

柔軟な履修課程

最後に、この計画が非常に柔軟なものであり、そのため様々な大学の計画や異なる専攻の要件に適応しうるものであることを述べておくべきであろう。どの主専攻も六十単位時間が最低条件であるため、補助授業は三十〜四十単位時間となる。どの主専攻にも二十単位時間まで補助授業を追加することができ、いずれの専攻も最大八十単位時間となる。残りの十〜二十単位時間はその他の大学の必修科目や補助授業のために残されている。このようにして、学生たちは学問をはじめ、情緒、精神性、文化を網羅した総合的かつ包括的な教育を受けることで、大学後の人生に備えることができる。その結果、彼らはイスラームの建設的、改革的な使命を達成する能力を得ることができるのである。

ひいては、我々がすべき事業は明確かつ単純なものとなり、自らを刷新し改革しようとする動機が誠実なものであれば、神が御望みであるならば、我々の希望は達成されるであろう。

教育カリキュラムとプログラム

教育については、私の著書『ムスリムによる統治の栄光』の中で詳細を議論した。その中で、人間の人格は理性や知識のみではなく、養育や精神的、情緒的な要素からも同じぐらい大きく影響されることを明らかにしようとした。また私は、子育てが何よりもまず家族の責任であることを強調した。そのため、私は長年にわたって保護者を対象とした書籍に関心を持っており、それはＩＩＩＴにとっても関心の一分野となった。それでもなお学校と大学は、知識を与えるだけでなく、学生の実績、行動、人間関係に、自らと自らを取り巻く世界についての客観的で実践的な考え方に基づいた規律を植え付けるという不可欠の役割を担っている。

この責任を担うため、ＩＩＵＭのカリキュラムは、家族と子育て、さらには創造的思考と問題解決についての講座を設けている。これらの目的は将来の様々な課題――特に保護者としての役割――に向けた準備を学生にさせることにある。ＩＩＵＭにおいて若者が受ける教育を通して、勇気、誠実さ、批判的思考、自発性、創造性を促進するような平等主義的な雰囲気の中で子育てをすることの重要性を彼らが理解することが願われる。これにより若者は、今日のムスリム共同体にあまりにも広く蔓延し、心からの尊重や確信からではなく恐れや盲目的なへつらいから他者に服従する傾向と「奴隷的な精神性」をもたらす権威主義的な子育て方法に対抗することができるかもしれない。

同様の理由から、ＩＩＵＭで構築された教育計画は、全学生にディベートや議論の文化を促進することを目指している。この方針の目標は、未来の市民、思想家、指導者である学生を、他者の視点や精神性、動機、目的を理解し、尊重することができるように訓練することである。実際にＩＩＵＭは、柔軟性、コミュニケーション能力、寛容、謙虚さ――つまり、偏った思考や視点、あるいは全体主義、残酷さ、堕落を育む土壌となる凝り固まった閉鎖的な態度とは無縁の性質――を促進することに成功している。ＩＩＵＭの卒業生は、その実績や他者との関わりに顕著に見られるように、貴重な社会的能力やリーダーシップを体得しており、ＩＩＵＭディベート・チームは国内でも国際大会でも極めて優れた成功を収めている。

要するに、有益で望ましい教育とは、単に過保護にし、丸暗記をさせる過程ではなく、何よりもまず能力と技術を育む過程であり、その際に学生が様々な学術的、実践的な経験や技能に接することができるような社会的、学術的な雰囲気を創り上げることである。まさにこれと同様の雰囲気を、ＩＩＩＴは様々な学術的、教育的な出版物を通して、イスラーム思想や大学教育の分野にもたらそうと努力している。この目的のために、ＩＩＩＴは教育機関がより良い実績を挙げ、ムスリム共同体の状況を改善する影響力ある役割を担えるようになるための実践的なモデルを示している。

終わりに

最後に、大学教授、思想家、作家、研究者の方々に対し、彼らの著作の多くが、ムスリム共同体にとって極めて重要な問題とかかわる表現や概念を取り扱っているという事実に注目頂きたい。しかし、それらの概念や表現が、ムスリム共同体の生き方に挑み、改革し、改良するような確固たる行動計画、プログラム、システム、メカニズムに転換されない限り、我々が生きる現実世界には何の影響も及ぼさない文字通りのお飾りにしかならない。

ムスリム共同体が考え方を正し、組織を活性化し、潜在力を有効活用し、創造的なエネルギーに行動の自由を与えるうえで必要な、明確な構想と行動指針の構築に向けて、ムスリム思想家、改革者、学者、その他の関心ある専門家たちが協力して努力することが望まれる。さもなければ、ムスリム共同体は精神的怠惰、服従、依存に囚われたままであり続けるだろう。

これまで述べてきた内容において、私は、ムスリム共同体が直面する実際の状況に基本的なイスラーム的価値観や諸概念を適用し、現代の慣行や考え方に概念的かつ実践的な代替案を提示しようと試みた。その際に、――人類文明と地球のためのイスラーム的構想に基づきながら――思想家と実務家の両者によって、それぞれの専門領域に照らして、必要に応じて実践し、適用できるようなモデルを提示しようとした。「そして朝[1]には、人々は夜明け前に野営を撤収したことを喜ぶだろう」。

我らは神にのみ御助けを求め、彼にのみ頼る者。
彼こそは保護者のうち最高の御方、助力者のうち最高の御方。
万有の主、神にこそ称賛あれ。

付録Ⅰ　改革のための教育

以下の六つの方程式は、本書で論じてきた主な問題と現代のイスラーム的改革の努力に求められるものを我々に思い起こさせる記憶術として理解されるべきであろう。

方程式1
啓示+人間性と宇宙法則の認識+理性+時+場所=科学的かつ正統なイスラーム知識と健全な知の方法論

方程式2
愛のある養育+励まし+自由+躾=前向きで、建設的で、実行力がある、強固な人間の性格

方程式3

人類文化に対するクルアーン的視点＋唯一神信仰に基づく強い信念＝建設的で、前向きで、倫理的に健全な意思と、地球における神の代理人として創造的に責任をもって行動しようとする意志を持った人間

方程式4
健全な知の方法論＋有益な精神的・感情的適応＋善を行おうとする意志＝預言者の教友たちによって受け入れられ、適用されたクルアーン的世界観に基づく自己実現

方程式5
思想家＋教育者＋改革者＋現実対応力のある世界観＝真の平和的な変革

方程式6
建設的で、前向きな構想＋健全な知の方法論＋健全な教育方法＋現実対応力のある社会制度＋社会的・経済的公正さ＝生き生きとした、平等主義的で、精神的で、創造的で、活動的で、有能で、現実対応力のある、建設的な社会と文化

イスラーム的文明構造のための基本的な土台

＝

精神的、建設的、代理人としての責任に基づく、唯一神信仰の世界観

←

肯定的かつ科学的で、知的一貫性のある方法論（学校やメディア）

←

肯定的、精神的、感情的な養育（家族）

現実対応力のある、人的・社会的・制度的構造（国家）

←

平和、自由、公正、調和、同胞愛に満ちた社会（より広いムスリム共同体）

←

公正、思いやり、自由、平和からなる人間関係、知識の探求、グローバル化志向を特徴とする人類文明▼1

＝

我々の教育と学びの出発点

文化構築の必要事項

＝

公正、思いやり、自由、平和からなる人間関係、知識の探求、グローバル化志向を特徴とする人類文明

→

平和、自由、公正、調和、同胞愛に満ちた社会（より広いムスリム共同体）

→

現実対応力のある、人的・社会的・制度的構造（国家）

→

肯定的、精神的、感情的な養育（家族）

→

肯定的かつ科学的で、知的一貫性のある方法論（学校やメディア）

→

公正、思いやり、自由、平和からなる人間関係、知識の探求、グローバル化志向を特徴とする人類文明

＝

我々の教育と学びの出発点

付録Ⅱ　信仰——理性に基づくものなのか、奇跡に基づくものなのか

はじめに

クルアーン的世界観の議論に本付録を付け足すことにしたのは、地球における創造物や人間の命とあらゆる次元で関係する普遍的・精神的な構想であるこの世界観に必要な基盤を示すためである。結局、人生やそれを超えたものに対する包括的な構想は、宇宙の創造者に由来するものでない限り、いかなる信頼できる基盤も持ちえない。存在の普遍性は、人間の理性だけでは理解することができないからである。

本付録の目的は、信仰のための論理的・理論的な基盤、つまり信仰をかたちづくるイスラーム的世界観に基づく基盤とは何かを明らかにすることである。無意識的にせよ意識的にせよ、理性のある信仰は、幼少の頃から私自身の人生の支えあるいは導きであり、物質的レベルにおいても精神的レベルにおいても自分の存在の意味を示すものであった。私の願いは、ここで私が述べることが、ムスリム読者が信仰によって有している強固な基盤に気づき、そうすることで人生の意味を理解し、神の唯一性と神の代理人、改革者としての各自の役割に基づいた明確な世界観を形成する一助となることである。

今から数年前、イスラーム科学の方法論について学んでいた際、イマーム・イブン・ハズム・アル＝アンダルスィー（西暦一〇六四年没）が、彼が発展させた哲学体系の科学的傾向と秩序だった内容にもかかわらず、自らの論理的・科学的方法を放棄したという事実が私の注意をひいた。信仰と啓示の信頼性について探究した際、彼は奇跡と超自然の受容という方法をとった。

少年であった私は、信仰や宗教的な世界観、啓示の真実といった疑問と直面した。これらの問題を探究するにあたり、私の思考は理性的な方向へ向かう傾向があった。そのため私にとって、これらの問題の解決に奇跡はほとんど何の役割も持たなかった。数年前に「イブン・ハズムの逐語的理解主義とムハンマドの信託の無類性についての考察」[1]と題する論稿を書こうという気持ちになったのはこうした私の考えがあったからである。その中で、私はイブン・ハズムの方法に関する疑問を多数挙げ、彼の科学的・方法論的構想が補完され、完成されるための手段を提示した。

啓示が信頼に足るという主張の最高の基盤としての理性的証明

イブン・ハズムは、イスラーム哲学と神学の歴史における傑出した人物であり、その科学的、体系的、秩序だった思考で知られている。理性、現実主義、実証データと経験に厳格に基づいたことで、イブン・ハズムは議論においても結論においても著しく明確であった。そのため彼は、たとえ確固たる宗教的あるいは知的な見解として誇示されていた言説であっても、空虚な憶測や思い込みを拒絶した。実に、イブン・ハズムの科学的、体系的な方法論それ自体こそが、時の経過とともに彼が支持を失っていった主要な理由の一つであった。それは、ムスリム共同体の考え方が重要な論点を見失い、ムスリムの思想家や学者たちが共同体の実生活からますます離れて孤立していったのと時を同じくしていた。イブン・ハズムがイスラームの法解釈においてイスラームの啓示を文字通りに解釈したのは、理性、感覚による認識、確かな経験にのみ依存する彼の科学的方法論の当然の帰結であった。したがって、直接的な感覚認識あるいは人間の論理を超えた領域に関して、人間が神から直接明らかにされたものに付け足しや差し引きを行うことをイブン・ハズムの方法論は認めない。イブン・ハズムの信条では、人間の理性は啓示に付け足しや差し引きをすることなく、まさにそのまま理解することが義務づけられており、そうしないこと――つまり、いかなる信頼性あるいは理にかなった正当性もなく、理性や感覚認識の世界を、それらを超越した領域と混同すること――は人間の理性の神格化あるいは放棄につながる。

イブン・ハズムは、イスラームの啓示とそのテキストに付け足しや差し引きを行うことなく理解するにあたって、自らの理性、知識、そして科学的方法を採用した。この秩序だった方法論の結果、彼は一つの法学体系を形成し、彼の支持者からも中傷者からも同様に尊敬を勝ち取るに至った。実に、彼の著作は知識や知性の探求者が、今日においても参考にし続ける正統かつ信頼に足る議論の源と見られるようになった。

体系的、科学的な方法論の支持者は、しばしばムスリムの学者たちから無視され、そのことはムスリム共同体とその知的な進歩にとっての損失となった。社会に関わる様々な分野の知識を統合することに失敗したこと、またムスリムの学者と知識人の仕事がモスクや学校の内部だけに無理やり限定されたことによって、イスラーム思想の活力と適応能力は破壊された。このように、認識されず、理解されず、受容もされなかったことは、イブン・ハズムだけでなく、他の多くの創造的な思想家や科学的方法の支持者にとっても避けられない運命であった。そのような思想家の一人がイマーム・イブン・タイミーヤ（西暦一三二八年没）である。彼は、数多くのムスリムの学者と知識人の憎しみを買い、イスラームへの背信であると非難された。このことは、高名なイブン・ハルドゥーン▽1にも起きたことであった。イブン・ハルドゥーンは、その思想や著作が西洋の非ムスリムの科学的方法論の支持者によって明るみに出され、相応しい認識と評価を与えられるまで、ほとんどのムスリムの学者に無視されるか、過小評価されてきた。またその他にも多くの例が存在する。

誰であれ、ヒジュラ後四世紀のイジュティハード▼2への門が閉ざされた後に生きたこれらの貴重な天才たちの人生について考察する者は、彼らが、現代に普及しているような、知識が分裂し、日常生活の現実から切り離された学派に基づく知の体制とは、その質も手続きも異なる方法論に忠実であったことを発見するであろう。イブン・タイミーヤ、イブン・ハズム、イブン・ハルドゥーンやその他彼らと同類の人々は、彼らを取り巻く社会が経験する現実から切り離されて仕事をした研究者や法学者ではなかった。反対に、彼らは、社会・政治領域における明確な実践を基に総合的、科学的な考え方を発展させ、それを通して専門性、知識、認識を獲得した人々であった。彼らの知識は、変わりゆく人生の現実にしっかりと対処するうえでの行動、実践、認識と明確に関係した類のものであった。したがって、彼らが生きた時代の状況を鑑みると、彼らの意見と解釈のほとんどは、正当で、現実的で、啓蒙的なものであったと捉えることがで

▽1　イブン・ハルドゥーン（西暦一三三二〜一四〇六年）は、北アフリカに生まれ活躍した、歴史家、イスラーム学者であり、政治家でもあった。『歴史序説』の著者として知られる。

きるかもしれない。

しかしながら、見えるもの（al-shahādah〔認識可能なもの〕）と見えないもの（al-ghayb〔認識不可能なもの〕）の領域を取り扱うイブン・ハズムの科学的かつ秩序だった方法は、合理的であるにもかかわらず、人が神の啓示を知識の源として受け入れ、それに基づきイスラーム法を受け入れ、順守するために必要となる理性的な証拠の探求において大きな難題にぶつかることになる。というのも、イブン・ハズムが理性の信頼性と経験に基づいた証拠に傾倒していたこと、さらにこれに基づきグノーシス主義や神秘主義を拒否した事実を踏まえると、彼は神の啓示（al-ghayb）を受け入れ、献身するうえでの拠り所となるある種の体系的、科学的、理性的な証拠を特定することを余儀なくされていた。

神の啓示の信頼性を理性的に受け入れるためには、預言者の真実性と信用性、ならびに彼のもたらした信託の真実性の受け入れが先行していなければならない。しかしながらこの点において、イブン・ハズムは、彼の科学的・理性的な方法――つまり、知識の正統な源として理性と感覚による経験以外の何ものも受け入れない方法――と、高邁なるイスラームの信託、ならびに、その信託は人生が調和し完全であるために必要であること、見えるものと見えないものの領域がかつてそうであったように、出会い、互いを補完しあうことが必要であるという個人的な信仰との間で引き裂かれたことに気づいたのである。そのためイブン・ハズムは、自らの思想や方法の特徴と一致し、さらに見えるものと見えないものの領域の間の信頼に足る関係を形成する、ある種の理性的な証拠を探す以外に選択肢はなかったのである。

彼のような信条の者にとって、見えない世界とのグノーシス主義的（神秘主義的）なコミュニケーションや交流の可能性についての主張は到底受け入れられないものであったため、イブン・ハズムは神の使徒の真実性への理性的かつ科学的な信仰の基礎となる証拠を探求するため、その生涯に向きあう必要があった。使徒の真実性は、理性に選択の余地を残さず、彼の主張を信じ、彼の信条に服従できるような生きた証を通して表されなければならなかった。使徒の人生に存在する特別な何か（al-i'jāz）は、理性的領域と感覚的領域（al-shahādah）において彼の信託を受け入れ、また屈服するうえでの理性的、科学的な基礎として貢献した。さらに、この受け入れによって、一方の理性と感覚、他方の超越性と超感覚（形而上）の各領域の間に存在する理性的な因果関係が発見されたのである。当然ながら、イブン・ハズムの科学的・理性的な方法論の基準から見て、この論理的かつ体系的な発見のみが超越性や形而上の事柄を論証するための根拠となりえた。

そうすると次のような疑問が生じる。預言者の人生における、どのような奇跡的あるいは特別な側面について、イブン・ハズムは、疑いや議論の余地なく、信託の真実性を理性的に受け入れざるをえなくするものだと主張することができたのであろうか。

イブン・ハズムは、その方法論が根本的に正しかったにもかかわらず、自らが確かなものと想定した前提から出発して正しいと思われる結論に到達することに失敗した。これは、〔確かなものと想定した前提が〕妥当なものではなかったといえるかもしれない。なぜなら、イブン・ハズムが特定した預言者の人生の特別な要素は、彼が起こしたと記録される物理的領域の奇跡のことだったからである。▽2 ここで我々が直面する問題は、仮に信仰者にとってそのような奇跡が起こったと認めることが容易であったとしても、奇跡の

▽2　ハディースに記録されている、預言者ムハンマドが為したとされる奇跡を指す。

出来事を語る語り手たちの（伝承の）つながりの正当性、説明自体の正当性、語り手が説明を誇張すること、尾ひれをつけるようなことはなかったか、感覚が惑わされるようなことはなかったか等々についての理性的あるいは科学的な観点からは、かなりの議論の余地があるということである。これらのことを考慮すると、奇跡が起こったことを信じることが求められるのは、それを直接目撃した人々だけという結論さえ導かれるかもしれない。したがって、人々が——自らが帰属する人物への愛、尊敬、称賛から、あるいは波風を立てることを避けるためだけに証言する学者への愛や尊敬から——真実性を付与しかねない傾向を持ちながらある出来事について証言するならば、そのような証言はイブン・ハズムの理性的・科学的な方法論とは矛盾するといえる。

私は、イブン・ハズムのように科学や理性へ傾倒してきた。カアバからほど近いマッカにある中等学校の生徒であった頃から、私は理性と知覚の世界と、超越性と形而上の世界との関係性を取り巻く問題、また人生でどのような方向性に進むべきなのか、どのような教義を信じ、実践すべきなのかという問題を認識するようになった。私にとって預言者の生涯に注意を向けることでそのような実存的な問いに迫ることは、家族の豊富な蔵書や、幼少期から学業を奨励する愛情深い養育環境のおかげで、自然なことであった。預言者の主張が真実を告げ伝えるものであるという信頼性を表す失われたつながりを、超越性と形而上の世界から見つけだし、それによって彼のもたらした信託の崇高さを受け入れ、献身することを余儀なきものとし、同時に、他の信託の担い手たちについても、その考えや模範的生涯を顕彰することを通して称賛や感謝を感じられるようにすることを願ったのはその時であった。

しかしながら私は、イブン・ハズムとは異なり、預言者が物質的領域で行ったと記録される超自然的な功績について信頼性や正確さの決定的な証拠を探すことは（実際にそれらが行われたことを信じたいと思いながらも）しなかった。むしろ私は、預言者自身の人柄についての探求を行った。なぜなら、私の理性だけでは、実存やそれを超越したものについて理解することもできなければ、使徒と信託の真の性質について神に直接尋ねることもできないと認識したからである。したがって、理性に基づき神からの命令である探究に従事し、その過程で預言者の理性的な言説を無視することなく、否定することなく、宇宙の法則に反するような超自然的な行為を根拠として持ちだすことなく、預言者自身の生涯を探究することは、私にとって論理的な必然であった。私は、既に比較的若い頃、使徒が奇跡を行ったことを信じる必要もなく、彼の誠実さについての理性的、科学的な実証に至ることができた。このことが私を、理性的、科学的な方法論をさらに明らかにし、同時に、今日の世界に普及する物質主義的、共食いの世界観――つまり、正義こそ力、というよりも力こそ正義、が罷り通っている世界観――を前にして、人間的で精神的なイスラームの世界観を回復する必要性を示すという願いを持ったことから、上記の考察を執筆することになったのである。

青年であったその当時から、私は、預言者によってもたらされた最後の信託の真実性を、使徒と同時代の人々が経験した確信に少しも劣ることなく、後の世代の人々が信じることができるような、理性的かつ科学的なやり方で明らかにする科学的方法が求められていることを認識してきた。このため、預言者に特有の特別な何か（al-iʿjāz）は、我々が順守を呼びかけられている宇宙の法則や論理と調和していなければならず、我々の深い尊敬の対象でなければならない。預言者の信託と使命に従うことは、超自然的な出来事や、知性の説明能力を超えた出来事、また科学者が既知の法則や秩序以外のものを持ちださなければ証明できないようなものに依存してはならない。さらに、信託の信頼性の基盤は使徒の人格に基づいていなければならないため、まず彼の言行を――それらの個々の要素と全体的な法則を共に――考察し、次にそれらを他者の言行と比較し、この人物が感覚を超越した世界の信託をもたらし、人々にそれを信じさせることが、いかにして可能だったかを知ることが重要である。

イスラームの信託は、イスラーム以前の信託や宗教とは異なっていると理解することができる。というのも、歴史においてイスラームの信託のテキストと預言者の生涯の詳細の両者が保存されたからである。同様に、歴史とクルアーンのテキストは共に、ムハンマドは人生を全うした人間であり、彼の人生は正義の人のそれであったことを明らかにしている。結果として、彼の信託の特別な要素と正確さの証拠は、過去においても現在においてもイスラーム的言説――つまり、科学的グローバル化志向の段階へと人類を導く目的をもった言説――で描写される人間性の真実と調和していなければならない。しかしながら以下のような疑問が残る。この人物の生涯において特別な要素とは何だったのであろうか。また、見えない世界からの、理性を義務づける善なる信託をもたらした使徒の真実性の疑う余地のない証拠はどこにあるのであろうか。

預言者ムハンマドがもたらしたクルアーンに具体化された信託は、神を起源とするものであると判断するに足る、信託に必須となる二つの基礎的な条件を満たしている。この二つの条件の一つが証拠文書である。世界の他の宗教に存在する文書とは異なり、クルアーンは完全なかたちで記録されている。つまり、クルアーンは、使徒の時代にしっかりと文書化され、預言者自身へと遡ることが可能な信頼に足るつながりに基づいた、特別な資格を持つ朗誦者によって朗誦され続けているのである。加えて、世界中のムスリムは、毎日の義務としてクルアーンのテキストの一部を礼拝において五回以上は朗誦することが求められており、過半数のムスリムは自主的にクルアーンを読み、暗記し、朗誦し、学び、毎日の祈りの基礎とし、生涯にわたる恩恵を求める手段としている。つまりクルアーンは、古代の手書き原本の数々の中でも比類ない水準の証拠文書であるということである。さらに驚くのは、この特別な証拠文書が、元来読み書きのできない人々、科学や知識、哲学、進んだ文明とは無縁の人々の間で発生したという事実である。

二つ目の条件は、単に「善」と言い表せるかもしれない。つまり、クルアーンは読み手や聞き手がこの世界で正しい行動をとり、善を探求することを強く勧めている。善を探求することを勧めないものを、生命と宇宙の創造主からの神聖なテキストと見なす理由はありえないであろう。実際に、クルアーンの節「まことにアッラーは公正、心尽くし、近親への贈与を命じ給い、醜行、忌むべき行為、侵害を禁じ給う。彼はおまえたちに訓戒し給う、きっとおまえたちは留意するであろう」（蜜蜂章、16：90）は、クルアーンの信託全般の良い例である。

しかしながら、善を強く勧める証拠文書や教えは、神を起源とすると認められる信託の必要条件であるものの、それだけでは、この文書が自己の権力の拡大を目論む何者かによって作られた可能性を排除するのに十分ではない。結果として、三つ目の条件も満たされなければならない。この三つ目の条件は、ムハンマドが、見えないものをご覧になる神ご自身からの信託を届けた真の使徒であるという疑いようのない証拠を――いうなれば、理性的、科学的な無類性を示すことによって――確立させなければならない。

ここに、預言者の性格と人生の詳細を理性的に考察することの重要性がある。それにより、我々が探求する彼自身と彼の信託の真実性の証拠を導きだすことを期待できるからである。実に、彼のもたらした信託が理性的かつ科学的な性質を持つことを知りながら、この問題に他のやり方で取り組むことなどできようか。結局のところ、この信託は「読め！」という命令▽3とともに始まり、我々が知識を探求し、考え、内省し、証拠を探求することを奨励する本という形式でもたらされ、原因や自然の法則への理解に基づいたものである。このこともまた、預言者の人格や言行を含めたその生涯を考察する必要性を裏づけるものであり、それにより、信託を担うために彼に与えられた資格は何だったのか、彼の信託が真実であった証拠は何なのかを決定づけることができる。

理性と知識を用いて、預言者の言行、能力、実績、人格を注意深く考察すれば、求める証拠に迫ることができるであろう。これらの言行や人格が――どんなに偉大で特別なものであったとしても――別の誰かによって発せられ、行われ、表されることも可能だったということは認めざるをえない。しかしながら、預言者という人物の全側面を捉えれば、その特別あるいは奇跡的な要素が、特定の実績、証言、人格だけに属するのではなく、全て一緒になって一人の男にもたらされたという事実――そして、彼の特定の状況や彼の生きた時代の社会が経験した文化や歴史の文脈において表されたという事実――が明らかになる。

この種の「奇跡」に存在する美しさや不思議さは、預言者を人間以上の者と捉えることも必要としなければ、理性と人間の論理を妨げるものでもない。そうではなく、預言者によってもたらされた信託は、神に与えられた人間性や人間の理解する宇宙の法則を通して、人間に当てはめることが可能なのである。そうすることで、これは「理性的かつ科学的な奇跡性」と言い表すことができ、これこそが理性と知覚の世界（al-shahādah）と超自然と形而上の世界（al-ghayb）との間の失われたつながりを提供するのである。そのようにして、使徒の真実性と彼がもたらした信託の信頼性の、疑いようのない科学的、理性的な証拠が提供されうるのである。

預言者の生涯における人間的、科学的、理性的、包括的な「奇跡性」が一体何を意味するのかを明らかにするためには、彼の最も際立った人格や生涯における主要な出来事を特定し、それらを全て完成図へと当てはめていく作業をすることで、彼の伝記を簡単に振り返る必要があるであろう。そうすることで、預言者ムハンマドの生涯と信託に存在する奇跡的あるいは特別な――同時に、人間的、科学的、理性的な――要素を理解することができるようになるであろう。預言者の人格について、このような大きな視野を持つことによって、なぜ彼のもたらした信託の基本的な前提や、信託の対象となった人間や文化の発展における科学的かつグローバル化の時代の性質と矛盾するかもしれない奇跡を根拠とする必要がないのか明らかになるだろう。

＊＊＊

預言者ムハンマドは、アラビア砂漠の不毛なイブラーヒーム渓谷に生まれた。彼の父、アブドゥッラーは、彼の生まれる前に亡くなり、彼の母、アーミナは彼が六歳の時に亡くなった。祖父であるアブドゥルムッタリブ、そして後に父方の叔父であるアブー・ターリブが彼の世話をするようになる。孤児として育ちながらも、幼少期において母性愛や慈しみを奪われることはなかった。四十年もの間、人生の様々な局

▽3　預言者ムハンマドに下された最初の啓示の最初の節（凝血章、96：1）。

面を通り過ぎ、現世的な野心に駆られれば、それを隠すことはできなかった。しかしながら、四十歳を過ぎて担うことになった信託の任務を引き受けた後、彼は並外れた知識、英知、リーダーシップ、開拓者精神に与り、それらを駆使して直面したあらゆる状況に取り組んだ。預言者になる命を受ける以前から――少年、青年、成人として、また父、夫として――ムハンマドはその正直さ、誠実さ、謙虚さ、そして非の打ちどころのない道徳性で知られていた。実に、この高い信頼に基づいた評判の故に、彼が二十五歳の時、彼の部族で最も気高く、賢明だった一人の女性――ハディージャ・ビント・フワイリド――は彼に財産を託し、また求婚したのであった。

四十歳という、若い衝動の嵐は静まり、肉体的情熱は弱まり、感情や野心が下り坂に転じる時、そのような出来事が起こるとは最も想定しない時に、この男は、見えないものの世界からの神の信託を預かったことを表明し、批判的であると同時に慈愛も示しながら、同じ部族の者だけでなく全人類に向けて、唯一の神の存在を認めること、そして謙虚さ、同胞愛、寛容、尊敬、宗教の自由、公正、知識への愛とともに生きることを呼びかけたということは指摘しておくべきであろう。

彼の主張は重大なものであり、人々が慣れ親しんだ教義や生き方への影響は既存の世界を揺るがすものであったため、彼の部族の人々――カアバと偶像崇拝者の守護者たち――は信託に対し驚き、不信仰を示した。しかしながら驚くことに、彼らとともに暮らしていた日々に彼が得ていた信頼を彼らに思い起こさせることで、彼は自らの主張が真実であると説得することに成功したのである。これらの事実を踏まえると、それまでの人生がありながら、人々に対し、突然このような深刻な内容について嘘をつくことなどできたであろうか。ムハンマドや他のいかなる人間にとっても、生まれてからずっと沈黙し、真の能力や大志、野心を抑圧し、何の兆候も見せずにいながら、四十歳を迎えて突然それを明らかにすることなどできるであろうか。ムハンマドであれ他の誰であれ、――心の奥底では嘘をつき、偽りながら、いざ人生のある局面に達した際に、人々に嘘やでっち上げを信じさせるために――生まれてから中年に至るまで誠実で正直であり続けることなどできるであろうか。ムハンマドが少年であった時から知られているように、正直で誠実な人生を歩んできた者は、神意によってこの瞬間に備えていない限り、時の経過とともに表れる能力を隠すことなどできないというべきであろう。なぜなら、ヒラーの洞窟[▽4]で預言者となるよう呼びかけられる日まで、彼は野心やリーダーシップの潜在性を微塵も見せることもなければ、その後に成し遂げた偉業に備えるためのいかなる専門性あるいは実践経験ももっていなかったからである。

したがって、四十歳に達した後のムハンマドの人生に生じた能力の一種は――たとえ、本質的に人間的なものにすぎず、個々に見れば際立ったものでなかったとしても――、一人の人間に備わるものとしては、特に彼を形成した素朴な環境を考えると、人間の持つ水準の理性や条件では信じることを余儀なくさせる真の「奇跡」であるということが分かる。地球で最も辺境の地域の一つに住み、文盲のベドウィン部族を出自とする無学な人間でありながら、予期せぬ強さをもって立ち上がり、社会の改革を呼びかける、この控えめで信頼できる正直な男には実に驚かされる。彼が行ったような雄弁な演説に役立つものなど、彼の過去の経験には何もなかった。さらに、何年もの間、自らや教友たちが迫害に苦しもうとも、真実と改革への呼びかけを止めなかった。実に、クライシュ族による抵抗と偶像や不道徳な慣習への執着こそが、彼

▽4　マッカの郊外にある洞窟。ムハンマドが最初の啓示を受けた場所。

と教友たちが信託を広め、先の見えないトンネルのようにその当時は思えた長い苦難を耐え忍ぶうえでの決心を促したのである。さらに驚くのは、十三年もの間、絶え間ない嫌がらせに直面しながらも精力的に宣教し続けた後、ヤスリブ（預言者ムハンマドの移住後マディーナと改名された都市）の民であるアウス族とハズラジュ族が予想外にもイスラームの信託を受け入れ、預言者に従い、彼のもたらした信託を支持することを誓った時に、力を蓄えたこの新しい信仰の共同体が、新たな始まりの機会を与えられたという事実である。

十年という短い期間に、今やその生い立ちが我々の知るところでもあるムハンマドが、公正、寛容、同胞愛、親善、宗教の自由の模範であった自治国家を設立し、賢明かつ巧みに治めるという比類なき成功を摑んだことを思うと仰天させられる。実に、国家の長としての能力において、彼は法や秩序の体系を構築し、雄弁さと判断力を確固たるものとし、軍隊を勝利に導いた。

これらの潜在能力や野心を一人の人間が持ちえたこと、そして少年期から青年期、成人を経て四十歳に至るまで、夫としても父としても、何の兆候も見せず、環境や過去の経験においてもそのような潜在性を育み、発達させるようなものが何も見当たらないというのは不思議ではないであろうか。四十年もの間、一瞬たりともそのような潜在能力や野心があることを漏らさずに、このような変化を抜け目なく計画することなど果たして可能であろうか。さらにいえば、世俗的な経験がほとんど無いか、皆無である人物が、部族長や指導者、施政者等の役目を——信託と国家によってペルシアや東ローマ帝国等の遠方の強大な帝国を打ち倒すに至るまで、英知、計画、政治、戦闘において彼らに勝りながら——引き受け、言語、民族、人種における大きな差異の存在にもかかわらず、数世紀の間に全世界に信託の光を広めることなどいかにしてできようか。

六十三年もの間、ムハンマドが人間としてその礼節の中で発展させた類まれなリーダーシップや模範的な性格こそ、彼のもたらした信託の真実性と信頼性を表す真の奇跡である。この信託こそ、その類まれな性格と能力によって歴史に名を残した、彼の部族の最も優れ、傑出した人々の信仰を触発したのである。これらの人々は、彼のことを以前から知っており、少年時代から彼の仲間や教友であり続け、救済の光の見えない、まして成功など期待できない十三年もの迫害と苦難の中にあっても、彼に従い、彼を信じることを選んだ。それにもかかわらず、どうして十四世紀も後になって――つまり、クルアーンの奇跡性について以前よりもよく分かるようになって――、ムハンマドのことを彼の教友たちよりもよく知っている、あるいは彼らよりもムハンマドについて判断する資格を持っている等と主張することができるであろうか。

人生の構造はピラミッドに喩えられるかもしれない。人生は、保護者による養育、教育、訓練、経験、練習から成る底辺から始まり、それが後に特定の分野における能力や技術という頂点に達する。このようにして人は、勝利を収める軍の指揮官、あるいは能力ある国家の長や政治家、雄弁で影響力のある物書き、勤勉で創造的な科学者、研究者、学者等になるのである。しかしながら、ムハンマドの人生は全く逆のパターンを示している。ムハンマドの人生は、底辺が狭く、卓越した指導者、賢者、学者、作家等を凌駕したあらゆる分野――英知、知識、政治的明敏さ、雄弁さ――の広範な頂点を持つ、逆ピラミッドに喩えられる。他にムハンマドの人生を喩えるものとして相応しいのは、恐らく、しなやかな茎から生えて、徐々に美しさと芳香を表出するために開いていき、その後に神の兆候という果実を実らせる花弁であろう。

ムハンマドがもたらした信託は、適切に受け取られ、理解されたならば、頭脳と心に平安をもたらし、人類に同胞愛と思いやりを促し、公正、真実、善行、知識〔の追求〕を呼びかけるものである。この特別な信託は、改ざんを共謀することが不可能となるのに十分な人数と多様性のある人々の集まりによって受け継がれたテキストを通して、我々に到達した。さらに、この信託は、常に正直で信頼できることで知られ、比類なき奇跡的な礼節の中に形成された性格の持ち主によって伝えられた。したがって、理性ある者なら誰であれ、唯一の創造者である神からの真の信託の信頼性を認めざるをえないのである。この信託は、見えるものと見えないものの世界をつなぎ、相互に補完させ、存在の意味と自然界――つまり、人間性と宇宙秩序について明らかになっているもの――の目的を完全に表す拘束力のある信託なのである。

したがってムハンマドがもたらした信託のこの側面――つまり、理性、人間性、物事を理性で理解したいと思う神から与えられた欲求と調和するもの――を理解することは、イブン・ハズムによって提唱された進歩的、科学的、理性的な方法論に最も適しているのである。同様にそれは、人類全体とともに、錯覚や誤り、無駄話の足かせから自由になり、科学的方法を完全に受け入れることに向かう、理性的な現代のムスリムに最も適している。

このような科学的、実践的な考察は、神からの神聖な信託としてのイスラームにおける私の信仰に確固たる強さをもたらした。その結果、私は単に生まれながらの、あるいは地理的な偶然からではなく、意識的にムスリムであることを選択した。迷信や錯覚、策略から守られ、知識、理性、人間性と宇宙の法則への理解への道において、私はしっかりと地に足をつけることができた。そのため、イスラームの信託に関して何らかの疑惑に悩まされる時も、体系的、科学的な調査を行うことでそれを乗り越え、疑惑やためらいを強めるのではなく、真実の所在を見つけることができるのである。

以下に示すのは、疑問や疑惑に対する調査のための二段階のアプローチである。第一段階として問題の性質を特定し、第二段階として宇宙やその全体的な目的の観点からクルアーンのテキストの各事項を考察する。このアプローチを使わなければ、私の考えでは、避けるべき妄想や戯言の類にしか行きつくことができない。我々の教授法や調査方法は、人間性や我々を取り巻く宇宙秩序についての学際的、科学的な学習にしっかりと根ざした、――構想、目的、原則、価値観、概念を含む――我々の宗教の本質的な側面についての知識に結びついているべきである。このやり方によってのみ、イスラーム的構想、目的、原則、価値観を日常生活においてしっかりと表せるよう、我々の知識と実践の双方が、建設的に力を発揮できるからである。

イブン・ハズムの方法論に対する考察に触発された私の提案する構想は、私が若い時に経験したことに基づいている。それは、思慮深い若者であれば誰であれ、意識的にせよ無意識的にせよ、見えるものと見えないものの領域の間の関係性を理解しようとする直観的な調査の過程で関わらなければいけない経験である。なぜなら、それによってのみ自らの最終的な運命について内なる確信を発見することができるからである。

この構想と方法論は、私にとって長年の間、大きな利益であったが、同じく他の人々にとっても、熟考し、相応しい真剣さをもって人生をかけることを奨励することによって恩恵となることを願う。それにより、ムスリム共同体ならびに人類全体の双方にとってのより良い未来の夢を具現化する若者たちを高めれればと願う。このより良い未来とは、人類が真実の道を歩み、公正と同胞愛の文明を築く未来、神から与えられた恵みを模範的に代行し管理する未来、健全な理解と正しい振る舞いが真の自己実現を達成し、人生の意味をその責任と恩恵とともに満たす未来である。

イブン・ハズムの人生、ならびに彼の跡を継いだ他の著名な先人たちの人生が、本稿の読者に、信仰への健全かつ理性的なアプローチに尽くすための思想や刺激の糧を提供するものであらんことを。そして、この方法に献身することで、神の恵みにより、人生の導きや、善を求め惜しみなく自らを捧げようとする刺激がもたらされるよう、啓示と理性が統合されることを願う。

公正の道を望むものを導き給う神にこそ、称賛と祝福あれ。

万有の主、神にこそ称賛あれ。

原註

はじめに

▼1 Herndon, VA: IIIT, 1987. フィラデルフィア、ペンシルベニア大学での私の博士号取得にあたり一部を英語で執筆したもの(1973)。この研究は後にナスィル・アル＝ブライク博士によってアラビア語に翻訳され、*al-Naẓariyyah al-Islāmiyyah li al-'Alāqāt al-Dawliyyah: Ittijāhāt Jadīdah li al-Fikr wa al-Manhajiyyah al-Islāmiyyah* という題名で出版された。

▼2 本書の初版の編集は故イスマーイル・アル＝ファルーキによってなされた。英語とアラビア語、両方の最初の改訂版は一九八六年に出版されたが、同年、アル＝ファルーキ博士が、妻のラミヤとともにペンシルベニア州ウィンコートの自宅で殺害されるという悲劇が起こった。

▼3 Cairo: Maktabat al-Khānjī, 1960.

第一章

▼1 ハディース集『サヒーフ・ムスリム』、hadith no. 6926

▼2 ハディース集『ムスナド』に収録されたアフマドによる伝承、hadith no. 18030

▼3 ここで重要なのは、宇宙と宇宙の法則が不変のもの、あるいはほぼ不変のものであったとしても、人間のそれらへの理解は時と場所の要因によって決定される相対的なものであるという事実に気づくことである。いい換えれば、人間の物事への理解は、与えられた時と場所において得られるだけの知識量に依存しているということである。この得られる知識は、ある特定の時あるいは場所において高かったり低かったりする「認識論的上限」と見ることができるかもしれない。時と場所にお

ける人間の位置、そして能力や精神力の差異は、宇宙と宇宙の法則の現実をどれだけ理解することができるかに影響をもたらす。ここに神の啓示によって我々に知られることとなった普遍的原則と高次の意図の役割が存在する。これらの原則と意図こそ、――誰も完全なる理解や確信に到達することのできない宇宙の事実や法則について、人間がどれだけ理解しているかにかかわらず――人間が環境に対応するうえで導きを与えるべきものである。実に、アッラーの使徒はワービサ・イブン・マバド・アル＝アサディーに言われた。「ワービサ、義と不義とは何であるか、自分自身に問いなさい。義とはあなたの心と魂の安らぐことであり、不義とはあなたの心と魂の安らがないことだ。たとえ他の誰かが正しいと言ったことであっても」（『ムスナド』に収録されたアフマドによる伝承、hadith no. 18030）。しかしながら、このように自問するうえで、たとえ物事に対する詳細な科学的理解に未到達であったとしても、神から与えられた人間性の目的に沿うよう、物事の全体像を持つべきである。しかし、一旦科学的な理解に達することができたなら、神の啓示と人間性に存在する高次の意図に完全に一致することになるだろう。

この全体的な視点こそ、「意見学派」（Ahl al-Ra'y）の創始者であり、法学的裁定におけるイスラーム法の精神と高次の意図の優越性を唱えたイマーム・アブー・ハニーファ・アル＝ヌーマーンによってはっきりと述べられたものである。つまり、法学的類推によって導かれた結論が法の精神と高次の意図と矛盾する場合、この問題はイスティフサーン（法学的選好）の実践に訴えることで解決することができる。法学的選好の実践は、この精神――つまり、より完成された知識が法規あるいは解釈を変えようと呼びかけるまでの間における、人間に関わるイスラーム法や、人間性や宇宙の法則について知られているものの高次の目的――と最も調和する法学的裁定や解釈を採用することを含む。この方法により、特定の時間的、地理的な文脈における人間性と法則との間の科学的、客観的なバランスを取ることが可能となる。

イスラーム法と啓示、そして神から与えられた人間性と宇宙の法則の間にある関係性について理解するためのこの方法論は、「シャリーアの高次の目的」（maqāṣid al-sharī'ah）の理論の基礎を成すものである。しかしながら、この理論を適用する学者あるいは学生は、イスラームの教義や法、また人間社会を支配する原則についての正しい知識を身につけている必要がある。

［クルアーンやハディースの］原文の最も顕著な難しさは、預言者や敬虔な教友たちの特定の言葉に関連したものである。この難しさは、記述内容の信頼性あるいは言い回しの正確な理解と関係している。文献の誤りや改変、嘘の可能性についての認識とも関係しているかもしれない。文献の誤りが犯されたのは、知らずに、あるいは良い動機によってであるかもしれ

ないが、軽視によって、あるいは自らの信じたものを正しい視点や行動指針にするために神聖な雰囲気で装飾しようとする動機を持つ、何らかの下心ある者によって意図的になされたかもしれない。原文の曖昧さのもう一つの理由は、現代の読者が特定の時間的、地理的な要素とそれが原文の意味に与える影響に注意を払うことに失敗したためである。（クルアーンの啓示やハディースで伝承されている出来事の起きた）時期を特定するのに必要な背景についての情報、あるいはそれが記録され伝わった状況についての情報の欠如により、読者が本来の時間的あるいは地理的な文脈において文献を理解することができない事例もいくつかある。

おそらく、このような原文の難しさについての議論は、以下のものに関する説明を中心に見られる。すなわち、毒を盛ること、七つのナツメヤシの実、成人男性の「看護」、ハエの羽、また見えないものの領域、魔術、嫉妬、悪意に満ちた目の伝承、ジンや見えない生き物の世界と人間の世界との関係性等である。〔いずれもハディースで言及されている事柄である〕

ある種の文献は、我々が現代利用することのできる科学的事実だけでは意味を説明するのに不十分である。その場合、文献が取り上げる科学的事象に実践的に取り組むことのできる理論が必要となる。問題となっている文献は、はっきりと確立された定説ではなく、特定の科学的仮説に基づいて説明できるかもしれない。この仮説は、理論や関連する仮定が正しいかどうかの明確な判定ができなくても、問題となっている現象に関して、読者のためになる説明を提供する。このような仮説の目立った例として、種の起源あるいは進化論についてのダーウィン理論がある。ダーウィン理論は、我々に過去の出来事についての概念や、異なる生物の間に見られる類似性や共通性の実用的な説明を提供するものの、同理論やその前提条件の正しさについては、確信に至ることが未だできないでいる。一方、同理論の曖昧さは、それを我々が暫定的な土台として受け止めることができるという点で、また任意の哲学的推論を拡散するための豊かな土壌を提供するという点で有益である。唯物論的哲学と密接に連携し、社会を適者生存と力は正義なりの原則で運営される人間のジャングルと捉える推論の一例が、物質領域が単に偶然によって支配されているという主張である。

もう一つのよく知られたこの種の理論が、ジークムント・フロイトの理論である。フロイトの精神分析学の理論は、現代の心理学の誕生に貢献したが、今や人間の精神のはたらきについてのより広い知識やより深い洞察によって多かれ少なかれ陳腐なものとなっている。また別の例としては、物質は作られることも破壊されることもできないという、現代の物理学者の何名かによって提唱されている仮説があり、後に物理学の分野での研究で正しいことが証明されている。物質の破壊不可能性についての仮説は、原子核レベル——つまり、核爆発のように物質の一部がエネルギーに変換されることによって物質が減少し、核融合や水素融合のようにエネルギーが物質に変換されることで物質量が増加するレベル――で観察される現象を説明する手法としては有益である。

最近開発されたクローン作成や遺伝子組み換えの能力を鑑みるに、イスラーム思想が直面する問題には、ヒトゲノムと幹細胞の分野での科学的研究をどこまで突き進めるべきなのかということがある。このような新しい能力は、新しい機会をもたらすと同時に重大な疑問を生じさせる。何が許されるべきで、何が許されるべきでないのか。どのようにしてこのような様々な科学的調査と適用は制御されるべきなのか。人々を害や災難から守りつつ、人々にとっての利益をもたらすには、どのような種類の統制がなされるべきなのか。これらの疑問に対処するためには、――全てを無差別に禁止する硬直した逐語的な考え方に屈服することなく、また一方で、破壊的状況への扉を開くかもしれない場当たり的で混沌としたアプローチにも屈服することなく――イスラーム法の普遍的な原則と高次の目的に同意し、それによって導かれる必要がある。

要約すると、原典の難しさと未解決の科学的事象は共に、普遍的原則、イスラーム法に内在する精神、そしてイスラーム法が貢献すべき人間の利益を考慮しながら、法学的選好（イスティフサーン）の実践によって取り組む必要がある。

▼4 全くこの通りの預言者の発言の記録はない。しかしながら、この趣旨での発言は、アリーによる「人々が知っていることに基づいて、彼らに話しなさい。アッラーとアッラーの使徒が真実でないと思われたいのですか」（ハディース集『サヒーフ・アル＝ブハーリー』、hadith no. 127）がある。人間の理性についての議論にあたり、アブー・アル＝ハサン・アッ＝タミーミーがイブン・アッバースからの伝承により述べたところによれば、（アッラーの使徒は）「我々預言者は、人々が理解できるように話すために送られた」とかつて言われた。しかし、彼はこの伝承のつながりは弱いものであると述べている。

▼5 バルマク家はアル＝マハディー治世下で多大な影響をもったペルシア人一族である。ヤフヤ・イブン・ハリード・アル＝バルマキーはハールーン・アッ＝ラシードの養育の責務を担い、彼の妻は彼が赤子であった時に世話した。ヤフヤはハールーン・アッ＝ラシードがカリフ位につくまでの養育に影響力を持ち、彼の息子たちがカリフから大変気に入られていたが、国事への影響が増したことで、ヒジュラ暦一八八年（西暦八〇三年）に投獄され、土地も没収された。バルマク家の没落は、アッバース朝へのペルシア人の影響と役割の大幅な減少を招いた。

▼6 西暦八〇二年、アル＝マアムーンとアル＝アミーンの父であるアッバース朝カリフ、ハールーン・アッ＝ラシードは、アル＝アミーンに対して自身の跡を継ぐよう指示し、アル＝マアムーンに対してはホラーサンを治めること、そしてアル＝アミーン亡き後はその跡を継ぎカリフとなるよう指示した。アル＝マアムーンの方が兄であったが、彼の母親はペルシア人で

あり、アル＝アミーンの母親は優勢なアッバース家の一員だった。ヒジュラ暦一九四年（西暦八〇九年）にハールーン・アッ＝ラシードが亡くなると、兄弟の関係は悪化した。アル＝マアムーンが独立の動きを見せると、それに応えてアル＝アミーンは彼の息子のムーサーを跡継ぎとすることを宣言した。この父親の意思と証言への違反は内乱をもたらし、アル＝マアムーンのターヒル・イブン・フサイン率いるホラーサンの軍勢がアル＝アミーンの軍隊を打ち負かし、バグダードを包囲した。ヒジュラ暦一九八年（西暦八一三年）、アル＝アミーンは首をはねられ、アル＝マアムーンは帝国全体のカリフとされた。

▼7

聖なる原典あるいは解釈における虚偽や改変の深刻さについてここで述べておくべきだろう。クルアーンの普遍性とイスラーム法の高次の意図の影響下にない文献は全てイスラーム的価値観、概念、目的を酷く弱体化させるために存在している。このことは預言者のハディース（とされている偽造の文献）に特に当てはまる。このような文献は、健康的な食事に落とされた一滴の致死量の毒のようなものである。なぜなら、食事がいかに良質で栄養価が高くとも、いかに健康的な体をもっていようとも、小さな一滴の毒だけで死をもたらすのには十分だからである。たとえば、迷信やいかさまを許容するたった一つの文献が、真正で健全な膨大な数の文献――つまり、宇宙の法則の順守、また善、熟達、誠実さ、神への信頼のための心からの奮闘を呼びかけるような文献――の有用性を破壊することができる。そのため、単一のものであろうとなかろうと、ハディースの記述内容を慎重に批判することは、クルアーンが明記する基本原則の視点に立つと、文献と解釈の改ざんや誤用という、ムスリムの思想、教義、イスラーム的・クルアーン的世界観を著しく歪めてきたものからムスリム共同体を守るために明らかに必要なことである。

全能なる神は言われる。

アリフ・ラーム・ラー。その諸々の徴（節）が完成されそれから解明された、英名にして知悉し給う御方の御許からの啓典である。

（フード章、11：1）

そして地上のどんな動物も、双翼で飛ぶ鳥も、おまえたちのような共同体でないものはない。われらは書の中で何ものも疎かにはしなかった。そして、彼らの主の御許に彼らは集められるのである。

（家畜章、6：38）

また、

彼こそは、おまえにかの啓典を下し給うた御方で、その中には確固たる諸々の徴がある。それらは啓典の母であり、他は曖昧なものである。それ故心に歪みのある者たちは、紊乱《びんらん》を望み、また、その真意を求めて、そのうちの曖昧なものに従う。だが、その真意はアッラーのほかは知らない。そして知識が確かな者たちは、「われらはそれを信じる。どれもわれらの主からのもの」と言う。だが、賢慮を備えた者を除き、留意しない。（イムラーン家章、3：7）

「確固たる諸々の徴」という表現は、教義、原則、価値観、概念、法規に言及したものであり、「曖昧なもの」という表現は、道徳的教えや、啓典の民（ユダヤ教徒とキリスト教徒）と過去の文明に関する出来事を伝える物語に言及したものである。これに関連して、クルアーンはムスリムに、クルアーンそのものの内容で満足し、曖昧なものが付随する迷信や異教信仰、虚偽の叙述から遠ざかるように指示している。

▼8 アナス・イブン・マーリクの権威による、カターダの権威による、イマーム・アフマドの『ムスナド』における記述、hadith no. 13991

▼9 ズハラ・イブン・マアバドの祖父からの伝承による、ズハラ・イブン・マアバドからの伝承による、イマーム・アフマドの『ムスナド』における記述、hadith no. 22556

▼10 イマーム・アフマドの『ムスナド』における記述、hadith no. 25341

▼11 ハディース集『サヒーフ・ムスリム』悔悟する者の書、hadithno. 2747

▼12 ハディース集『スナン・イブン・マージャ』断食の書、hadith no. 1690

▼13 ハディース集『サヒーフ・アル＝ブハーリー』結婚の書、hadith no. 4776

▼14 『サヒーフ・アル＝ブハーリー』断食の書、hadith no. 1847。多くのムスリムの若者に混乱と困難を引き起こしている問題について、ここで注意を払うことは有意義かもしれない。私が言及する問題というのは、若いムスリムが、せわしなく要求が増えていく日常生活の喧騒に押し流されていることに気づきながら感じるプレッシャーが大きくなっていることであり、同時に一日の決まった時刻になされる五回の義務の礼拝を行うことが必要であるということである。原則としては、この必要性はムスリムの生活にとって当たり前のことである。「……まことに礼拝は信仰者たちに定時のものとして書き定められた」

（女性章、4：103）。しかしながら、ムスリムが認識しておく必要があるのは、預言者のスンナが、ムスリムが日常的に直面する状況の多くで感じるかもしれない負担を大きく軽減する手立てを提供するものであるということである。『サヒーフ・アル＝ブハーリー』に収録されたアナスによる伝承によると、アッラーの使徒は言われた、「困難ではなく、容易さをもたらしなさい、他者を疎外するのではなく、朗報を伝えなさい」。この精神に沿い、我々は正午の礼拝（ズフル）、昼下がりの礼拝（アスル）、日没の礼拝（マグリブ）、夜の礼拝（イシャー）に加わることを許された。

預言者自ら複数の礼拝を同時に行うことが時々あり（つまり、一つの礼拝の時間帯に、二つの礼拝を連続して行うことであり、昼下がりの礼拝の時間帯に正午と昼下がりの礼拝を続けて行うこと、また夜の礼拝の時間帯に日没と夜の礼拝を続けて行うこと）、それは酌量すべき特別な状況にあるわけでもなく、旅行中でもない時にも行われた。『サヒーフ・ムスリム』とイマーム・アフマドの『ムスナド』は共に、イブン・アッバースからの伝承により伝わる説明を含んでおり、それによると、アッラーの使徒は、マディーナにいた時、恐れや危険を感じる理由（たとえば、戦場にいて戦うため二つの礼拝を同時に行うことが必要になるような場合）がなくとも、また激しい雨により人々が二つの礼拝のためにモスクへ辿り着くことが困難であるような場合でなくとも、正午と昼下がりの礼拝を、また日没と夜の礼拝を同時に行っていた。イブン・アッバースは、「なぜ彼はそうしたのですか」。と尋ねられた時、「人々に必要以上の困難を与えないようにするためです」。と答えた。また『サヒーフ・ムスリム』と『サヒーフ・アル＝ブハーリー』が共にイブン・アッバースからの伝承により伝えるところによると、マディーナにおいてアッラーの使徒は、正午と昼下がりの礼拝を、八ラカア〔礼拝の単位〕を行うことにより同時に行い、日没と夜の礼拝を、七ラカアを行うことで同時に行っていた。このことから、イジュティハード（独立した類推と解釈）実践の資格を有するイマーム・アフマド・イブン・タイミーヤは、二つの礼拝を同時に行うことは、それが習慣になってしまわない限り、旅行中や何らかの酌量すべき状況になくとも許されると規定したのである。それならば、苦しみや必要性に迫られる状況においては、なおさら許されるのではなかろうか。〔ここで述べられている礼拝のまとめ方は、サウディアラビアで広く受け入れられているハンバル派法学の学説である〕

▼15 『アル＝タムヒード』、vol. 8, p. 386においてアブドゥ・アル＝バッルが述べるところによると、「アブー・ウバイダがウマル（神よ、両名に慈悲をかけ給へ）に「あなたは神の法から逃れるのですか」と言ったのを聞かなかったか。それに対してウマルは「私は神の法から神の法へと逃れる」と答えた」。

▼16 Fatḥ al-Bārī. vol. 13, p. 34.

▼17 アブドゥッラー・ユースフ・アリーは、「もし何者かがあなたに対し禁を犯したなら、同様にあなたも彼に対して禁を犯しなさい」。という言い回しで表現している。

▼18 ハディース・クドゥスィーは、クルアーンの中にはない、預言者の口を通して伝えられたアッラーの御言葉である。

▼19 『サヒーフ・ムスリム』におけるムスリムによる叙述、義と人間関係と道徳の書、不正の禁止に関する節、hadith no. 2577

▼20 アブー・ヤアラー・アル＝ムーシリーによる叙述、『ムスナド・アブドゥッラー・イブン・マスード』、hadith no. 5586

▼21 『スナン・アル＝ティルミーズィー』、義と人間関係と道徳の書、hadith no. 2007

▼22 『サヒーフ・ムスリム』、義と人間関係と道徳の書、hadith no. 2593

▼23 『サヒーフ・アル＝ブハーリー』、hadith no. 2310

▼24 『サヒーフ・アル＝ブハーリー』、hadith no. 6119

▼25 『サヒーフ・ムスリム』、hadith no. 2585、ムスリムの互いへの思いやりと相互支援に関する節

▼26 『サヒーフ・ムスリム』、義と人間関係と道徳の書、hadith no. 2586

▼27 『スナン・アル＝バイハキー』、hadith no. 19018

▼28 イマーム・アフマド・イブン・ハンバルの『ムスナド』、hadith no. 16745

▼29 『ムスタドラク・アル＝ハーキム』、売買の書、hadith no. 2166

▼30 『サヒーフ・ムスリム』、hadith no. 2699

▼31 『ムスナド・アル＝シハーブ』、hadith no. 176

▼32 『アル＝ムジャム・アル＝アウサト』におけるアル＝タバラーニーによる叙述、hadith no. 4794

▼33 『サヒーフ・アル＝ブハーリー』、hadith no. 6552

▼34 『ムスタドラク・アル＝ハーキム』

▼35 この節の説明にあたり、ムハンマド・アサドは、同節が第一義的には離婚（2：22を参照）にあたっての誓いについてであるものの、一般的な重要性を持っていると述べている。これに関連して、彼は預言者の発言への注意を促した。「もし誰かが（あれこれをする、あるいはしないという旨の）固い誓いを行ったが、他により良き道があると気づいたなら、より良いことをさせなさい、そして誓いを破らせ、それからその償いをさせなさい」（『サヒーフ・アル＝ブハーリー』と『サヒーフ・ムスリム』）。Asad. *The Message of the Qur'an*, p. 49.

▼36 イブン・マージャによる『スナン』、hadith no. 46

▼37 『サヒーフ・アル＝ブハーリー』、礼儀作法の節、hadith no. 5745

▼38 『サヒーフ・アル＝ブハーリー』、信仰と偽善の兆候の書、hadith no. 33

▼39 このウマルの発言は、アル＝アブシーニーによる『アル＝ムスタラフ』、アル＝ザマクシャリーによる『ラビー・アル＝アブラール・ワ・ヌスース・アル＝アクヤール』を含む三つの異なる本に記録されている。

▼40 この問題についてより詳細な議論は、AbdulHamid AbuSulayman. *al-'Unf wa Idārat al-Ṣirā' al-Siyāsī fī al-Fikr al-Islāmī: Bayn al-Mabda' wa al-Khayār*、あるいは同書の英訳、*Violence and the Management of Political Conflict in Islamic Thought: Between Principle and Choice* を参照されたい。

千四百年以上前、公正なイスラーム的構想においては人間社会と政治的関係の世界は三つの領域あるいは「圏域」に分割された――すなわち、平和の圏域（dār al-salām）、協定の圏域（dār al-'ahd）、戦争の圏域（dār al-ḥarb）――ということを心に留めておくことは重要である。

ムスリム共同体においては、「平和の圏域」とは「イスラームの圏域」である――つまり、構成員がイスラーム国家の法規に従い、人々が調和のとれた関係を築いている社会である。この圏内において、いかなるグループや個人も法を思いのままにすることは許されず、もしそのようなことが起これば、社会によって抑止すべき犯罪行為と見なされる。不正に対する対抗は、法の枠組みの中において法的手段を用いてなされなければならない。この手段が失敗した場合、公正さや法の支配に基づかない権威に従う義務はないため、非暴力的な抵抗に訴えることが市民にとって正当となる。

また、現代政治における主権を持つイスラーム国家に代表されるような平和の圏域と、外の世界の様々な政治的主体との間の関係については、（外の世界は）協定の圏域あるいは戦争の圏域と見なされる。協定の圏域とは、主権を持つイスラーム国家（平和の圏域）との関係が外交関係に基づいており、両者の権利が守られており、合意と公平な取引によって利益が共有されている共同体あるいは領域のことである。二国間、あるいは全ての調印国の間において、平和かつ高潔な意図を前提とするこの種の圏域は、安定の実現に寄与する。そうでなければ、各国が、互いに探りあうような状況となる。現代の状況においては、国際協定や条約、国際連合の果たす役割に協定の圏域との類似性を見いだすことができる。

政治主体あるいは国家のうち、他国を侵略し――つまり、平和の圏域と協定の圏域に反し――平和的、外交的な手段によっても侵略や不正から手を引かせることができないものは、戦争の圏域、つまり敵対国家となる。そうなった時、侵略の被害者であった平和の圏域と、あるいは協定の圏域は、当初の侵略を終わらせるために必要ならば、戦争を含むあらゆる必要で適切な手段を取る権利を持つ。しかしながら、イスラームの教えは、侵略への対応は度が過ぎたものであってはならず、何であれ報復のための暴力は、権力の座にある者のみを対象としなければならないと規定する。

ジャングルの法に基づく統治により、唯物論に基づく現代世界は、イスラームの平和の圏域の概念の代わりに、自己中心的、民族主義的な国家を設立し、協定の圏域を、服従、独裁、不均衡な条約、不当な圧力に基づく新しい世界秩序で代替した。一方、国際連合（安全保障理事会と権力政治の活動）を、強い者が弱い者を支配することを可能とする手段として利用した。さらに、世界の多くの場所で見られるように、（国連憲章が戦争の違法性を宣言しているという事実にもかかわらず）世界の超大国が弱者への優位な立場を強固なものとする手段となっている破壊的で不当な戦争により、戦争の圏域は今日、明らかに現実のものとなっている。実際、超大国は、第三世界の国々や虐げられた人々に対する不当な侵略を正当化するために、国連による正当化を求めてさえいる。

▼41　確かな根拠を持つ伝達経路とともに、アッ＝ティルミズィーとイブン・マージャによって記録されている。伝達経路について、イブン・アル＝ガルスは信頼できるとしているが、信頼性が薄いと主張する者も存在する。

第二章

▼1　ハディース集『スナン・アビー・ダーウード』、hadith no. 5119

▼2　ハディース集『スナン・アル＝ナサーリー・アル＝クブラー』、hadith no. 7830

▼3　『サヒーフ・ムスリム』、hadith no. 2578

▼4　『サヒーフ・ムスリム』、義と人間関係と道徳の書、不正の禁止の節、hadith no. 2577

▼5　『サヒーフ・アル＝ブハーリー』、hadith no. 2315

▼6　預言者ムハンマドの誠実さとイスラームのメッセージが真実であることについては多くが記されてきた。このテーマに関する議論については、私の論文 "Istidrāk ‘alā Ẓāhiriyat Ibn Ḥazm", *Majallat al-Tajdīd*, no. 3 (1998) を参照。また、クルアーン的世界観の真実性について論じたアンワール・ハーリド・アル＝ズービの著書、*Ẓāhiriyat Ibn Ḥazm* に収録された私の序文も併せて参照されたい。

▼7　クルアーンに現れる諸概念の中には、しばしば誤解、誤用されているものがあり、詭弁や屁理屈めいた複雑さ、政治的な魂

胆から救いだす必要がある。そのような概念は、人々が生活の中の出来事をどのように理解しているのかということと関係している。そのような概念の一つが、「神の命令」（al-qaḍāʾ）と「運命」（al-qadar）である。これらの概念は、クルアーンの中でどのように用いられているのかを理解すれば、単純で分かりやすいものである。そのため、これらの言葉の意味を理解する最良の道は、これらの言葉が出現するクルアーンの節を直接参照することである。クルアーンの中でどのように使われているかを考察することで、これらの言葉が人間の意思や、地球の管理者になるために人間に与えられた責任とは何の関係もないことが明らかになるだろう。いい換えれば、いわゆる予定説と自由意志をめぐる議論とは何の関係もないということである。

「神の命令」と訳されるアラビア語の言葉が意味するのは、我々が行うべき行動にせよ、あるいは避けるべき行動にせよ、何が人間にとって良く、適切で、必要であるかについての神の言葉が決めるということである。神の決定に対して、人間がどのように応じるかについては、人間の意思にかかっている。「運命」と訳されるクルアーンの中の言葉は、創造や、生まれつきの性向と不変の法則によって神が創造物の中に託されたものと関連している。これらの性向や法則が、我々の住む宇宙を構成し、我々の能力や可能性の限界を決定する。

　しかしながら、これらのいずれも、人間の意思の有効性を否定するものではない。反対に、我々の運命を決定するのは我々であり、人間の行動の方向性を決めるのは人間の意思である。不正や侵害、堕落の追求に固執する、強情で、恩知らずで、不信仰な者は、的確な助言を聞くことを拒み、導かれることはないだろう。そのような者は自らを害することになる。「またわれらが彼らに不正をなしたのではなく、彼らこそが不正な者たちであった」（金の装飾章、43：76）。〔ワッハーブ派を含む「ハディースの徒」の神学的立場については、松山洋平（二〇一六）『イスラーム神学』作品社、五二‐六六頁を参照〕

▼8

我々人間が知り、理解し、感じるもののみによって意思と選択を決定することは不可能である。人間の意思と選択のためには、むしろ本質的に人間の論理を超越する、見えないもの、超越的存在を前提とすることが必要である。この超越的存在の秘密は、人間に吹き込まれた神の霊にあるかもしれない。クルアーンによれば、神がアーダムを創ろうとした時、天使たちに言われた、「われが彼を仕上げ、彼にわれの霊から吹き込んだ時、彼に膝を屈し、跪拝せよ」（アル＝ヒジュル章、15：29）。当然ながら、神のみが完全に独立した自由な意思をお持ちである。「……事を決め給うた時には、ただ「あれ」と仰せられるだけでそれはある」（イムラーン家章、3：47）。また、「……アッラーは裁決し給い、彼の裁決には棄却者はいない。

……」（雷章、13：41）。人間の自由意志と自主性を伴う地位は、代理人の仕事のために神から与えられた資格の一つである。神の代理人の仕事は、決定の自由を必要とし、決断や行動の責任を伴う、目的のある道徳的な仕事だからである。

上記のことから、人間の自由意志の問題は、人間の知識を超越した存在の領域、また創造にあたり神が人間に吹き込んだ霊と何らかの関係があることが明らかになるだろう。

称えあれ、諸種類を、そのすべてを――大地が生やすものであれ、彼ら自身であれ、そして彼らの知らないものであれ――創り給うた御方こそ超越者。

（ヤー・スィーン章、36：36）

実におまえはこうしたことの失念の中にいた。だが、われらはおまえからおまえの覆いを取り除いた。それ故、おまえの視線は今日、鋭い。

（カーフ章、50：22）

また彼らはおまえに霊について尋ねる。言え、「霊はわが主の御命令による。そしておまえたちに授けられた知識はわずかにすぎない」。

（夜行章、17：85）

人間の意思は、創造された世界の中に創造され、はたらく。それならば、あたかも完全に自由で自律しているかのように見える選択のために、どうして選択の自由を授けられ、究極的な説明責任を伴う重荷を負わされたのであろうか。

この自由と責任、そしてこれらに備わるべき公平さを、人間の論理と知識のみによって理解することは明らかに不可能である。そうではなく、神が公平かつ慈悲深いこと、そして、我々が宇宙の法則（al-qadar）の範囲内で選択や決定を行う自由と能力を有しており、それ故に自らの下す決断に責任があるということを確信する必要がある。これまで見てきたように、人間の意思がどのように創造され、それでいて自律的なものでありうるのか、あるいは創造された意思がどのようにして選択や行動の責任を公平にとらされるのかという問題は、見えないものの領域と人間を超越した論理とに関係している。道徳あるいは倫理の範疇において、この問題は、どのようにして無から存在が発生しえたのかという論理的な難問に相当する。

我々は、人間の自由と責任の関係を観察し、その影響を経験する。しかし、人間の自由と責任が人間の理性を超越した論理に基づいており、霊と見えないものの世界に属していることから、限られた知性では理解することが未だできないでいる。

神がアーダムに与えた知性や創造力、行動力への嫉妬と傲慢さから、イブリース〔悪魔の頭目〕が自らの自由意志で堕落と悪の道を選んだ場面をクルアーンは描写する。こうしてイブリースは、アーダムについての神の命を受け入れ神の完全なる英知を信頼しアーダムに跪拝せよとの神の命令に従った他の天使たちから離れた。

したがって、神に背き、傲慢さや尊大さによって行動し、それ故、悪に染まり、腐敗し、他者を堕落させる先導者となったことは、イブリース自らの選択によるものであった。

またおまえの主が天使たちに仰せられた時のこと。「まことにわれは、変質した黒土のからからの粘土から人間を創る」。「それ故われが彼を仕上げ、彼にわれの霊から吹き込んだ時、彼に膝を屈し、跪拝せよ」。そこで天使たちは全員が一斉に跪拝した。ただし、イブリースは別で、彼は跪拝者たち（の一人）となることを拒んだ。彼は仰せられた。「イブリースよ、おまえはどうしたのか、跪拝者たちに同調しないとは」。彼は言った。「私は、変質した黒土のからからの粘土からあなたが創り給うた人間には、私は跪拝したりはしません」。

（アル＝ヒジュル章、15：28－33）

（アッラーは）仰せられた。「われがおまえに命じた時、おまえが跪拝しないとは、なにが妨げたのか」。彼は言った。「私は彼より優れています。あなたは私を火から創り、彼を泥土から創り給いました」。仰せられた。「では、ここから落ちていけ。そしてここでは高慢であることはおまえに許されていない。それ故出て行け。まことにおまえは卑しい者の一人である」。彼は言った。「彼らが蘇らされる日まで私を猶予し給え」。仰せられた。「おまえは猶予された者たち（の一人）である」。

（高壁章、7：12－15）

したがって、イブリースが邪悪な存在として創造されたのではなく、彼が自ら――傲慢さ、自惚れ、嫉妬により――神に背き、自らを称え、アーダムとその子孫、つまり天使とは異なり、地球における神の代理人とされ、その役割を果たすために必要な贈り物と能力を与えられた存在への復讐という破滅的な道を歩むことを自由に選択したのである。そして、まさにイブリースが自らの自由意志で不正と不服従の道を歩んだように、人間もまた、悪魔が騙す囁きと提案を心に留め、誘惑に負けることによって、不正や過ち、堕落、侵害の道を自由に選んでしまうのである。善、義、公正、思いやり、平和によって人生が満たされるのは――あるいは反対に、堕落、悪、不正、残虐、敵意によって我々の考えや行動が毒されるのは――、我々の自由な選択によるのである。「……アッラーが彼らに不正をなし給うたのではなく、彼らは自身に不正をなすのである」（イムラーン家章、3：117）。

我々と見えないものの世界との関係についてのもう一つの問題は、恩恵あるいは困難のいずれかによって神から与えられる試練と審判の問題である。これまで見てきたように、人間は、創造された宇宙の法則を通して、限界の範囲内で意義ある選択をするための自律した意思と能力を与えられた。「アッラーは誰にもその器量以上のものは負わせ給わない。己が稼いだものは己のためとなり、己が稼ぎ取ったものは己に課される……」。（雌牛章、2：286）

このように、神は多くの者を善に導いたように、多くの者に道を踏み外させるが、不正の道から救った者には道を踏み外させない。これは、人間が一部を認識したとしても、その知識と論理ではその霊的世界と神秘の全体を包括することは絶対にできない、神の英知のいくつかの側面を表している。クルアーンにおけるモーセと賢者についての説明（洞窟章、18：64－82）は、人生の様々な状況において計画される神の英知と目的を把握するにあたって、人間の知識と能力が限られていることを明確に表している。

「……おまえたちはなにかを、おまえたちにとって良いことでありながらも嫌うかもしれない。また、おまえたちはなにかを、おまえたちにとって悪いことでありながらも好むかもしれない。そしてアッラーは知り給うが、おまえたちは知らない」。（雌牛章、2：216）

クルアーンの創造の物語を思慮深く考察すれば、人生における苦しみと試練が神の命令に基づいて起こることが明らかになる。アーダムが、自らの自由意志で、イブリースが促すことに耳を傾け、神が禁じた木から食べることを選んだ時、神は原始の庭園と霊の世界から地球と物質の世界へと彼を落とした。この後者の世界において、彼は霊性の本来の気高さも、また下品で卑しい物事も共に経験する。なぜなら、このようにして彼の意思は、時に恩恵という試練によって、またある時には苦難という試練によって試されたからである。恩恵に対しては、信頼、信仰、勤勉、感謝で応じるのか、不信仰、恩知らず、浪費、他者に吝嗇であることで応じるのか試され、苦難に対しては、信仰、信頼、忍耐で応じるのか、拒絶、恨み、嘆き、恐怖で応じるのか試された。神はクルアーンの中で宣言される。

そして「アーダムよ、おまえとおまえの妻は楽園に住め。そして、どこでも望むところで食べよ。ただ、この木に近づいてはならない。さもなければ、おまえたちは不正な者たち（の仲間）となるであろう」。それから悪魔は二人にささやき、彼らに彼らから隠されていた陰部を顕にしようとし……

（高壁章、7：19－20）

そこでわれらは言った。「アーダムよ、まことにこの者はおまえとおまえの妻の敵である。彼がおまえたち二人を楽園から追いだし、おまえが苦しむようなことになってはならない」。

（ター・ハー章、20：117）

それで悪魔が二人をそこから躓き出でさせ、二人のいたところから彼らを追いだした。そしてわれらは言った。「落ちて行け。おまえたちは互いに敵である。そして、おまえたちには、地上に一時の住処と食糧がある」。（雌牛章、2：36）

（つまり）死と生を創り給うた御方。おまえたちのうち誰が行いにおいて最も優れているかを試み給うために。……

（王権章、67：2）

これらのクルアーンの節は、人間の意思というものが、恩恵あるいは苦難によって、善あるいは悪によって、楽しみあるいは苦しみによって、易しさあるいは困難によって我々を試す手段であることを明らかにする。この状況は以下の図表によって体系化することができるかもしれない。

霊→不服従→堕落→物質的世界→霊＋物質→運命――神の命令、つまり神の導き――人間の意思（選択）→恩恵による試練（称賛、勤勉、感謝、あるいは浪費、傲慢、自力本願、他者に対して吝嗇であること）＋困難による試練（満足、称賛、辛抱強さ、あるいは恨み、恐怖、不安、不信仰）→信仰あるいは不信仰→幸福あるいは不幸

▼9 『サヒーフ・アル＝ブハーリー』、販売の書、男が稼ぐものと自らの手によって働くことについての節、hadith no. 1966

▼10 『ムスナド』に収録されたアブー・ヤアラー・アル＝ムーサリーによる伝承、hadith no. 3370

▼11 『アル＝ムウジャム・アル＝サヒール』、hadith no. 861

▼12 『ムスナド』に収録されたイマーム・アフマドによる伝承、hadith no. 13004

▼13 ハディース集『ムサンナフ・アブドゥル＝ラッザーク』、hadith no. 5104

▼14 『サヒーフ・ムスリム』、信仰の書、hadith no. 91

▼15 『ムスタドラク・アル＝ハーキム』、hadith no. 7371

▼16 『サヒーフ・アル＝ブハーリー』第七十二巻、hadith no. 779

▼17 いい換えれば、神は僕たちが着飾ることを愛される。アフマドによる伝承、『ムスナド』

▼18 アブー・ダーウードによる伝承、『スナン・アブー・ダーウード』第三十三巻、hadith no. 4151

▼19 『ムサンナフ・アブドゥル＝ラッザーク』、hadith no. 5104

▼20 ハディース集『スナン・アル＝ナサーリー・アル＝クブラー』、hadith no. 9352。カタムとは髪を黒く染めるために用いられる植物のこと。

第四章

▼1 教友たちによる支配の時代は、要するに、その思想、慣習、外交、取り決めにおいて預言者の時代の延長上にあった。加えて、この時代は、神の使徒の死と神の啓示の時代の終了によって、また一方で、イスラームの征服によって引き起こされた大きな変化に対応する必要から導きだされた解釈によって特徴づけられた。その後、アラブ部族主義が国家の政治と運営を掌握すると、ウマイヤ朝時代の政治的、経済的、社会的な逸脱につながり、マディーナ学派との間で破壊的な闘いを引き起こした。

▼2 ムスリム共同体の歴史における思想と意思の危機と関連した問題の議論については、AbdulHamid AbuSulayman. *Crisis in the Muslim Mind* を参照。

第五章

▼1 つまり、太陽がのぼり、日中の暑さが感じられる前。

付録I

▼1 我々の教育と学びの出発点。文化を構築していくために必須。

付録II

▼1 "Ta'ammulāt fī Ẓāhiriyat Ibn Ḥazm wa I'jāz al-Risālah al-Muḥammadiyyah", *Majallat al-Tajdīd*. 3. pp. 167–172.

▼2 イジュティハード（独自の推論）とは、適切な水準に達したイスラーム法学者によって行われる努力のことである。まず、神の意志を正確に把握して〔必要な〕諸概念を定義する。次いで、神の意志を〔自分の生きている〕時代と状況において適用するためにどのような手段があるのかを理解する。ムスリムにとっての法源（クルアーン、ハディース、分析的類推、〔法学者たちの〕コンセンサス）に基づいて行われる。つまり、イジュティハードとは、ムスリムにとっての法源から法的判断を導きだし、曖昧な性質の問題について確信に至るために、特定の学者によってなされる努力のことである。

解説

イスラーム独自の近代は可能か？

塩崎悠輝

一、『クルアーン的世界観』の問題意識――イスラームにとって近代は問題か？

本書は、アブドゥルハミード・アブー・スライマーン（以下アブドゥルハミード）の著書、AbdulHamid AbuSulayman (2011) *The Qur'anic Worldview: A Springboard for Cultural Reform*. London and Washington: The International Institute of Islamic Thought の日本語への翻訳を主な内容としている。この書は、アブドゥルハミードによるアラビア語の著書、Abdul Hamid AbuSulayman (2008) *al-Ru'yah al-Kawniyyah al-Haḍāriyyah*（『文明的世界観』）が元になっている。原書の副題は、直訳するならば「文化的変革のための立脚点」とするべきであるが、日本の読者には意味するところが即座には理解しがたいと考えられたため、この書が扱っている主な問題、すなわち「近代をイスラームと共存させるために」を本書全体の副題とした。この書の内容は、「クルアーン的世界観」というタイトルが多くの読者に想像させるであろう、イスラームの啓典クルアーンの解説ではない。クルアーンは頻繁に引用されているものの、クルアーンそのものについて解説しているのではなく、アブドゥルハミードがクルアーンから導きだしたという「世界観」に基づいて、現代のムスリム共同体がどうあるべきか、特に高等教育がどのようにあるべきかについて論じた書である。『クルアーン的世界観』はアブドゥルハミードの主著であり、英語、アラビア語版の他に、要約版がフランス語、ドイツ語、スペイン語、ロシア語で出版されている。

この書を理解するためには、いくつかの前提となる知識が必要である。イスラームにおいて近代がどのように理解され、どのように対応されるべきと考えられてきたか、という非常に多様な背景、イスラーム世界における伝統的な知識体系と教育、ムスリム社会で近代欧米の知識体系と教育がどのように理解されてきたのか、前近代のイスラーム世界と近代以降のイスラーム世界における近代化の実情、等の知識がこの書のいわんとすることを読み取るために必要となる。さらに、著者であるアブドゥルハミード自身の背景、出身国であるサウディアラビアとその国家イデオロギーであるワッハーブ派、「ムスリム知識人」という立ち位置、留学していたアメリカ合衆国でのムスリム知識人たちの活動、ムスリム同胞団、国際イスラーム思想研究所（IIIT）（これらはいずれも現代イスラーム世界を理解するうえでの非常に重要な要素でもある）への理解も必要となる。これらの前提となる知識について、十分に解説することは到底できないが、本書の末尾にこの解説を付すことによって読者のための一助としたい。

これまで、イスラームが近代にいかに対処してきたのかについては、欧米や日本では、特に歴史学の立場から、多くの研究が行われてきた。バーナード・ルイスの研究［ルイス 二〇〇三］に代表されるように、主に政治史や経済史の観点からの研究が中心である。それらは、近現代以降の、特に中東のムスリム諸国が、なぜヨーロッパ諸国に対して軍事的に劣勢となり、やがて植民地化されていったのか、また、なぜ植民地統治からの独立後も近代的諸制度の導入が必ずしもうまくいかず、経済的にも停滞が見られるのか、といった側面についての研究がほとんどである。さらにイスラーム主義運動による政治的・社会的混乱、といった側面についての研究も多い。それらの研究の底流に見られる問題意識は、ムスリム諸国がなぜ（欧米的な意味での）近代化に失敗したのか、また、今後いかにして近代化されうるのか、というものである場合が多い。さらに、近代的と考えられる制度や価値観がムスリム社会に導入されるためにはどうすればよいのか、ということが意識されているにしろ意識されていないにしろ、主要な課題として設定されている研究も多い。そのため、欧米との関係、ムスリム諸国の法制度が欧米の法制度に合わせて改変されていく過程、フェミニズム的主張などが重視され、盛んに研究されてきた。あるいは、ムスリム社会で影響力の大きかった思想家や政治家の一側面を取り上げ、（当人たちの意図したところではないにもかかわらず）近代主義者、民主主義やフェミニズムのムスリム社会における先駆者、といった描き方がされてきたことも多い。一方で、多くのムスリムが最も重視した課題、すなわち、アッラーへの信仰を堅持しクルアーンで示されたシャリーアに従う、というムスリム当人たちの問題意識については、過度に軽視されるか無視されてきた。本書『クルアーン的世界観』で頻出する「改革」「改革者」の先駆者として想定される、エジプトで活躍したムハンマド・アブドゥ[▽1]（一八四九〜一九〇五年）やその弟子ラシード・リダー[▽2]（一八六五〜一九三五年）にしても、「近代主義的改革主義者」といった描かれ方をすることが多く、サウディアラビアの国家イデオロギーであるワッハーブ派の創始者、アブドゥル・ワッハーブとは区別されることも多い。しかし、ムハンマド・アブドゥやラシード・リダーも既存の法学派を否定し、イブン・タイミーヤが構築したサラフィー主義的方法論に依拠しており、両者（特にラシード・リダーとサウディアラビア王国）は協力関係にあった。サラフィー主義は、直接クルアーンとハディースから教義解釈を導きだす方法論を支持する思想である。そのため、預言者ムハンマドの時代以降に定説となった学説とそのような学説を共有して大きな勢力を成している学派（マズハブ）に盲従することを批判する。学派の権威とされるウラマーの学説だからというのではなく、あくまでクルアーンとハディースに根拠が見いだせなければ正当な教義とは見なさない、というのがサラフィー主義の姿勢である。

アブドゥルハミードの問題意識は、欧米の歴史学的な関心とは非常に異なる。イスラーム世界で近現代に起きた歴史上の事象についての問題意識は、一応はあるが、主な関心は、あくまでイスラームの教義に基づいて、ムスリム共同体は近代にどのように対処していくべきか、ということにある。このような問題意識は、アブドゥルハミードに特有なものではなく、むしろムスリムの多くにとっては歴史上の近現代にどのような政治的、経済的変化が起きたかということよりも、現代の世界でイスラームに基づいて生きていくということの方がはるかに優先される関心事項であるといえる。

▽1　ムハンマド・アブドゥは、エジプト出身のイスラーム学者。アズハルで学び、ヨーロッパ諸国による植民地化に抵抗するためにイスラーム世界の連帯を説いたジャマールッディーン・アフガーニーと共に一八八四年にパリで雑誌『固き絆』を創行した。一八八八年にエジプトに戻ると裁判官、大ムフティー（教義回答官）を歴任した。一八九八年にはラシード・リダーとともに雑誌『アル＝マナール（灯台）』を創刊し、イスラーム世界の連帯とサラフィー主義的方法論に基づいて近代に対処する思想を広めた。

▽2　ラシード・リダーは、現在のレバノンにあたる地域出身のイスラーム学者。一八九八年の創刊当初から没年の一九三五年まで雑誌『アル＝マナール』の発行を続けた。『アル＝マナール』刊行のためにサウード家からの援助を受け、ワッハーブ派との提携関係を構築した［中田 一九九五］。

アブドゥルハミードは、本書冒頭の「アラビア語版への序文」でも回想しているように、本来の専門は政治学、特に国際関係論である。サウディアラビア出身で、カイロ大学で修士号、米国のペンシルベニア大学で博士号を取得している。サウディアラビアのキング・サウード大学で教員を務めた後、マレーシア国際イスラーム大学の学長を務めた。その間、国際関係論に関する研究の他に、ムスリム共同体の近現代における危機、とりわけ思想的、精神的危機とその克服のための方策について著作を発表した。アブドゥルハミードは後述する「知のイスラーム化」をはじめとする現代イスラーム思想に関する理論や思想的著作によって知られるようになった。そして、同じような傾向を持つムスリム知識人たちと共に国際イスラーム思想研究所（IIIT）を設立するに至った。アブドゥルハミードは、他にもサウディアラビア政府が支援する国際的なムスリム組織、世界ムスリム青年会議（WAMY）の事務局長を務めるなど、サウディアラビア政府に支援を受けた活動が多い。同時に、ムスリム同胞団関係者をはじめとする、欧米やムスリム諸国で活躍するムスリム知識人と連携するネットワークを構築することで、アブドゥルハミードは国際的な影響力を拡大していったといえる。

このように、アブドゥルハミードは特定の学術的専門よりも、イスラームと近代についての思想的著作や、ムスリム知識人のネットワーク構築によって知られるようになった。『クルアーン的世界観』が扱った問題について、学術研究として取り組むとすれば、主に二つのアプローチが考えられる。

①歴史学的なアプローチで、近現代のイスラーム世界で起きた事象について史資料に基づいて明らかにする

②思想史研究として、近現代のムスリム思想家の思想を文献資料に基づいて明らかにする

いずれのアプローチも、イスラーム学、政治、社会、経済等、様々な分野での研究が可能である。『クルアーン的世界観』は、それらのいずれの学術研究でもない。イスラームの立場から近代をいかに理解するか述べたうえで、（特に教育における）行動指針を示した、いわば思想的マニフェストとして捉えられるべき著作である。

『クルアーン的世界観』を通読された読者の多くは、違和感、もしくは物足りなさを持たれたのではないかと思われる。違和感というのは、イスラームの教義の絶対的肯定、その普遍性を疑わないこと、イスラームの論理のみ（特にクルアーン）を主張の根拠としていること、男女の隔離、個人よりも集団や共同体を優先する価値観が肯定されていること、等が原因ではないであろうか。移民問題や途上国からの頭脳流出の問題を含めて、欧米をかなり一方的に悪者扱いしているところ、ムスリム社会内部にある原因への自省が足りないのではないか、というところが目についた方もおられるであろう。

物足りなさを感じられた場合は、一つには「近代との共存」というからには具体的な制度設計や政策が示されることを期待したのにほとんど示されていないことが原因だったのではないかと思われる。憲法の役割、選挙や議会の是非、表現や出版の自由、男女の関係やその他の人権、産業化の推進、等々といった課題とイスラームの関係についての回答を期待していた読者もおられるであろう。また、具体的な解決策を示すことなく、「改革」という語を繰り返し、せいぜい教育についてしか具体的な方策は提示しておらず、そのうえで「世界観」や信仰、心のあり方といった問題にばかりこだわっており、心が変われば社会

も変わる、というようないわば唯心論的な発想が根底にあるのではないかという印象を持たれたむきもあるであろう。

読者が感じられたであろう、違和感や物足りなさの原因は、半分は社会的・政治的な制約によるもの、半分はアブドゥルハミードを含めムスリムの多くが、現代の日本や欧米とは異なる発想、思考（唯心論的なところも含めて）を実際にもっていることによると思われる。社会的・政治的な制約というのは、アブドゥルハミードの出身国であるサウディアラビアを含め、ムスリム諸国のほとんどは、政府や政府に連なる特権層を公然と批判することができる国ではない、ということである。法律や治安機関によって規制されている以上に、そのような批判を許さない姿勢が社会の少なからぬ層に見られる。また、イスラームの教義に関する議論も同様であり、通説となっている解釈を否定することは、深刻な社会的制裁につながることが多い。有名な例として、エジプトの大臣や大ムフティー、アズハル大学総長も務めたアリー・アブドゥッラージクが、正統カリフの時代を、必ずしもムスリムが模範とするべき統治形態ではないと主張して、失職したケースがある。▽3 そのため、『クルアーン的世界観』でも、ムスリム諸国の政府や社会を批判する場合や「改革」の具体案を示す場合には、非常に婉曲な表現を用いている。それでも、第二章で何ヵ所か見られるように、以下のようなかなり直截的な表現が用いられている場合もある。

ある地域のムスリム諸国は突如として途方もない富に恵まれた——天然資源という神の倉庫から突然彼らに富が降り注がれた。そのような国家——概して統治者が裏切り者で、無能で、堕落し、圧制的で、強欲——は、戦略的地位を占有し、その結果、援助を見返りとして暗黙の義務を負わせる外国勢力との提携に自ら進んで引き入れられた。したがって、現在そのようなムスリム諸国によって所持されている富は、実はムスリム共同体が再生の道を進もうとする構想を妨害する脅威となっている。

（本書一五三頁）

「ある地域のムスリム諸国」が、中東、特にアラビア半島の諸国であることはいうまでもないであろう。「外国政府との提携」とは石油の売却や兵器の購入をはじめとした経済的関係、湾岸戦争の際の米国軍駐留をはじめとする軍事的関係等を意味する。石油による富が専制君主たちとその周辺に占有され、濫費されていること、結果として「外国勢力」の介入を招いていることにはムスリム社会でも批判の声が上がっているが、公然と批判することは社会生命に関わることになりかねず、後述するように、サウディアラビアとムスリム同胞団の間に亀裂を生じることにもなった。石油による富の占有という問題を解決するためには、税制や公共事業、社会保障、予算決定権を持つ議会、選挙等の具体的な施策が必要になるであろうが、そこまでの提言を公然と行うことは難しく、上記のような婉曲な批判でもギリギリ可能な程度である。

▽3　アリー・アブドゥッラージク（一八八八〜一九六六年）は、ムハンマド・アブドゥの弟子の一人。エジプトのアズハルと英国のオックスフォード大学で学んだ後、一九二五年に『イスラームと統治の基礎』という著書を出版した。その中で、イスラームの教義では、カリフ制のような特定の政体が義務として定められてはいない、また、正統カリフの時代も実際は内戦や暗殺が多発しており、理想とするべきものではないと主張した。この主張は、アズハルのウラマーらから激しい批判を受けた［Abdi Omar Shuriye 2000: 43–46］。この議論は、それまで曲がりなりにもトルコによって維持されていたカリフ制が一九二四年に廃止されたことをきっかけとしている。

『クルアーン的世界観』では、ムスリム諸国の政府や社会への批判も、「改革」の提案も、全篇を通して婉曲な表現で示されている。そのような婉曲な表現の意図を読み取るためにも、イスラーム世界について の様々な知識が必要となる。これは、『クルアーン的世界観』という一冊の書物に限った話ではなく、他の書物や報道などについても、現代イスラーム世界での表現を理解するうえでは必要なことである。しばしば陰謀論のように欧米を一方的に悪者のようにいうことや、ムスリム社会自身の問題への反省が欠けているように見えることも、ムスリム社会においてはそのようにいわざるをえないという環境が背景にある。

読者が感じられたであろう違和感や物足りなさのもう一つの原因は、アブドゥルハミードを含め、大多数のムスリムの発想や価値観が、現代の日本人や欧米人とは異なっていることであると考えられる。ムスリム個々人が持つ「世界観」が変わればムスリム社会も変わる、「改革」が成就してムスリム共同体が再び世界史の主導権を握る、というような唯心論的発想は、理屈としては分かっても、実際にはそうはいかないであろうと考える読者が多いのではないであろうか。「世界観」の啓蒙を通した変革というのは、欧米などでは近代といっても二十世紀前半までに多く見られた発想である。現在では、経済や技術の発展の結果として社会も、人間の価値観も変わっていく、という発想の方が主流ではないであろうか。アブドゥルハミードが唯心論的な主張に終始しているのは、実際にそのように考えているということの他に、現在のムスリム諸国の腐敗した政府に絶望的な不信を抱いており、上からの(政治や行政、経済の)制度的改革に期待していないということも原因であろう。あくまでも民間からの、教育や啓蒙を通した漸進的な改善のみがイスラームの復興を進展させるという主張といえる。このことは、後述するムスリム同胞団の活動のあり方とも重なるところが多い。そして何よりも、ムスリムの多くにとって、大事なのは「近代化」そのものではない、という事実が、読者に違和感を持たせることになっているであろう。近代そのものや近代に伴うと想定される様々な価値そのものは、イスラームが直接目的とするところではありえない。イスラームの目的とは、あくまでアッラーを信じ、アッラーの命令に従い。来世においては天国に入ることである。近代についてイスラームの観点から考える時に問題となるのは、近代がイスラームにとって有益なものであるのか、有害なものであるのか、それとも無関係なものであるのか、ということである。

近代についてムスリムがとる立場は、多様である。「イスラームと近代の共存」といった時に、非ムスリムの欧米人、あるいは日本人の期待することは、「イスラームが近代に適合するように変化する、もしくは改革される」ということであろう。しかし、そのような立場をとるムスリムは決して多数ではない。無条件に欧米に迎合するムスリムというのは、積極的に英語で執筆している場合が多く、欧米のメディアに好んで取り上げられるため目につきやすいが、決して多数ではなく、ムスリム社会での影響力は非常に限られている。ムスリムが近代についてとる立場は、非ムスリムの欧米人や日本人にとって違和感や物足りなさを抱かざるをえないものであり、しばしば理解しがたい論理が用いられる。しかし、イスラームを理解することは、そのような共感しがたい価値観や主張、論理を理解することである。

アブドゥルハミードが『クルアーン的世界観』で主張したことは、要約すれば以下の二点である。

①「時と場所に応じた」イスラームの教義解釈

②「時と場所に応じた」教義解釈に基づいた教育の改革

これらが達成されることが、ムスリム共同体が再興され、再び世界的な主導権を取り戻す必要条件であるというのがアブドゥルハミードの主張である。

「時と場所に応じた」教義解釈というのは、自分の置かれた時代や環境、社会の状況を知悉したうえで、適切な解釈を行うということであるが、これは、その時代や社会で主流となっている価値観や、利益を得やすいやり方、周囲の人間の希望に迎合するという意味ではない。現実の状況や行動について適用することを想定した教義解釈を行う場合、社会について知悉しておくことは必須条件であるが、それは、どのようにすればシャリーアの諸目的（マカーシド・シャリーア）を最も適切に達成できるか判断できるようにするためである。そして、「シャリーアの諸目的」を「時と場所に応じて」実現するための具体的方法は、あくまで預言者ムハンマドが示した事例、つまりハディースを根拠に類推されるべきであるというのがアブドゥルハミードの考えである。「シャリーアの諸目的」に沿った政策によってイスラーム独自の発展を実現するという主張は、後述する国際イスラーム思想研究所（ＩＩＩＴ）やムスリム同胞団系の理論家たちによって好んで提唱されている。▽4

「時と場所に応じた」教義解釈に基づいた教育の改革とは、カリキュラムや教科書の改革、とりわけ大学における改革である。この教育改革は、アブドゥルハミードやその盟友たちが手がけてきたプロジェクト、「知のイスラーム化」が前提となっている。知のイスラーム化とは、基本的には欧米で近代になって発展した学問を「イスラーム化」したうえでムスリム社会に受け入れることを意味する。

『クルアーン的世界観』が日本語で紹介されることに意義があるのは、イスラームと近代の対立が緊迫の度を増している現在、この書がムスリム側の姿勢の中の一つを理解するのに最適であることによる。アブドゥルハミードらの潮流は、近代について理解しようとし、イスラームがそれにいかに対応するべきか真摯に模索を続けてきた点においては最も際立っている。イスラームと近代をいかにして共存させるのかという問題について、アブドゥルハミードは、欧米で高等教育を受けながらもあくまでイスラームに基づこうとするムスリム知識人の典型の一人といえるであろう。また、読者は本書に反映されているアブドゥルハミードの模索を見ることで、伝統的なイスラームの知と西洋の知がムスリム社会を引き裂いているという、現在のイスラーム世界の知的状況を知ることができるであろう。そして、中東をはじめイスラーム世界各地でアル゠カーイダやイスラーム国を名乗る勢力が台頭している背景にも、このような知的状況があることを知るのは、現在のイスラーム世界を理解するうえで必須のことといえる。

二、近代におけるムスリム知識人という立ち位置の登場

イスラームに従って生きようとする大多数のムスリムの近代に対する理解は多様であるが、単純に分類すると以下の三つに分かれるであろう。

▽4 シャリーアの諸目的（maqāṣid al-sharī'ah）という概念について最もよく参照される古典的な定義は、ガザーリーによる①信仰、②（自己の）魂、③理性、④子孫、⑤財産、であり、これらをより良い状態にすることがシャリーアの目的とするところであると考えられている［Abū Hāmid al-Ghazālī 1937: vol. 1. 139–140］。これらの目的に反するのならば、一見クルアーンやハディースに忠実な教義解釈であっても、イスラームの目的には合致しないという主張もありうる。近年のイスラーム世界では、シャリーアの諸目的の概念は「公共の福利（maṣāliḥ）」の概念に等しいものであると見なし、これを活用して、経済政策や金融政策を含め、経済発展のための政策を正当化する論調が頻繁に見られる［Jasser Auda 2008: 3–4］。

①近代はイスラームの問題ではないとする立場
②近代はイスラームにとって善いもので積極的に取り入れるべきとする立場
③近代にはイスラームに反する要素があるので、その部分は受け入れてはならないとする立場

三つの立場のいずれにも共通しているのは、クルアーン（とハディース）に記されていないことは、基本的には許されている、という原則である。近代以降に現れた技術、銃砲、自動車、飛行機、電話、インターネット等々について、当然ながらクルアーンには全く言及がない。原則に従って考えれば、これらの使用は許されていると考えられる。クルアーンに言及がない以上、本当に許されているかどうかは断定できないので、自動車には乗らず、馬やラクダにしか乗らない、というムスリムも全くいないわけではないが、極めて少数である。国家の政体が王政であるべきか、共和制であるべきか、ということもクルアーンには記されていないので、いずれでも許される、というのが原則的な考え方である。ただし、たとえクルアーンには直接の言及がなくても、禁止されていると類推できる事例はある。たとえば、クルアーンで明示的に禁止されているのはワインを飲むことであり、他の種類の酒や麻薬についての言及はないが、ワインの禁止は酩酊することで理性が失われることが理由であると示されているため、同様の効果を持つ他の種類の酒や麻薬も禁止されている、と類推することができる。このような類推をどのように行うか、また十万以上あるハディースをどのように組みあわせて教義解釈を行うかで、三つの立場の違いが出てくる。また、そもそも近代という、欧米や日本でも無数の定義がある概念をどのように理解しているのか、ということも立場の違いにつながる。近代というのを単に機械技術の導入と捉えるのであれば、クルアーンで言及さ

れていないものは許されているという原則から、近代はイスラームにとって問題にはならないという立場になりやすい。近代をある価値観や世界観を必然的に伴う思想、技術、制度のパッケージと捉えるのであれば、近代にはイスラームに反する要素が含まれるという立場になる可能性が高い。

①近代はイスラームの問題ではないとする立場

ムスリムの大多数が近代についてとる立場は、「宗教上の問題ではない」、より正確には「イスラームには直接関係ないので現世における問題でしかない」といったものだと思われる。なぜなら、イスラームの目的とするところは、アッラーへの信仰を持ち、アッラーからの啓示（クルアーン）に従って生き、死後に天国で永遠の時間を享受することだからである。啓示に従った生き方、つまり毎日五回の礼拝などの妨げにならない限りは、宗教上の問題とはならないと考えられる。そもそも、クルアーンにもハディースにも、近代やその諸要素（民主主義や市民社会、産業化、等々）についての言及はない。

このような、近代について無関心、あるいは深くは追求しない立場は、大多数の一般のムスリム、伝統的なイスラーム学を専攻してきたウラマーの多数に見られる。今日のムスリム諸国の政府、統治者の立場もこの立場が多数を占めるといえる。また、スーフィー教団で活動する人々もおおよそはこの立場が多い。

イスラームにとって近代の何が問題なのか、は、そもそも近代の定義にかかっている。非ムスリムの欧米社会、あるいは日本や中国でも、近代の定義は多様である。様々な権利の保障や市民社会、議会と選挙を前提とする社会からそれらを制限する権威主義、全体主義まで、現実の近代社会の様態もまた多様である。この問題について、ムスリムの側ではあまり掘り下げた議論は見られないが、概ね近代は機械技術の導入の問題として捉えられている場合が多い。産業化であれ、電力であれ、情報通信技術であれ、全て欧米から輸入するものであり、それらの定着や運用に社会や伝統的共同体、そして宗教をはじめとする伝統的な価値観の改変が必要であると考えられることは少ない。ウェーバーのいうような意味での近代化、官僚制や「魔術（的世界観）からの解放」［Weber 1968］が与件であると考えられることは少ない。

ムスリム諸国では、近代化といっても、国家や社会の制度の根本的な改変を必要とするとは考えられない場合が多く、改変するにしてもイスラームの否定につながるとは考えられないことが多かった。実際、現在のムスリム諸国には、政府や会社、政党といった法人組織が存在しているが、それらは従来からの部族、家族、宗派といった社会集団がそのままで名称等の外見を変えたものであることが多く、近代化の結果とは必ずしもいえない場合が多い。トルコやソ連の衛星国となった諸国を除けば、近代化がイスラームの否定を必要とするものであると見なされたことは少なく、トルコにしても、世俗主義を掲げながらも現実に行われてきたのは宗教の国家管理であり、欧米で想定されている世俗主義、つまり公共の場や政策に宗教が関わらないようにする、ということとは著しく様相を異にしている。

このように、近代化とイスラームが矛盾するところは全くないとする発想は、一面ではイスラームの普遍性への信頼、つまりいかなる体制や社会制度にもイスラームは対応できる、という確信の表れともいえる。しかし、実際は近代化によってイスラームが蔑ろにされていく実状を直視せず、放置してきたともいえる。そして近代について無批判、無理解であったことは、近代がムスリム社会の深層まで甚大な影響を与えたにもかかわらず、ムスリムの大多数がその深層での影響について無自覚であったということを意味している。

②近代はイスラームにとって善いもので積極的に取り入れるべきとする立場

近代について説明するにあたって、「近代はイスラームとは矛盾しない、むしろイスラームにとって善いものである」と積極的に肯定する主張も十九世紀の後半以降から見られる。ムハンマド・アブドゥに代表されるように、近代ヨーロッパにはイスラーム世界に勝る秩序、福祉、衛生、学術があり、そのような近代的諸要素はイスラーム的と見なすべきであり、ムスリムの側が近代ヨーロッパから学ぶべきであるとする立場である。二十世紀前半から半ばにかけてのムスリム諸国の、特に政府関係者に多く見られた立場である。代表的なところでは、トルコの大統領であったムスタファ・ケマル（一八八一～一九三八年）やインドネシアの大統領であったスカルノ（一九〇一～一九七〇年）が挙げられる。現在でも少なくないムスリム諸国の政府や、運動組織はこの立場をとっており、二〇一七年にトルコで起きたクー・デタ未遂の主犯とされているフェトフッラー・ギュレン（一九四一年～）の運動もその典型の一つであり、欧米の学問をそのまま学び、欧米式の近代的社会を目指すことを奨励してきた。

しかし、この立場は明らかに減少傾向にあり、二十世紀を通して、近代に否定的、全面的には否定的でないにしても部分的に問題がある、と見なす立場が増えていった。

③近代にはイスラームに反する要素があるので、その部分は受け入れてはならないとする立場

上記の二つの立場とは異なり、近代という概念を精査したうえで、近代というのは単に技術や産業化といった問題に留まるものではなく、男女の平等といった程度の倫理の問題だけでもなく、より根本的な問

題と認識し、批判的な対応をとる立場である。近代を、「世界観」のようなイスラームの知の体系の根幹に関わる問題、あるいは近代国家制度を通して人間とシャリーアの関係を改変してしまうような深刻な脅威と理解している。[▽5] この立場は、近代を部分的に拒否するといっても、憲法や選挙、議会の存在を肯定するものから、欧米的な近代国家制度に基づき議会などで立法された法律を「人定法」として拒絶するものまでを含み、内部で幅がある。また、多かれ少なかれ欧米の影響や介入を排除しようとする点では共通するものの、その方法として、既存のムスリム諸国で教育水準の向上や経済成長、あるいは市民社会の形成や政治改革を進めることでその目的を達成しようとするものから、既存のムスリム諸国とその近代諸制度を廃絶しカリフ制のもとで統一することでその目的に到達できると考えるものまで、様々である。しかし、「近代にはイスラームに反する要素がある」と判断する時にその判断の基準は、後述するサラフィー主義の方法論によって導かれることにおいて、この立場の諸勢力は概ね共通している。そして、サラフィー主義の方法論こそが、この立場を代表するムスリム同胞団系の諸勢力と、ワッハーブ派系の諸勢力の共通点である。この共通点を持つ両者の連携が、二十世紀後半の世界のイスラーム運動の主流を成してきた。

近代以降のイスラーム世界の知的状況が抱える最大の問題の一つに、伝統的イスラーム学を修めるウラマーと欧米の近代的学問（医学、工学等の自然科学や社会学、経済学等の社会科学）を専攻する知識人の間の分断がある。伝統的なウラマーはマドラサといわれる伝統的な教育施設などで、クルアーン、ハディース、神学（アキーダ）、法学（フィクフ）、道徳（アフラーク）等の伝統的なイスラーム学の知識体系を教授してきた。近年では、ムスリム諸国に新設されたイスラーム大学や大学のイスラーム学部等で学び、教員を務めている場合も多い。伝統的ウラマーは説教師やモスクの管理者等を兼ねている者も多く、ムスリム社会においては、膨大な人数の学習者や信奉者、地域のコミュニティを支持基盤としている。また、伝統的なウラマーはスーフィー教団の指導者を兼ねている場合もある。

一方、欧米的教育を受けた知識人は、欧米を模倣してムスリム諸国に設立された大学を基盤としており、医者や弁護士、技術者等として政府や民間で影響力のある地位についている者も多い。欧米に留学経験のある者や欧米に移住した者も多い。このような知識人の一部は、欧米を単純に礼賛し、その価値観の代弁者となり、世俗主義的立場をとっている。しかし、それよりも多いのは、欧米の知識体系を習得しつつもイスラームを全ての原則とし、「ムスリム知識人（Muslim intellectuals）」という立ち位置をとる人々である。

ムスリム知識人の間には、近代はそのままではイスラームにとって受け入れることができないという理解のうえで、近代をイスラームに沿ったかたちで利用することで、共存を図っていこうとする立場がある。アブドゥルハミードと国際イスラーム思想研究所に連なるムスリム知識人たちはこのいわば「イスラーム的近代」を目指す立場をとっている。後述するムスリム同胞団も基本的にはムスリム知識人を糾合した運動であるといえる。

近代欧米の学問を専攻するムスリム知識人たちは、伝統的なイスラーム学においては、伝統的なウラマーに及ばない場合が多い。ムスリム知識人たちが自分たちの長所として強調するのは、経済や行政、国際

▽5　近代国家制度を脅威と捉えるイスラーム運動勢力の近代国家との対立の一例として、塩崎悠輝（二〇一六）『国家と対峙するイスラーム――マレーシアにおけるイスラーム法学の展開』を参照。

政治、科学技術といった現代世界の諸問題に通暁しているということである。さらに、ムスリム知識人たちの多くは、現代のイスラーム世界における諸問題を、イスラームに基づいて解決する処方箋を示すことができる、と主張している。ムスリム同胞団の代表的なスローガン、「イスラームこそ解決」が意味するのは、まさにこの主張である。この主張は、ムスリム諸国の政府にイスラームに基づく（とムスリム知識人たちが考える）様々な政策を求めることに直結し、政府が単純な欧米の模倣や世俗的な政策をとっている場合には、政府批判、反政府運動へと転化する。ムスリム知識人たちは、伝統的ウラマーは現代社会の諸問題の背景や具体的な政策に関心を持たず、それ故に政府に追従しているとしてしばしば批判してきた。以下のアブドゥルハミードの記述も、そのような（科学的な方法論を身につけていない伝統的ウラマーへの）批判である。

しかし、残念なことに、ムスリムの間で優勢な、「イスラーム的」と誤って称される世界観は、机上の空論、些末なことにこだわり、受動的、都合の良いように選好されるものである。その目的は、見せかけばかりが聖職者のような人々による知識の歪み、そして研究と分析における包括的、客観的、科学的な方法論を習得する力の欠如という事実を正当化し隠蔽することである。（本書一五八頁）

イスラーム世界における高等教育への進学者の増加により、ムスリム知識人とその影響を受けた人々は増え続けていった。彼らは大学を出て、政府や民間の様々な場で活躍するようになっていった。また、ムスリム知識人たちの運動であるムスリム同胞団とこれに連携する組織がイスラーム世界全体で拡大を続けた。このようにして、上記③の「近代にはイスラームに反する要素があるので、その部分は受け入れてはならないとする立場」は二十世紀を通してイスラーム世界全体で増え続けていった。なお、伝統的ウラマーとムスリム知識人の分断、という問題は、シーア派の社会でも同様に見られたが、特にイランにおいては両者の連携のもとにイラン・イスラーム共和国が成立し、維持されてきたといえる。

スンナ派のムスリム社会において、ムスリム同胞団をはじめとするムスリム知識人たちの多くがイスラームに基づく独自の近代を模索した時、その方法論は、伝統的法学派の通説とは異なる教義解釈を可能とする、厳密なハディース学に基づくサラフィー主義であった。ムスリム同胞団系の運動が同じくサラフィー主義を基礎とするサウディアラビアのワッハーブ派と連携することで、世界のイスラーム運動における主流となったのが二十世紀の後半であった。

三、サラフィー主義と近代――ワッハーブ派とムスリム同胞団の連携

アブドゥルハミードの人生の基調を成しているのはワッハーブ派とムスリム同胞団の連携関係である（場合によってはサウディアラビア政府によるムスリム同胞団への支援という方が正確）。アブドゥルハミードはこの連携関係が最もうまくいっていた時期（一九七〇～一九八〇年代）を象徴する人物の一人といえるであろう。彼が心血を注いだ国際イスラーム思想研究所にしてもマレーシア国際イスラーム大学にしても、サウディアラビアからの資金面の援助がなければ成り立ちえなかった。『クルアーン的世界観』では、ワッハーブ派についてもムスリム同胞団についても一言も言及はないが、この連携関係が打ちだしてきた路線を婉曲な表現ながらも提示したのがこの書であるといえる。

ワッハーブ派とムスリム同胞団の思想的基礎であるサラフィー主義の潮流は、十三世紀にシリアで生まれたイブン・タイミーヤ（一二五八～一三二八年）から始まっている。イブン・タイミーヤがイスラーム思想にもたらした革新とその後世への影響は膨大であるが、基本的には、預言者ムハンマドの時代には存在しなかった後世のムスリムによるビダア（改変、逸脱）を排除することにより、純正にクルアーンとハディースに基づくイスラーム解釈を実践することを主張した。そのために、法学的にはムハンマドの死後に成立した法学派の学説に従うこと（タクリード）を否定し、直接クルアーンとハディースから教義解釈を導きだすという方法をとる。また、シーア派とスーフィーも本来のイスラームにはない逸脱として激しく非難する［Laoust 1939: 541–563］。『クルアーン的世界観』でも参照されている文献はクルアーンとハディースのみであるが、このようなスタイルも、サラフィー思想の影響と無関係ではないであろうし、サラフィー主義者に受け入れられやすいスタイルをとっているともいえるであろう。

サラフィー主義は、イブン・タイミーヤを始祖とするといえるが、その思想の支持者の間でも、様々な立場がある。ムハンマド・アブドゥが法学の面でサラフィー主義的方法論に依拠し、近代社会への対応を模索したのに対して、後にサウディアラビア王国建国に至るアラビア半島ナジュド地方に興ったワッハーブ派は、神学の面を最重視した。イブン・タイミーヤの広範な思想的革新の一面にシーア派の否定、シーア派に対するジハードの呼びかけがある。これは、イスラーム（ただしシーア派）に改宗していたイル・ハン朝のモンゴル人勢力が侵攻してきた時に、彼らに抵抗するのはジハードか否か、が問題になった時の呼びかけである。イブン・タイミーヤは、シーア派との戦いはイスラームの法学上義務となる戦争、つまりジハードである、という法学上の判断を下したが、これはシーア派がムスリムではないという神学上の判断に基づいている（ムスリムに対する戦いはジハードたりえない）。

十八世紀のアラビア半島に生きたムハンマド・アブドゥルワッハーブ（一七〇三～一七九二年）は、イブン・タイミーヤの思想を全面的に再興しようとした。アラビア半島のナジュド地方で権勢をもっていた豪族サウード家と盟約を結ぶことで、サラフィー主義に基づく政治権力の確立を目指す運動を開始した。ここに外部からは「ワッハーブ派」（ムハンマド・アブドゥルワッハーブの追随者）と呼称される現在まで続く運動が開始された。「ワッハーブ派」というのはあくまで他称であり、当人たちは、自らを「ハディースの徒」であると規定するとともに、まず何よりも「一神教の徒（ムワッヒドゥーン）」であると自認している。「ハディースの徒」と名乗ることは、サラフィー主義の方法論である厳密なハディース学に基づいた教義解釈の特徴を表しているが、「一神教の徒」という自称は、イブン・タイミーヤの思想の中でも神学面を最も重視していることを表している。イブン・タイミーヤの一神教論の護持こそがワッハーブ派の最大の特徴であり、他のサラフィー主義潮流と自らを区分している（少なくともワッハーブ派はそのように認識している）。ワッハーブ派の神学的立場は、真のムスリムたる「一神教の徒」であるために、シャリーアに基づく統治の実現とともに、シーア派等の異端者集団に対するジハードのみならず、スーフィー教団を敵視し、スーフィー教団指導者などを葬っている聖者廟の破壊等といった行動の実践を要求する。▽6 現在では、「サラフィー主義」という場合、単にクルアーンとハディースから直接教義解釈を行う方法論のことよりも、

▽6　ワッハーブ派の思想と神学的立場については、中田考（一九九五）「ワッハーブ派の政治理念と国家原理――宣教国家サウディアラビアの成立と変質」を参照。

それに加えて上記のイブン・タイミーヤの神学的立場を共有するワッハーブ派およびその影響下にある立場のことを指す場合が多い。十八世紀半ばに始まったワッハーブ派の運動は、シーア派のみならず、神学的立場を共有しない他のスンナ派ムスリムもジハードの対象とし、オスマン朝やエジプト、アラビア半島の諸勢力との戦闘を継続し、一九三〇年代には現在のサウディアラビア王国の領土が確定された。

エジプトでは、一八九七年にムハンマド・アブドゥやラシード・リダーらが雑誌『アル＝マナール（灯台）』を創刊し、その影響力によってエジプトとその周辺諸国、さらには東南アジアまで影響を広げていった。[▽7] 彼らの思想は、クルアーンとハディースから直接教義解釈を導きだすイブン・タイミーヤのサラフィー主義的方法に基づいていたが、ワッハーブ派の神学的立場は共有していなかった。彼らの思想的影響のもと、高校教師であったハサン・アル＝バンナー（一九〇六～一九四九年）を指導者として一九二八年にエジプトで成立したのがムスリム同胞団である。サラフィー主義的教義解釈により近代社会に対処する思想と欧米式の高等教育を受けた多数の人材を併せ持ったムスリム同胞団は、自分たちがムスリム諸国をイスラーム的近代国家へと変革し、現状よりもより良い政権運営をなしうる政治勢力であると訴えた。二十世紀を通じてムスリム同胞団および提携関係にある諸勢力はイスラーム世界各地で勢力を拡大していった。現在のムスリム同胞団は、エジプトのみにとどまらない国際組織であるが、協力関係にある組織にサウディアラビアをはじめとするアラブ湾岸諸国のサフワ（覚醒）運動、スーダンのイスラーム民族戦線、パレスティナのハマース、トルコの発展公正党、マレーシアのマレーシア・イスラーム党、インドネシアの繁栄公正党などがある。また、パキスタンをはじめ南アジア一帯に勢力を持つジャマアテ・イスラーミーも提携関係にあるといえる。

イスラーム世界のほとんどでは、十九世紀後半から二十世紀の半ばにかけて、近代化は植民地支配からの独立、ナショナリズム（場合によっては民族主義）と並行して進められてきた。ムスリム社会の大部分では、近代化はまず欧米による植民地統治の一環として始められ、独立後はナショナリズムを鼓吹するムスリム諸国の政府によって継承された。教育を含む近代制度は植民地統治によって植え付けられ、宗主国を模倣した制度が独立後も現在に至るまで継続しているといえる。この間、イスラーム世界で起きた政治的な事件にオスマン朝の終焉（一九二二年）とトルコ共和国の成立（一九二三年）、サウディアラビア王国の成立（現在の国名になったのは一九三二年）、第一次中東戦争におけるアラブ諸国の敗北とイスラエルの成立（一九四八～一九四九年）、エジプトのナセル大統領に代表されるアラブ民族主義の流行、第三次中東戦争におけるアラブ諸国の敗北（一九六七年）等があった。植民地統治からのムスリム諸国の独立が相次いだが、その中にはアルジェリア独立戦争（一九五四～一九六二年）やインドネシア独立戦争（一九四五～一九四九年）のように数十万人以上の死者の出た戦争を伴うものもあった。

一九七〇年代になると、ナショナリズムやアラブ民族主義を鼓吹してきたムスリム諸国政府は敗戦や失政を重ね、国民の支持と求心力を失っていった。具体的には、第三次中東戦争の敗北や三次にわたるインド・パキスタン戦争（一九四七年、一九六五年、一九七一年）におけるパキスタンの敗北、そして経済成長の停滞（アラビア半島の産油国は除く）、行政サービスの機能不全、政府の腐敗がムスリム諸国全般に見られた。一方で、一九七〇年代に入ってから勢力を拡大し続けたのが、ムスリム同胞団および連携関係にあった

▽7　『アル＝マナール』については、小杉泰（二〇〇六）『現代イスラーム世界論』二三一－二四一頁を参照。

諸組織であった。ムスリム同胞団は、一九二八年に創立されて以来、反政府活動を続ける地下組織であり、創設時の指導者ハサン・アル＝バンナーの暗殺（一九四九年）をはじめとして過酷な弾圧を受けていた。その間、関係者の多くが欧米やアラブ湾岸諸国に亡命、留学、就労したことで、各地に組織を構築していった。ムスリム同胞団系の諸組織は社会運動としての機能を強化していき、教育や福祉、様々な奉仕活動において、民衆の広範な支持を得るまでになっていった。また、高等教育を受けたムスリム知識人を糾合していたムスリム同胞団は、教育界の他に、医師、弁護士、技術者などの業界組織でも大きな影響力をもった。▽8

このように教育・社会活動が成功を収めていく過程で、ムスリム同胞団はまず個人、次いで社会のイスラーム化を重視する戦略をとるようになっていった。ムスリム同胞団系の諸組織の戦略は、まず、教育や出版を通してムスリム個々人のイスラーム化（一般的なイスラーム学習とともにムスリム同胞団の思想を普及）、そのうえで社会をイスラーム化し、その結果としてイスラーム国家（まず既存のムスリム国家の枠内、たとえばエジプトにおいてシャリーアに基づいた統治を行う）を実現することを特徴としている。全イスラーム世界を統合するカリフ制は、各地でイスラーム国家が成立した後に達成されるべき目標であるとされる。

ムスリム諸国各地や欧米でのムスリム同胞団系の活動、特に書籍やパンフレットの刊行は、サウディアラビアを含むアラブ湾岸諸国の政府および民間からの潤沢な資金援助を受けていた。アラブ湾岸諸国では、カタールが最も積極的にムスリム同胞団を支援してきたことで知られるが、サウディアラビアもその資金力の大きさ故に重要なスポンサーであった。ワッハーブ派とムスリム同胞団の間には神学的立場の相違はあったが、サラフィー的方法論での共通点、そして世俗派や社会主義者、共産主義者といった共通の敵の存在があった。サウディアラビア人であるアブドゥルハミードの大きな役割の一つは、ムスリム同胞団系の勢力とサウディアラビアを仲介することであった。アブドゥルハミードが、サウディアラビアの主要な国際支援組織の一つ、世界ムスリム青年会議（WAMY）の事務局長であったことは、そのような支援仲介のために非常に有用であった。

ワッハーブ派とムスリム同胞団の連携は、しかし、徐々に暗礁に乗り上げていった。一つの大きな契機は、一九九一年の湾岸戦争の際、イラク軍に対抗するためにアメリカ軍をはじめとする多国籍軍の駐留をサウディアラビア政府が受け入れたことである。異教徒を中心とする多国籍軍の駐留に対し、アラビア半島におけるムスリム同胞団系の運動であるサフワ運動は抗議運動を展開し、サウディアラビア政府の弾圧を受けた。▽9 その後、サウディアラビア政府とワッハーブ派はムスリム同胞団系の諸組織に対して、段階的に敵対的な姿勢を強めていった。その理由は、要約すると主に二つ考えられる。

①人材面の理由

一九七〇年代、一九八〇年代のサウディアラビアとワッハーブ派は、資金面においては圧倒的に潤沢で、ハディース学者をはじめとするワッハーブ派のウラマーも多数擁していたが、欧米式の高等教育を受けた

▽8　エジプトのムスリム同胞団の歴史、活動については、横田貴之（二〇〇九）『原理主義の潮流――ムスリム同胞団』を参照。
▽9　サウディアラビアにおけるサフワ運動とその思想、歴史的背景については、Lacroix (2011) *Awakening Islam: The Politics of Religious Dissent in Contemporary Saudi Arabia* を参照。

ムスリム知識人の人材は極度に不足していた。そのため、自国の経済活動のみならず行政や教育においても外国人に依存せざるをえなかった。この時期、ムスリム同胞団の関係者を含む多くのムスリム知識人がサウディアラビア国内で就労した。また、サウディアラビアにとってイスラーム世界全体に影響力を拡大するため、同時にアラブ諸国においてエジプト等が主導するアラブ民族主義に対抗して主導権を確立するために、各国のムスリム知識人との提携は有効であった。ワッハーブ派ではないにしてもともかくもイスラームを掲げるムスリム同胞団系の諸組織と協力することに、サウディアラビア政府は利益を見いだしていた。

一九九〇年代になるとアラブ民族主義は勢力を失っていった。一方、ムスリム同胞団は伸長を続けており、サウディアラビア政府とワッハーブ派から見ると勢力を拡大し過ぎていた。特にアラブ湾岸諸国において組織を築いていることについて、主にサウディアラビアとアラブ首長国連邦の政府が警戒を強めた。サウディアラビアとワッハーブ派の主観では、ムスリム同胞団は有害無益な存在となりつつあった。サウディアラビア政府から見ると、自国民を大量に欧米へ留学させる政策によって、自国民で十分にムスリム知識人を調達できるという見込みがあった。さらに、エジプトを含むムスリム諸国においても、ムスリム同胞団よりワッハーブ派に近いサラフィー主義の勢力が増加を続けていた。ワッハーブ派の牙城であるサウディアラビアのイマーム・ムハンマド・イブン・サウード・イスラーム大学が世界各地に分校を設立したことに代表されるように、ワッハーブ派の思想は資金力を背景に教育や出版を通してムスリム諸国に普及されていった。[▽10]

ムスリム同胞団は構成員が高齢化していく中で分派がいくつも発生していた。一方で、比較的若い世代のサラフィー主義者たちは新しい運動を立ち上げていった。これらの新勢力は、神学的立場もワッハーブ派と共有しているものが多かった。二〇一一年、エジプトで軍部を基盤とするムバーラク政権が大規模な抗議行動の結果退陣した。その後二〇一二年に実施された人民議会選挙ではムスリム同胞団を母体とする自由公正党が二百三十五議席（公選議席全体の四十七パーセント）を獲得した。一方、ワッハーブ派に近い立場をとるヌール党（光の党）を中心としたサラフィー主義政党の連合は、百二十七議席（公選議席全体の二十六パーセント）であった。これらの獲得議席数は、この時点での両者の勢力を測るうえで一つの指標となるであろう。

②シーア派の台頭

ワッハーブ派とムスリム同胞団の連携が破綻していった遠因の一つは、一九七九年のイラン革命であったといえる。シーア派が再興し、世界各地で宣教活動を展開するとともに政治権力の獲得をも目指す動きが活発に見られるようになったことは、シーア派をイデオロギー上の主要敵とするワッハーブ派からは、死活的に重要な危機と見なされた。一方で、ムスリム同胞団系の諸勢力は、「イスラーム革命」と称されたイラン革命を必ずしも敵視せず、イスラーム復興の一潮流、イスラーム国家建設の一つのモデルと見なしたケースさえあった。

▽10　サウディアラビアからの対外イスラーム運動支援については、中田考（一九九四）「宣教国家サウジアラビアのイスラーム対外支援」を参照。

年表

1923年	トルコでオスマン朝が廃止される
1928年	エジプトでムスリム同胞団設立
1932年	サウード家の王朝が国名をサウディアラビア王国とする
1979年	イラン革命
	ソ連のアフガニスタン侵攻開始（1989年まで）
1981年	国際イスラーム思想研究所設立
1983年	マレーシア国際イスラーム大学設立
1991年	湾岸戦争
2003年	イラク戦争
2011年	シリア内戦開始
2013年	エジプトで軍事クー・デタによりムルスィー政権が失脚

レバノンにおいてイランの支援を受けたシーア派組織ヒズブッラー（一九八二年に設立）が勢力を拡大し続けたこと、二〇〇三年のイラク戦争の後イラクにおいてイランと密接な関係にあったシーア派諸勢力が政権を掌握したことはサウディアラビア政府とワッハーブ派の危機感を増幅させた。

　ムスリム同胞団とサウディアラビアの関係を破局的に悪化させたのが、二〇一三年のエジプトにおける軍部のクー・デタである。二〇一二年の大統領選挙で成立していたムスリム同胞団を母体とするムルスィー政権が倒され、軍部が政権を掌握した。抗議行動を展開したムスリム同胞団は多数が殺害、拘束された。このクー・デタを側面から支援したのがサウディアラビアであり、サウディアラビアと近しい関係にあるサラフィー主義諸組織を母体としたヌール党は、軍部とクー・デタへの支持を表明した。サウディアラビアはクー・デタの直前にムルスィー政権がイラン政府との外交関係を改善しようとしていたことをシーア派への接近と見て激しく糾弾していた。

四、欧米のムスリム社会と国際イスラーム思想研究所（ＩＩＩＴ）

欧米に居住するムスリムの間では、ムスリム同胞団の影響を受けたムスリム知識人の割合が比較的高い。二十一世紀の初めまでは、ムスリムの活動や言論が欧米の政府から監視されることや取り締まられることもまだ少なく、ムスリム諸国よりもむしろ高い自由度があった。アブドゥルハミードら北米に滞在していたムスリムの研究者、留学生らが中心になって一九六三年に結成されたムスリム学生協会（MSA）もムスリム同胞団の影響下にありつつサウディアラビアの支援を受けた組織といえる。アブドゥルハミードらの活動は、やがて一九八二年に北米イスラーム協会（ISNA）の結成に至った。現在アブドゥルハミードが代表を務める国際イスラーム思想研究所（IIIT）の創設メンバーたちは、このような北米のムスリム知識人の活動の中で結びつきを強め、ヨーロッパやムスリム諸国のムスリム知識人たちと共同で啓蒙活動を展開していった。

ムスリム同胞団系の思想家たちの多くが、主に一九七〇年代から一九九〇年代にかけて、欧米に自由な新天地を見いだし、そこで盛んに言論、出版活動を展開した。欧米に居住するうえで、彼らの言論は、イスラームを弁護し、同時にイスラームが欧米の（普遍的とされる）価値観、民主主義や人権に反するものではないということを強調した。このような欧米におけるイスラーム弁護の言論活動は、アラブ湾岸諸国のスポンサーたちの利益に適う面もあった。同時に、公正な選挙の実現や市民社会の発展、権威主義的政府の腐敗や権力濫用を批判すること等を通してムスリム諸国の現政府を打倒しようとするムスリム同胞団の側にも合理的な活動であった。

欧米はムスリム諸国と違って、政府からの激しい弾圧や統制が無かっただけではなく、ムスリム諸国のように伝統的なウラマーたちが政府と密接な関係をもって権力に参加しているわけではなく、彼らが根拠地とするマドラサもなかった。欧米であれば、イスラームをめぐる言説において、ムスリム知識人が主導権をとることも可能であると思われた。ムスリム同胞団系のムスリム知識人たちは、ヨーロッパとアメリカを、彼らの思想をイスラーム世界へと発信していき、変革の契機を作るための根拠地としようとした。古典的なイスラーム法学の分類に従えば、欧米はムスリムが統治するイスラームの圏域（ダール＝イスラーム）ではなく、異教徒が統治している戦争の圏域（ダール＝ハルブ）であり、ムスリムが進んで居住するべき土地ではない。あるいは、現代の欧米諸国はムスリム諸国と国交があることから、アブドゥルハミードが述べているように、「協定の圏域」であると見なす説も一般的である。レバノンのムスリム同胞団系勢力であるイスラーム集団の指導者で、フランスで政治学を専攻したファイサル・マウラウィー（一九四一～二〇一一年）は、ヨーロッパをイスラームの圏域でもなく戦争の圏域でもなく、ムスリムが滞在してイスラームの宣教をしていくべき「宣教の圏域」であると規定した［Tariq Ramadan 1998: 142–143］。また、ハサン・アル＝バンナーの孫にあたるターリク＝ラマダーン（一九六二年～）は、イスラームの圏域と戦争の圏域という二分法は現代には通用しないと主張し、現代ではイスラームの言論や実践を自由に行うことができるのはムスリム諸国ではなく、欧米であると述べた。そして、欧米を世界の中でもイスラームの真の実現が課されている「証言《シャハーダ》の圏域」と呼んだ［Tariq Ramadan 1998: 148–150］。

欧米におけるムスリム同胞団系のムスリム知識人たちの最も重要な中心の一つとなるべく、一九八一年にアブドゥルハミードらによって、国際イスラーム思想研究所（ＩＩＩＴ）がアメリカ合衆国ヴァージニア州に設立された。初代の代表は、「知のイスラーム化（Islamization of knowledge）」の主要な理論家として知られるイスマーイール・ラージー・アル＝ファルーキー（一九二一～一九八六年）であった。二代目の代表となったターハー・ジャービル・アル＝アルワーニー[11]（一九三五〜二〇一六年）もアブドゥルハミードも、知のイスラーム化を主要な課題としていたことでは共通している。知のイスラーム化の対象となるのは、人文科学も社会科学も自然科学も含まれる。よく知られている例としては、欧米の経済学から利子制度を回避して構築しようとしたイスラーム経済論、イスラーム金融論がある。一方で、自然科学については「イスラーム医学」、「イスラーム数学」などが本当に目指されるべきなのかという問題があり、目立った成果が挙がっているとはいいがたい。知のイスラーム化の定義、方法論については様々な議論があるが、共通しているのは、ムスリム共同体は欧米の学問を導入する必要があるということ、しかし、欧米の学問にはイスラームに反する要素があるのでそのまま導入するわけにはいかない、という問題意識である。『クルアーン的世界観』で繰り返し批判されている唯物論的な世界観、唯物論的な前提、などもイスラームに反する要素と考えられている。この問題意識は、条件をつけながらも、ムスリムが近代化を推進していくことを奨励しており、イスラーム独自の近代を目指しているともいえる。

知のイスラーム化の他にも、国際イスラーム思想研究所は、ムスリム社会の変革に資するための様々な理論的作業を行った。その多くは欧米に居住するムスリムとして、欧米社会でイスラームが受ける批判の数々を意識したものであり、イスラームにおける人権、女性の地位、イスラームから他宗教への改宗、テ

▽11　イスマーイール・ラージー・アル＝ファールーキーとターハー・ジャービル・アル＝アルワーニーの経歴、思想、知のイスラーム化に関する議論については、松山洋平（二〇一一）「「知識のイスラーム化」論の思想的展開——イスマーイール・アル＝ファールーキーとターハー・アル＝アルワーニーを例に」を参照。

ロリズムの問題、等々について多くの出版、啓蒙活動が展開されてきた。知のイスラーム化においても他の諸問題についての議論においても、多くの場合、理論的根拠とされているのは、「シャリーアの諸目的」の概念である。IIITの論者の議論では、概ね、まず現代社会をよく理解したうえで、自分たちが置かれた社会で「シャリーアの諸目的」(信仰、魂、理性、子孫、財産)を最も良い状態とするためにはどうすればよいか、といった論の展開がされている。また、クルアーンとハディースに基づく教義解釈も、時と場所に応じて、シャリーアの諸目的に適うように行うべきであるとされている。その際、現在のムスリム同胞団の最も主要な理論家であり、シャリーアの諸目的についての現代の主要な論者の一人でもあるユースフ・アル＝カラダーウィー(一九二六年〜)がしばしば参照されている。[12]

知のイスラーム化は、単に欧米の学問をイスラーム化するという理論的作業ではなく、次の段階としてイスラーム化した学問を、教育を通して普及し、ムスリム社会を啓蒙するという作業が想定されている。さらにその次の最終的な段階としては、イスラーム化された学問に基づいてムスリム諸国の制度を改変し、社会を変革してイスラーム独自の近代国家、近代社会を建設していくという目標がある。このような段階的な変革論は、ムスリム同胞団の個人→社会→国家という段階でイスラーム化を推進し、イスラーム国家を成立させるとする段階的な変革論に対応したものといえるであろう。

教育・啓蒙の段階では、特に高等教育機関、つまり大学を改革し、そこにイスラーム化した学問の新しい教科書、新しいカリキュラムを供給する必要があった。理論的作業の段階では、国際イスラーム思想研究所がアメリカ合衆国に作られたが、教育・啓蒙の段階は、欧米だけではなくより広くムスリム諸国で行われる必要があった。そのための拠点として設立されたのが一九八三年に設立されたマレーシア国際イス

ラーム大学であった。マレーシアが選ばれた理由はいくつか考えられるが、

①ムスリム諸国の中では比較的言論等の自由があり、選挙制度も機能しており、経済的にも発展中であったこと
②ムスリム諸国の中では比較的教育制度が整備されており、特に英語教育の水準が高いこと
③政府がイスラーム化に好意的であり、世俗的な軍部のような勢力の介入がないこと
④（③と関係しているが）アンワル・イブラーヒームの存在

等が考えられるであろう。

アンワル・イブラーヒーム（一九四七年～）は、マレーシアのイスラーム化を掲げる学生運動で頭角を現し、ムスリム同胞団の強い影響を受けたマレーシア・イスラーム青年運動（ＡＢＩＭ）の代表を務め、国際イスラーム思想研究所にも参加していた。一九八三年当時はマレーシアのマハティール政権において青年・スポーツ大臣であり、マレーシア・イスラーム銀行の設立など政府主導のイスラーム化政策において中心的な役割を果たしていた。一九八六年には教育大臣に就任してマレーシア国際イスラーム大学の発展

▽12　ユースフ・アル＝カラダーウィーの経歴と思想については、塩崎悠輝（二〇一二）「カラダーウィーによる欧米のマイノリティ・ムスリムのためのファトワー――サラフィー的方法論とワサティーヤ（中道）の概念に基づく現代諸問題への取り組み」を参照。

を強力に支援し、一九八八年には同大学の総長に就任した。その後、一九九三年には副首相兼財務大臣に就任したが、一九九八年にマハティール首相と対立して失脚した。▽13

マレーシア国際イスラーム大学は、知のイスラーム化を研究面でさらに発展させ、その内容を教育・普及するための拠点として設立された。設立当初は、財政面で、マレーシア政府のみならずイスラーム諸国会議機構（OIC）、サウディアラビアを含むムスリム諸国八カ国によって運営されることになっていた。教員も学生もイスラーム世界から広く集められ、国際イスラーム思想研究所に関わるムスリム知識人たちが大きな役割を果たした。アブドゥルハミードは初代の学長に就任したが、同大学で彼が手がけた教育プログラム作成については、『クルアーン的世界観』で述べられている。その後、国際イスラーム思想研究所は、同様の大学の設立、あるいは同大学で培われた教科書やカリキュラムをムスリム諸国の大学に普及していく計画を推進してきている。

四、まとめ――瀬戸際に立たされた「イスラーム的近代」という理念

アブドゥルハミードと国際イスラーム思想研究所に連なる人々の、知のイスラーム化を通してイスラーム独自の近代を実現しようとする運動は、一九八〇年代が最盛期であったといえるであろう。一九九〇年代以降も運動は継続されているが、二十一世紀に入るとともに様々な困難に直面し、特に二〇一〇年代になってから、困難は深刻さを増している。知のイスラーム化という運動が困難に陥った理由は複数あり、外的な理由と運動内部にあった理由に分けることができる。

1　外的な理由

①冷戦の終結（ワッハーブ派とムスリム同胞団にとって共通の敵の衰退）
②シーア派の攻勢
③ワッハーブ派に近いサラフィー主義諸勢力の増大
④二〇〇一年以降の欧米におけるムスリム諸団体取り締まり
⑤ムスリム社会と大学の大衆化

2　内部の理由

①ムスリム同胞団系政治勢力の失権
②イスラーム化という戦略の問題
③知のイスラーム化の不十分な成果

外的な理由と内部の理由は、密接に関係している。国際イスラーム思想研究所をはじめとする知のイスラーム化の運動は、教育・啓蒙の段階の運動であるとされてはいたが、その展開においていくつかのムスリム諸国の政府に依存していた。一九八〇年代にパキスタンのジア・ウル・ハック軍事政権とジャマア

▽13　マレーシア政府の「イスラーム化」政策とアンワル・イブラーヒームの果たした役割については、塩崎悠輝（二〇一六）『国家と対峙するイスラーム――マレーシアにおけるイスラーム法学の展開』一二四－一二六頁を参照。

テ・イスラーミーが良好な関係にあったこと（その時期の成果の一つがパキスタン国際イスラーム大学である）、一九九〇年代にスーダンでアル＝バシール軍事政権とイスラーム民族戦線が協力関係にあったこと、一九八〇年代から一九九〇年代にかけてのマレーシア、さらにはサウディアラビア、カタールなどアラブ湾岸諸国からの支援などの例がある。これらのムスリム諸国でムスリム同胞団系の勢力が失権し、政府に弾圧を受けた後は、知のイスラーム化運動もその国では停滞を余儀なくされた。

ムスリム同胞団系政治勢力の失権は、長い目で見れば、二十世紀を通じてイスラーム世界で起きていた二つの最も重要な現象、ワッハーブ派の拡大とシーア派の再興が最大の原因であったともいえる。一九九〇年代になり、共産党とその他左翼勢力が重大な脅威ではなくなった後、ムスリム諸国政府にとって、ムスリム同胞団系勢力の利用価値は減少した。一方で、ワッハーブ派から見ると、一九七九年のイラン革命以降のシーア派の攻勢という危機が迫っているのに、それと十分に戦おうとしないばかりか、協力しようとしているようにさえ見えるムスリム同胞団はもはや無用の存在に見えた。サウディアラビアからの継続的な支援により、ワッハーブ派に近いサラフィー主義勢力は世界各地で増大を続けており、サウディアラビア国外においてもムスリム同胞団に頼らずとも十分な直属の勢力を確保しているように考えられた。一九七九年から一九八九年まで続いたソビエト連邦のアフガニスタン侵攻に際して、ワッハーブ派とサラフィー主義勢力の義勇兵派遣と支援によって勝利したように（彼らの主観的には）見えたことも、彼らが自分たちの方法論や実力を過信するきっかけとなった。

これらの事態に対処できなかったことは、ムスリム同胞団の内部、特にその戦略にも原因があった。個人、社会、国家の順に段階的にイスラーム化を進めていけばイスラーム国家が成立する、という戦略は、各地である段階まではイスラーム化を進めていくところまでは成功した。しかしながら、いずれの場合も、軍部をはじめ既得権益層が残存しており、イスラーム国家が成立する前にクー・デタ等の手段により挫折した。二〇一二年にムスリム同胞団にとっては本命というべきエジプトでムルスィー政権が成立したが、翌年には軍部のクー・デタで瓦解したのが典型的な例である。下からのイスラーム化という戦略が、イスラーム国家を実現する方法論としては成功しなかった例ともいえる。この問題は、アブドゥルハミードら国際イスラーム思想研究所の、知のイスラーム化を教育・啓蒙で普及していく、という構想にも関係していると考えられる。ムスリム知識人が啓蒙を通して社会を変革する、ある「世界観」を普及することで社会は変わる、という発想は、近代の社会思想といっても二十世紀前半に見られた共産主義やナチズムに類似している。社会の大衆化はムスリム諸国でも進行しており、現代の大衆社会や教育行政が、社会を啓蒙し善導する知識人、といった存在を求めているとはいいがたい。知のイスラーム化の運動は、グローバル化していく大学教育の内容に対して対抗しうるような、つまり政府や社会から欧米の学問以上に選好されうるような成果を生みだしているとはいえない（実利的、という特徴により、イスラーム金融論はある程度普及しているが）。

二〇〇一年にニューヨークで世界貿易センターが破壊される事件が起きて以来、欧米もムスリムにとっての自由な天地ではなくなっていった。二〇〇三年のイラク戦争、二〇一一年に始まったシリア内戦は欧米に住むムスリムをますます苦境に追いやっている。「テロ」と難民の流入に悩まされる欧米、特にヨーロッパでは、「知のイスラーム化を通して実現されるイスラーム独自の近代」、「イスラーム国家」といった構想は、およそ歓迎されるものではなく、むしろ激しい攻撃の対象となっている。ムスリム同胞団系の勢力が比較的安全に活動できるのは、マレーシア、インドネシア、トルコ、カタールといった諸国に限られつつあり、このことは国際イスラーム思想研究所の活動にも影響せざるをえない。

このままでは、知のイスラーム化というのは、一九八〇年代に最盛期であった過去の運動、ある特定の世代に受け入れられていた構想ということになる可能性が高い。しかし、イスラームと近代の関係という問題は、何ら解決したわけではない。二〇一〇年代に入ってからムスリム同胞団による下からの段階的イスラーム化という戦略が失敗を繰り返しているが、一方で勢力を急伸させているのがアル＝カーイダやイスラーム国を名乗ってシリアとイラクの一部を支配した勢力である。彼らは神学的立場も含めワッハーブ派と同様の思想を持つが、サウディアラビア政府の統制下にはない。下からの段階的なイスラーム化ではなく、破綻国家や内戦下にある国家（アフガニスタン、ソマリア、イラク、シリア、リビア、イエメン等）において即時に自分たちのイスラーム国家（可能であればカリフ制）を建設するという戦略を持つ。彼らは、機械技術は用いるものの、欧米の政治制度や学問を導入することは基本的には否定している。それよりも、現実の社会を可能な限り七世紀の預言者ムハンマドと正統カリフの時代に近づけることが理想とされる。

今日のイスラーム世界の危機的状況を理解するためにも、そして今後の展開を模索するうえでも、アブドゥルハミードらの試みは再検討される価値がある。アル＝カーイダやイスラーム国を自称する勢力の思想は、ムスリム同胞団や国際イスラーム思想研究所のような、イスラーム独自の近代の模索が挫折し、停滞している時期に急拡大した。しかしながら、現実的にはそのまま拡大してイスラーム世界の大多数の支持を得ることは難しいと考えられる。その後に、イスラームと近代の関係についての新たな構想が描かれていくにあたって、知のイスラーム化の運動はそのまま再活性化すればよいものではないにしても、真剣に検討されるべき重要な試みの例といえるであろう。

参考文献

Abdi Omar Shuriye (2000) *Introduction to Political Science: Islamic and Western Perspectives*. Petaling Jaya: Ilmiah Publishers.

Abū Hāmid al-Ghazālī (1937) *al-Mustasfā min 'Ilm al-Uṣūl*. Cairo: al-Maktabah al-Tijāriyah al-Kubrā.

Jasser Auda (2008) *Maqāṣid al-Sharī'ah: A Beginner's Guide*. London: Th International Institute of Islamic Thought.

Lacroix, S. (2011) *Awakening Islam: The Politics of Religious Dissent in Contemporary Saudi Arabia*. Cambridge: Harvard University Press.

Laoust, H. (1939) *Essai sur les Doctrines Sociales et Politique de Takī-d-dīn Ahmad b. Taimīya, Canoniste Hanbalite né à Harrān en 661/662, Mort à Damas en 728/1328*, Cairo: Imprimerie de l'Institut Français d'Archéologie Orientale.

Tariq Ramadan (1998) *To be a European Muslim*. Leicester: The Islamic Foundation.

Weber, M. (1968) *Economy and Society*. New York: Bedminster Press.

小杉泰（二〇〇六）『現代イスラーム世界論』名古屋大学出版会。

塩崎悠輝（二〇一二）「カラダーウィーによる欧米のマイノリティ・ムスリムのためのファトワー――サラフィー的方法論とワサティーヤ（中道）の概念に基づく現代諸問題への取り組み」、『マイノリティ・ムスリムのイスラーム法学』日本サウディアラビア協会、五－一六頁。

――（二〇一六）『国家と対峙するイスラーム――マレーシアにおけるイスラーム法学の展開』作品社。

中田考（一九九四）「宣教国家サウジアラビアのイスラーム対外支援」、『中東研究』第三百九十五号、中東調査会、一〇‐二七頁。

――（一九九五）「ワッハーブ派の政治理念と国家原理――宣教国家サウディアラビアの成立と変質」、『オリエント』第三十八巻第一号、日本オリエント学会、七九‐九五頁。

松山洋平（二〇一二）「「知識のイスラーム化」論の思想的展開――イスマーイール・アル＝ファールーキーとターハー・アル＝アルワーニーを例に」、『イスラム世界』第七十七号、日本イスラム協会、一‐三〇頁。

横田貴之（二〇〇九）『原理主義の潮流――ムスリム同胞団』山川出版社
ルイス、バーナード（二〇〇三）『イスラム世界はなぜ没落したか？――西洋近代と中東』日本評論社。

訳者あとがき

イスラームの共同体は迷走を続けているように見える。日本社会では専ら注目されがちな「テロ」の頻発だけでなく、多くのムスリム諸国における経済の低迷、貧困をはじめとする諸々の社会問題はまるで解決される兆しも見えない。

イスラームの共同体、というのは実効力のある統治権力もなければ、経済的な共同体でもないにもかかわらず、イスラームの教養という知を共有するゆるやかな共同体としては確かに存在している。中東、アフリカ、南アジア、中央アジア、東南アジア等々、地域的には多様であっても、共通する問題が見られる。社会に広く、政府への不信、将来への悲観、縁故主義、陰謀論と疑似科学の蔓延、学術や研究の低迷などが見られる。アル＝カーイダやイスラーム国を名乗る集団などによる武力を行使する活動も、この共同体で起きている。自分の国に希望が見いだせず、難民や移民として欧米の先進国に移住しようとするムスリムが後を絶たないのも、この共同体で広く見られる現象である。

アブドゥルハミード・アブー・スライマーンの『クルアーン的世界観』は、こういったイスラーム共同体の問題の原因を、ムスリム社会の知のあり方に求め、問題克服のための道筋を（解決法を示したというにはおそらく不十分ではあるものの）示そうとした書である。ムスリム社会の諸問題の原因が、知のあり方にあるという見解は、ムスリムの間では決して多数ではない。ムスリム諸国政権によるプロパガンダを含め、原因は欧米による植民地化であり、また現代まで続く欧米による経済的搾取であるという主張が大勢である。ムスリム諸国の政権に対して批判的なムスリム知識人の間でも、原因を専制君主や軍事政権の独裁者による汚職、権力濫用であると主張し、統治者個人の資質の問題に帰する場合が多い。アブドゥルハミードは、これらの問題が原因であるという主張にも賛同するが、同時に、ムスリム社会の知のあり方にも原因があると主張する。

　イスラーム共同体の迷走が、複合的な諸原因によるものであることは論をまたないが、アブドゥルハミードは最も根深い原因として、知のあり方＝思考法があると主張している。このような、責任を外部のみに求めるのではなく、自分たち自身にこそ責任があるという指摘は現代のムスリム社会で歓迎されることは難しい。自分たちに原因があるとしても、信心の不足や道徳的不品行が悪い、といった主張が通りやすい。また、アブドゥルハミードは、原因はイスラームそのものではなく、ムスリム社会におけるイスラーム理解に問題があると主張しているのであるが、このような主張も必ず反発を招く。知のあり方の変化を求められることは非常に大きな負担であり、社会全般にそれを求めることは、およそ容易に受け入れられることではない。

　イスラーム共同体の知のあり方を問い直し、さらに変革をも目指すということは、極めて困難であり、真剣であればあるほど慎重であることを要する。ムスリムが自分たちを相対化し、単に他者を模倣するのではなくクルアーンとハディースのみに基づいて革新を模索する作業は、容易にコンセンサスを形成できるものではない。その端緒である「知のイスラーム化」においても、アブドゥルハミードが率直に述べているように「耳の聞こえない者同士の会話」（本書一九九頁）のごとき混乱に陥っているのが現状である。

アブドゥルハミードが繰り返し訴えている「世界観」や「思考法」の変革は、欧米や日本では、知識人による啓蒙以上に、むしろより包括的な、経済政策を含む社会工学的な方法によって達成されてきたと見る見解の方が多いであろう。「知のイスラーム化」は本命というべき社会科学においてまず躓いてしまったといえるが、アブドゥルハミードは近代欧米で発展してきた社会科学の学説、とりわけ経済的人間像のような人間観を「唯物論的世界観」の産物であるとして頑なに拒絶する。あくまで啓蒙と教育によってのみムスリム社会の革新を実現しようとする。今後、「知のイスラーム化」のみならず、イスラーム共同体の迷走の原因、イスラームと近代の共存についての探究が進められていくうえで、このようなイスラームの教義解釈に基づくと考えられる人間観や社会発展観の検討も重要な課題となるであろう。このような課題が見えてくるところにも、本書の学術的・社会的意義があるといえる。

本書の出版および翻訳とそれらのために必要であった調査、研究は、国際イスラーム思想研究所（IIIT）ならびに以下の公的な研究プロジェクトと科学研究費助成事業の研究助成を受けて行われた。深く謝意を表したい。

・人間文化研究機構　ネットワーク型基幹研究プロジェクト　地域研究推進事業（二〇一六年度〜）「現代中東地域研究」

・日本学術振興会若手研究B（二〇一三～二〇一六年度）「東南アジアにおけるイスラーム法学の受容と展開――学びの中心とウラマーのネットワーク」
・日本学術振興会特別研究員奨励費（PD）（二〇一四～二〇一六年度）「イスラーム法学の展開――東南アジアと中東、南アジアをつなぐウラマーのネットワーク」
・日本学術振興会若手研究B（二〇一七年度～）「東南アジアにおけるイスラーム法学派の歴史的形成と地域間交流」

この本は、数多くの方々の学術上のご協力、ご教示なくしては成り立ちえなかった。お世話になった方々のお名前を全て挙げて感謝することはできないが、深謝の意を表したい。とりわけ、マレーシア国際イスラーム大学と国際イスラーム思想研究所の人々、事務局長のProf. Omar Hasan Kasule、Dr. Ahmad Totonji、東アジア地域代表のDato' Prof. Jamil Osman、そして誰よりもまず原著者で、日本語訳の出版を快諾してくださったDr. AbdulHamid AbuSulayman に篤く御礼申し上げたい。

末尾になるが、共訳者として「はじめに」と「アラビア語版への序文」を除く第一章から第五章、付録までの基礎的な翻訳を担当してくださった出水麻野さん、前著に続き今回も翻訳、執筆を辛抱強くサポートしていただいた作品社の福田隆雄氏に御礼申し上げたい。

二〇一七年六月十一日（ヒジュラ暦一四三八年ラマダーン月十六日）

塩崎悠輝

著者略歴

アブドゥルハミード・アブー・スライマーン（AbdulHamid AbuSulayman）

一九三六年、サウディアラビア生まれ。一九七三年に米国ペンシルベニア大学で博士号（国際関係論）取得。世界ムスリム青年連盟（ＷＡＭＹ）事務局長、マレーシア国際イスラーム大学学長等を歴任、現在は国際イスラーム思想研究所運営評議会議長。主な著書に『ムスリムの心理的危機』（一九八七）、『ムスリム世界の高等教育再活性化』（二〇〇七）、『クルアーン的世界観――近代をイスラームと共存させるために』（二〇一一）等。

訳者・解説者略歴

塩崎悠輝（しおざき・ゆうき）

一九七七年、愛媛県生まれ。国際基督教大学を卒業後、マレーシア国際イスラーム大学で修士課程修了、同志社大学神学研究科博士後期課程修了。神学博士。外務省在マレーシア日本国大使館専門調査員、同志社大学特別任用助教、日本学術振興会特別研究員（ＰＤ）を経て、現在早稲田大学イスラーム地域研究機構招聘研究員。主な著書に『国家と対峙するイスラーム――マレーシアにおけるイスラーム法学の展開』（二〇〇六）等。

訳者略歴

出水麻野（でみず・まや）

一九八五年、大阪府生まれ。慶應義塾大学総合政策学部卒業後、日本ＧＥ株式会社法人金融部門勤務を経て、マレーシアの国際イスラーム教育金融センター（ＩＮＣＥＩＦ）にて修士課程（イスラーム金融）修了。

The Qur'anic Worldview: A Springboard for Cultural Reform
by
AbdulHamid AbuSulayman
(Chairman of the Board, International Institute of Islamic Thought)

Commentary: Yuki Shiozaki
Translation: Yuki Shiozaki, Maya Demizu

クルアーン的世界観——近代をイスラームと共存させるために

二〇一七年七月三〇日　初版第一刷印刷
二〇一七年八月一日　初版第一刷発行

著　者　アブドゥルハミード・アブー・スライマーン
訳　者　塩崎悠輝・出水麻野
解説者　塩崎悠輝
発行者　和田　肇
発行所　株式会社作品社
〒一〇二-〇〇七二　東京都千代田区飯田橋二-七-四
電話　〇三-三二六二-九七五三
ファクス　〇三-三二六二-九七五七
振替口座　〇〇一六〇-三-二七一八三
ウェブサイト http://www.sakuhinsha.com

装幀　小川惟久
本文組版　大友哲郎
印刷・製本　シナノ印刷株式会社

ISBN978-4-86182-644-3　C0014

否定弁証法

Negative Dialektik

T・W・アドルノ

木田元　徳永恂　渡辺祐邦
三島憲一　須田朗　宮武昭
訳

現代思想に屹立する
ヨーロッパ哲学の到達点。

ヘーゲル弁証法を「同一性」の呪縛より解放し、仮借なき理性批判を通して哲学の限界を超える、最もラディカルに現代と切り結ぶフランクフルト学派「批判理論」の代表的名著。各紙絶賛の話題作。

田川建三 訳著

新約聖書 訳と註 全7巻［全8冊］

【第一巻】マルコ福音書／マタイ福音書※

【第二巻】㊤ルカ福音書※

㊦使徒行伝※

【第三巻】パウロ書簡 その一※

【第四巻】パウロ書簡 その二／擬似パウロ書簡※

【第五巻】ヨハネ福音書※

【第六巻】公同書簡／ヘブライ書※

【第七巻】ヨハネ黙示録（２０１７年８月予定）

※印は既刊です

第二版［増補改訂版］

イエスという男

イエスはキリスト教の先駆者ではない、歴史の先駆者である。
イエスをキリスト教の呪縛から解き放ち、歴史の本質を担った
ひとりの逆説的反逆者として捉えた、画期的名著の増補新版。

田川建三

「イスラームの知」は、
「イスラーム国家」を
なぜ求めるのか?

国家と対峙するイスラーム

塩崎悠輝

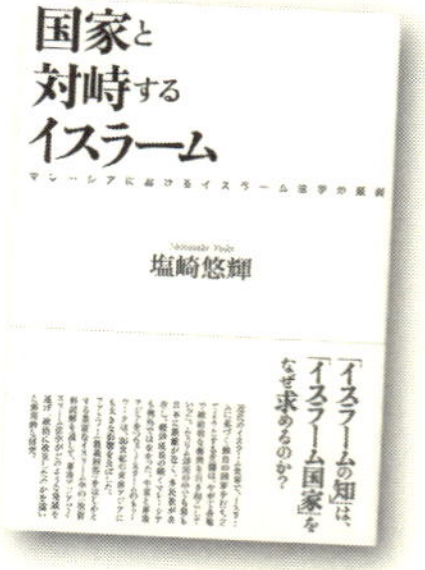

「イスラームの知」は、「イスラーム国家」をなぜ求めるのか?

近代のイスラーム世界で、イスラームに基づく独自の国家を打ち立てようとする苦闘は、やがて各地で政治的な衝突を引き起こしていった。ムスリム諸国の中でももっとも日本に距離が近く、多民族が共存し、経済成長の続くマレーシアも例外ではなかった。中東と東南アジアをつなぐイスラームのネットワークは、20世紀の東南アジアにも大きな影響を及ぼした。ファトワー(教義回答)をはじめとする豊富なイスラーム学の一次資料読解を通して、東南アジアでイスラーム法学がどのような発展を遂げ、政治的に波及したのかを描いた画期的な研究。